清涼國師華嚴經疏鈔

청량국사화엄경소초 11

세주묘엄품 ①

청량징관 찬술 · 관허수진 현토역주

운주사

서언

천이백 년 침묵의 역사를 깨고

오늘도 나는 여전히 거제만을 바라본다.

겹겹이 조종하는 산들

산자락 사이 실가닥 저잣길을 지나 낙동강의 시린 눈빛

그 너머 미동도 없는 평온의 물결 저 거제만을 바라본다.

십오 년 전 그날 아침을 그리며 말이다.

나는 2006년 1월 10일 은해사 운부암을 다녀왔다.

그리고 그날 밤 열한 시 대적광전에서 평소에 꿈꾸어 왔던 『청량국사 화엄경소초』 완역의 무장무애를 지심으로 발원하고 번역에 착수하였다.

나의 가냘픈 지혜와 미약한 지견으로 부처님의 비단과도 같은 화장세계에 청량국사의 화려하게 수놓은 소초의 꽃을 피워내는 긴 여정을 시작한 것이다.

화엄은 바다였고 수미산이었다.

그 바다에는 부처님의 용이 살고 있었고

그 산에는 부처님의 코끼리가 노닐고 있었다.

예쁘게 단장한 청량국사 소초의 꽃잎에는 부처님의 생명이 태동하고 있었고,

겁외의 연꽃 밭에는 영원히 지지 않는 일승의 꽃이 향기를 뿜어내고

있었다.

그 바다 그 산 그리고 그 꽃밭에서 10년 7개월(구체적으로는 2006년 1월 10일부터 2016년 8월 1일까지) 동안 자유롭게 노닐었다.

때로는 산 넘고 강 건너 협곡을 지나고

때로는 은하수 별빛 따라 오작교도 다니었다.

삼경 오경의 그 영롱한 밤

숨쉬기조차 미안한 고요의 숭고함

그 시공은 영원한 나의 역경의 놀이터였다.

애시당초 이 작업은 세계 인문학의 자존심

내가 살아 숨쉬는 이 나라 대한민국 그리고 불교의 자존심에 기인한 것이다.

일찍이 그 누가 이 청량국사의 『화엄경소초』를 완역하였다면 나는 이 작업을 하지 않았을 것이다.

지금도 여전히 완역자는 없다.

더욱이 이 『청량국사화엄경소초』의 유일한 안내자 인악스님의 『잡화기』와 연담스님의 『유망기』도 그 누가 번역한 사실이 없다.

그러나 내 손안에 있는 두 분의 『사기』는 모두 다 번역하여 주석으로 정리하였다.

이 청량국사 화엄경의 소는 초를 판독하지 않으면 알 수가 없다.

그래서 그 이름을 구체적으로 대방광불화엄경수소연의초大方廣佛華嚴經隨疏演義鈔라 한 것이다.

즉 대방광불화엄경의 소문을 따라 그 뜻을 강연한 초안의 글이라는 것이다.
청량국사는 『화엄경』의 소문을 4년(혹은 5년) 쓰시되 2년차부터는 소문과 초문을 함께 써서 완성하시고 5년차부터 8년 동안 초문을 쓰셨다.
따라서 그 소문의 양은 초문에 비하면 겨우 삼분의 일에 지나지 않는다 할 것이다.

나는 1976년 해인사 강원에서 처음 『청량국사화엄경소초 현담』 여덟 권을 독파하였고,
1981년부터 3년간 금산사 화엄학림에서 『청량국사화엄경소초』를 독파하였다.
그때 이미 현토와 역주까지 최초 번역의 도면을 완성하였고,
당시에 아쉽게 독파하지 못한 십정품에서 입법계품까지의 소초는 1984년 이후 수선 안거시절 해제 때마다 독파하여 모두 정리하였다.

그러나 번역의 기연이 맞지 않아 미루다가 해인사 강주시절 잠시 번역에 착수하였으나 역시 기연이 맞지 않아 미루었다.
그리고 드디어 2006년 1월 10일 번역에 착수하여 2016년 8월 1일 십만 매 원고로 완역 탈고하고, 2020년 봄날 시공을 초월한 사상 초유 『청량국사화엄경소초』가 1,200년 침묵의 역사를 깨고 이 세상에 처음 눈을 뜨게 된 것이다.

번역의 순서는 먼저 입법계품의 소초, 다음에는 세주묘엄품 소초에서 이세간품 소초까지, 마지막으로 소초 현담을 번역하였다.
번역의 형식은 직역으로 한 글자도 빠뜨리지 않고 번역하였다.
따라서 어색하게 느껴지는 곳도 있을 것이다.
예를 들면 소所 자를 "바"라 하고, 지之 자를 지시대명사로 "이것, 저것"이라 하고, 이而 자를 "그러나"로 번역한 등이 그렇다.
판본은 징광사로부터 태동한 영각사본을 뿌리로 하였고, 대만에서 나온 본과 인악스님의 『잡화기』와 연담스님의 『유망기』와 또 다른 사기 『잡화부』(잡화부는 검자권부터 광자권까지 8권만 있다)를 대조하여 번역하였다.

앞에서 이미 말한 것처럼, 그 누가 청량국사의 『화엄경소초』를 완역한 적이 있었다면 나는 이 번역에 착수하지 않았을 것이다.
지금까지 이 황금보옥黃金寶玉의 『청량국사화엄경소초』가 번역되지 아니한 것은 나에게 주어진 시대적 사명이고 역사적 명령이라 생각한다.
나는 이 『청량국사화엄경소초』의 완역으로 불조의 은혜를 갚고 청량국사와 은사이신 문성노사 그리고 나를 낳아준 부모의 은혜를 일분 갚는다 여길 것이다.

끝으로 이 『청량국사화엄경소초』가 1,200년의 시간을 지나 이 세상에 눈뜨기까지 나와 인연한 모든 사람들 그리고 영산거사 가족과 김시열 거사님께 원력의 보살이라 찬언讚言하며, 나의 미약한 번역으로 선지자의 안목을 의심케 할까 염려한다.

마지막 희망이 있다면 이 『청량국사화엄경소초』의 완역 출판으로 청량국사에 대한 더욱 깊고 넓은 연구와 『화엄경』에 대한 더욱 다양한 연구가 이루어지기를 바라는 것뿐이다.

장세토록 구안자의 자비와 질책을 기다리며 고개 들어 다시 저 멀리 거제만을 바라본다.

여전히 변함없는 저 거제만을.

2016년 8월 1일 절필시에 게송을 그리며

長廣大說無一字 장광대설무일자

無碍眞理亦無義 무애진리역무의

能所兩詮雙忘時 능소양전쌍망시

劫外一經常放光 겁외일경상방광

화엄경의 장대한 광장설에는 한 글자도 없고

화엄경의 걸림없는 진리에는 또한 한 뜻도 없다.

능전의 문자와 소전의 뜻을 함께 잊은 때에

시공을 초월한 경전 하나 영원히 광명을 놓누나.

불기 2565년 음력 1월 10일 최초 완역장

승학산 해인정사 관허 수진

● 화엄경소초현담華嚴經疏鈔玄談(1~8)

● 화엄경소초華嚴經疏鈔

1. 세주묘엄품世主妙嚴品
2. 여래현상품如來現相品
3. 보현삼매품普賢三昧品
4. 세계성취품世界成就品
5. 화장세계품華藏世界品
6. 비로자나품毘盧遮那品
7. 여래명호품如來名號品
8. 사성제품四聖諦品
9. 광명각품光明覺品
10. 보살문명품菩薩問明品
11. 정행품淨行品
12. 현수품賢首品
13. 승수미산정품昇須彌山頂品
14. 수미정상게찬품須彌頂上偈讚品
15. 십주품十住品
16. 범행품梵行品
17. 초발심공덕품初發心功德品
18. 명법품明法品

영인본 2책 日字卷之一

대방광불화엄경수소연의초 제일권의 일권

大方廣佛華嚴經隨疏演義鈔 第一卷之一卷

우진국 삼장사문 실차난타 번역

청량산 대화엄사 사문 징관 찬술

대한민국 조계종 사문 수진 현토역주

세주묘엄품 제일의 일권

世主妙嚴品 第一之一卷

經題品目은 具如前釋하니라

경의 제목과 품의 제목은[1] 갖추어 앞에서 해석한 것과 같다.[2]

---

1 경의 제목과 품의 제목 운운한 것은, 경의 제목과 품의 제목은 이미 『현담』에서 갖추어 말하였기에 거듭 거론할 필요는 없지만 그러나 지금 또한 그 개요를 간략하게 게시揭示하겠다.
만약 본분사를 의거한다면 사람사람 개개인이 본래 스스로 원만하게 구족하여 진묵겁 전에 일찍이 이미 성불하였지만 지분(脂粉: 연지, 뺨에 바르는 연지, 화장. 여기서는 거듭 말하는 것. 언설이다)을 가자하여 더하지 아니하면 곧 불조의 출세가 바람 없이 파랑이 일어남을 면할 수 없을 것이다. 그러나 만약 금일에 나아간다면 비록 본래부터 법계가 있었지만 망상과 집착으로 그것을 미하여 깨닫지 못하고 생사에 빠진 까닭으로 우리 부처님이 불과를 증득한 이후에 이 중생들을 어여삐 여겨 최초의 이 『화엄경』을 설하시니, 대개 『화엄경』에 설명한 바는 일진법계를 지극히 말하고 있고, 일진법계 가운데는 이理와 지智를 갖추어 말하고 있다. 지금에 현시한 대방광은 이理이고, 불화엄은 지智이다. 이理는 자체와 작용을 갖추고 있으니 대는 자체이고, 방광은 작용이다. 지智는 원인과 과보를 포함하고 있으니 불은 과보이고, 화엄은 원인이다. 이 자체와 작용, 원인과 과보는 다 합하여 설명하는 바(所詮) 뜻이 되고, 경經 자는 능히 설명하는(能詮) 문자에 속하는 것이다. 그 나머지 사람과 법, 법과 비유 등

上來十例가 各顯一理나 然亦無盡이라 若依常用인댄 應依三分하

모든 법은 다 이 한 제목 가운데 갖추어 있다 하겠다.

또 팔십권 화엄이 칠처구회를 벗어나지 않나니, 곧 한 제목을 펴서 초회를 연설하는 것이다. 초회 가운데 십해十海는 곧 이理이고, 십지十智는 곧 지智이다. 초회가 이미 총이라고 한다면 또한 초회의 경을 펴서 나머지 팔회의 경을 연설하는 것도 또한 그러하나니, 말하자면 제이회로부터 제칠회에 이르기까지는 생해인과生解因果이니 이것은 깨달음이다. 곧 깨달은 바는 곧 대방광이고, 능히 깨달은 것은 곧 불화엄이다. 제팔회는 성행인과成行因果이니 이것은 수행이다. 곧 닦는 바는 곧 대방광이고, 능히 깨닫는 것은 곧 불화엄이다. 제구회는 증입인과證入因果이니 이것은 증득이다. 곧 증득한 바는 곧 대방광이고, 능히 증득하는 것은 곧 불화엄이다.

또 최초에 『화엄경』을 연설하였으나 그러나 둔근 중생은 알지 못하는 까닭으로 이 일승의 화엄을 펴서 삼승을 연설하였으니, 곧 이것은 이 화엄의 한 경전을 펴서 일체 수다라를 연설하는 것이다. 이에 알아라. 이 한 경의 제목이 유독 화엄뿐만 아니라 또한 일체 교해敎海를 섭수하는 것이다.

그러한즉 일체 수다라가 이 일부 화엄을 벗어나지 않고, 이 일부 화엄이 이 분의分依를 벗어나지 않고, 이 분의가 이 원의圓依를 벗어나지 않고, 이 원의가 시방세계를 벗어나지 않고, 이 시방세계가 이 칠처구회를 벗어나지 않고, 이 칠처구회가 이 경의 한 제목을 벗어나지 않고, 이 경의 한 제목이 능히 설명하고 설명한 바(能詮, 所詮)를 벗어나지 않고, 이 설명한 바가 이 인과와 체용을 벗어나지 않고, 이 인과와 체용이 이 이理와 지智를 벗어나지 않고, 이 이와 지가 이 일진법계를 벗어나지 않나니 이 일진법계는 곧 말한 바 일체중생의 일용사이다. 이것은 다 『잡화기』의 말이다.

2 경의 제목과 품의 제목은 갖추어 앞에서 해석한 것과 같다고 한 것은 『현담』을 가리키는 것이다.

리니 謂初品爲序요 現相品下는 正宗이요 法界品內에 爾時文殊師利가 從善住樓閣出下는 明流通이라 序中에 就文分二리니 初는 此土序요 二는 結通十方無盡世界序라 初中復二니 初는 證信序後에 爾時如來道場下는 發起序라

상래에 열 가지 예例[3]가 각각 한 이치만을 나타낸 것이지만 그러나 또한 끝이 없는 이치를 나타낸 것이기도 하다.
만약 상용常用을 의지한다면 응당히 삼분三分을 의지해야 하리니 말하자면 처음 세주묘엄품은 서분이 되는 것이요,
여래현상품 이하는 정종분이 되는 것이요,
입법계품 안에[4] 그때에 문수사리가 선주누각을 좇아 나왔다고 한 이하는 유통분을 밝힌 것이다.

서분 가운데 문장에 나아가 두 가지로 분류하리니
처음에는 이 국토의 서분이요,
두 번째는 시방의 끝없는 세계를 맺어 통하는 서분이다.

처음 이 국토의 서분 가운데 다시 두 가지가 있나니
처음에는 증명하여 믿게 하는 서분이요,[5]

---

3 상래에 열 가지 예는 별해문의別解文義의 십과十科이다.

4 입법계품 운운은 아래 61권에 있다.

5 증신서證信序는 통서通序라고도 하나니, 이 경이 틀림이 없음을 증명하여 衆生에게 믿게 하는 것이다.

뒤에 그때에 여래가 도량이라고 한 아래는 설하는 동기를 일으키는 서분이다.[6]

鈔

二에 結通者는 文在第五卷末이라 彼文有三하니 初는 結此界요 次는 結華藏內요 後는 結華藏外라

두 번째 맺어 통한다고 한 것은 이 문장이 제오권 말에 있다.
저 문장에 세 가지가 있나니
처음에는 이 세계를 맺는 것이요,
다음에는 화장세계 안을 맺는 것이요,
뒤에는 화장세계 밖을 맺는 것이다.

疏

然此二序가 廣如常解어니와 今但略陳하리라 初證信者는 若原其所由인댄 則阿難請問에 如來令置하니 如智度論과 及大悲經說하니라

그러나 이 두 서분이 폭넓게는 보통 해석한 것과 같거니와, 지금에는

---

6 발기서發起序는 별서別序라고도 하나니, 이 경을 설하는 동기와 因緣을 말하는 것이다.

다만 간략하게 진술하겠다.

처음에 증명하여 믿게 하는 서분이라고 한 것은

만약 그 인유한 바를 원궁原窮하여 보면 곧 아란존자가 청하여 물음에 여래가 하여금 여시아문如是我聞이라는 말을 두게 하였으니, 『지도론』과 그리고 『대비경』에 설한 것과 같다.

鈔

言阿難請問等者는 智論第二云호대 佛涅槃時에 於拘尸那國娑羅雙樹間에 北首而臥하사 一心欲入涅槃하시니 阿難親屬일새 愛心未除하고 未離欲心하야 心沒憂海하야 不能自出하니라 爾時에 長老阿泥樓豆가 語阿難言호대 汝是守佛法藏人이니 不應如凡夫히 自沒憂海하라 一切有爲法은 是無常相이니 汝莫憂愁하라 又佛首付汝法거늘 汝今愁悶하면 失所付事리니 汝當問佛호대 佛涅槃後에 我等이 云何行道며 誰當作師며 惡性車匿은 云何共住며 佛經初首엔 作何等語닛가하야 如是種種未來要事를 應當問佛하리라 阿難이 聞是事已하고 心悶小醒하야 得念道力助하야 於佛末後에 所臥床邊에 以是事問佛하니 佛告阿難하사대 若今現在와 若我過去에 依止念處하고 莫依止餘하라하시며 乃至廣說身受心法하야 以除世間貪愛케하시니라 又云호대 從今日後로 解脫戒經이 是汝大師이니 如解脫戒經說하야 身口意業을 應如是行하라하시니라 又車匿比丘는 如梵天法治하야 若心軟後에 應教迦旃延經하면 卽可得道니라 復次是我가 三阿僧祇劫에 所集法寶藏이니 是藏初首에 應作如是說言호대 如是我聞 一時

佛在某方某國土某處樹林中이라하야 是我法門初首에 應作如是說이리라 何以故오 三世諸佛法이 經首에 皆稱是語하니 今我經初에도 亦應稱此如是我聞一時等語라하니라

아란존자가 청하여 물었다고 한 것은, 『지도론』 제이권에 말하기를 부처님께서 열반하실 때에 구시나국 사라쌍수 사이에서 머리를 북쪽[7]으로 두고 누워 일심으로 열반에 들고자 하니, 아란존자는 친속이기에 좋아하는 마음을 버리지 못하고 욕심을 여의지 못하여 마음이 슬픈 바다에 빠져 능히 스스로 헤어나지 못하였다.
그때 장로인 아니루타[8]가 아란존자에게 말하기를 그대는 부처님의 법장을 지킬 사람이니 응당 범인凡人과 같이 스스로 슬픔의 바다에 빠지지 말아라.
일체 유위의 법은 영원할 수 없는 모습이니 그대는 슬퍼하지 말아라.
또 부처님께서 처음으로 그대에게 법을 부촉하였거늘 그대가 지금 슬퍼하고 번민한다면 부촉한 바 일을 잃게 될 것이니, 그대는 마땅히 부처님께 묻기를 부처님이 열반하신 뒤에 우리 등이 어떻게 도를 행하며,
누구를 마땅히 스승을 삼으며,

---

7 북쪽 운운은, 『유망기』에는 북쪽은 고요가 응기는 처소인 까닭으로 장차 열반에 들고자 하여 머리를 북쪽으로 했다 하였다. 그러나 머리를 북쪽으로 한 것은 반본환원返本還源이니 북쪽은 천지의 가장 으뜸이고 시작이고 마지막이다.

8 아란존자와 사촌이다.

악성惡性의 차익車匿과는 어떻게 함께 머물며,[9]
부처님의 경전 첫머리에는 어떤 등의 말을 하여야 합니까 하여
이와 같은 가지가지 미래의 중요한 일들을 응당히 부처님께 물어야
할 것이다.
아란존자가 이 사실들을 들어 마치고, 마음이 번민에서 조금 깨어나
도를 생각하는 힘의 도움을 얻어[10] 부처님께서 말후에 누워 있던
받침상 옆에서 이 사실들을 부처님께 물으니,
부처님이 아란존자에게 말씀하시기를 지금 현재와 나의 과거에
사념처四念處를 의지하고 나머지는 의지하지 말아라 하시며
내지 신身·수受·심心·법法을 폭넓게 설하여 세간의 탐욕을 제멸하
게 하셨다.
또 말씀하시기를 금일로 좇아 이후로 해탈계경戒經이 그대의 대사大
師이니
해탈계경에 설한 것과 같이 신·구·의 삼업을 응당 이와 같이 행하라
고 하셨다.
또 차익비구는 범천梵天의 법[11]으로 다스려서 만약 마음이 부드러워

---

9 악성차익惡性車匿 운하공주云何共住는, 부처님이 입멸시入滅時에 악성惡性의 소유자 차익과는 어떻게 함께 살아야 합니까 하고 물으니 부처님이 말씀하시기를, 악성의 소유자 차익은 묵빈默擯으로 대치對治하라 하였다. 보통 우리는 악성비구 묵빈대치라 한다. 그러나 묵빈대치는 악성비구에 공통적 용어가 아니라 최초에는 차익을 가리키는 말이었다.

10 『유망기』는 도의 힘을 생각하여 안으로 도운다 하였고, 『잡화기』는 여기서 해석한 것과 같다.

11 범천법, 즉묵빈야梵天法, 卽默擯也는, 『잡화기』에 범천의 법은 묵빈으로 악인을

진 연후에 응당 『가전연경迦栴延經』[12]을 가르친다면 곧 가히 도를 얻을 것이다.

다시 이것은 내가 삼아승지 세월에 모은 바 법보장이니[13]

이 법보장의 첫머리에 응당 이와 같은 말을 하여 말하기를, 여시아문 일시불재 모방모국토 모처수림중(如是我聞 一時佛在 某方某國土 某處樹林中)이라 하여 나의 법문 첫머리에 응당 이와 같은 말을 해야 할 것이다.[14]

무슨 까닭인가.

삼세에 모든 불법이 경의 첫머리에 다 이 말을 호칭하였으니, 지금 나의 경 첫머리에도 또한 응당 이 여시아문 일시 등이라는 말을 호칭해야 할 것이다 하였다.

대치하는 까닭이라 하였다.

12 『가전연경』이라고 한 것은, 『유망기』에 『가전연경』이라고 한 아래에 다시 이유이무가이득도離有離無可以得道라는 여덟 자가 더 있다 하고, 『회현기』 17권, 27권을 보니 가전연은 부처님 재세시在世時에 아라한이라 하였다. 『잡화기』는 『가전연경』은 소승경이니 유를 떠나고 무를 떠나는 것을 말하고 있다 하였다.

13 모은 바라고 운운한 것은, 『잡화기』에 부처님이 동시에 발원하여 말하기를 법문이 무량하지만 다 배우기를 서원한 까닭으로 삼아승지겁에 모은 바 법장을 배운다 운운하였다 말하고 있다.

14 是我法門初首, 應作如是說이라는 말을 或本은 衍字라고 하기도 하였다. 『잡화기』 역시 是我 등 十一字는 본론에 없는 바이나, 곧 이 초가鈔家가 윤문하면서 인용한 것이라 말하고 있다.

及大悲經說者는 案大悲經第五云하면 佛告阿難하사대 我今에 以是正法寶藏을 付囑於汝하노니 勿令毀滅케하라 阿難白佛言호대 我今에 云何修行法眼하며 乃至復云호대 云何結集法眼이닛가 佛告阿難하사대 我滅度後에 有諸大德比丘僧衆하야 集法毘尼時에 彼諸大德에 摩訶迦葉이 最爲上首니라 阿難아 彼諸大德과 諸比丘衆이 應如是問호대 世尊何處에 說大阿波陀那하며 何處에 說摩訶尼陀那하며 乃至云호대 何處에 說聲聞藏과 緣覺藏과 菩薩藏가하리니 阿難아 時諸比丘가 如是問已어든 汝應答言호대 如是我聞호니 一時에 佛在摩伽陀國菩提樹下하사 初成正覺이라하며 如是我聞호니 一時에 佛在伽耶城이라하며 如是乃至云호대 如是我聞호니 一時에 佛在拘尸那城力士生地 阿利羅跋提河邊의 娑羅雙樹間이라하며 乃至云호대 佛說經已하시니 一切大衆이 皆大歡喜하야 頂戴奉行이라하야 阿難아 汝應如是하야 結集法眼하라하니라 餘可例知니라

그리고 『대비경』에 설한 것과 같다고 한 것은, 『대비경』 제오권을 안찰하여 말하면 부처님이 아란존자에게 고하여 말씀하시기를 내가 지금 이 정법의 보장을 그대에게 부촉하노니, 하여금 훼손하거나 사라지게 하지 말아라.
아란존자가 부처님께 여쭈어 말하기를 저희들이 지금 어떻게 법안을 수행하며, 내지 다시 말하기를 어떻게 법안法眼을 결집하여야 합니까.
부처님이 아란존자에게 고하여 말씀하시기를 내가 멸도한 뒤에 모든 대덕비구 승중僧衆이 있어서 법 중에 비니毘尼[15]를 결집할 때에

저 모든 대덕 가운데 마하가섭이 가장 상수가 될 것이다. 아란아, 저 모든 대덕과 모든 비구들이 응당 이와 같이 묻기를 세존께서 어느 곳에서 대아바타나大阿波陀那[16]를 설하였으며,
어느 곳에서 마하니타나摩訶尼陀那[17]를 설하였으며,
내지[18] 어느 곳에서 성문장藏과 연각장과 보살장을 설하였는가 하리니
아란아, 그때에 모든 비구들이 이와 같이 물어 마치거든 그대는 응당 답하여 말하기를, 이와 같이 내가 들었나니
한때에 부처님께서 마갈타국 보리수 아래 계시면서 처음 정각을 성취하였다 할 것이며,
이와 같이 내가 들었나니
한때에 부처님께서 가야성伽耶城[19]에 계셨다 할 것이며,
이와 같이 내지 말하기를 이와 같이 내가 들었나니
한때에 부처님께서 구시라성 역사力士가 태어난 땅 아이라발제[20] 강변의 사라쌍수 사이에 계셨다 할 것이며,

---

15 법 중에 비니란, 『잡화기』에 삼장의 하나를 거론하여 나머지 두 가지를 비례하고 있다고 말하고 있다.

16 아바타나: 此云 譬喩, 즉 여기서 말하면 비유라는 말이다.

17 니타나尼陀那: 此云 因緣, 즉 여기서 말하면 인연이라는 말이니 『유망기』도 이와 같이 말하였다.

18 내지란, 『잡화기』에 십이분교 가운데 다만 그 두 가지만 거론한 까닭으로 내지라 말한 것이다 하였다.

19 가야伽耶란, 부다가야이다.

20 아이라발제는 아시라발제라고도 하나니 소현小賢, 선현善賢 등이라 번역한다.

내지 말하기를 부처님께서 이 경전을 설하여 마치시니
일체 대중이 다 크게 환희하여 머리에 이고 받들어 행하더라 하여,
아란아, 그대는 응당 이와 같이 법안을 결집하라 하였다.
나머지[21]는 가히 비례하면 알 수가 있을 것이다.[22]

疏

若覈其所以인댄 意有六焉하니 一은 爲異外道故니 外道經首에 皆立阿優하야 以爲吉故로 此約如是니라 二는 爲息諍論故니 智度論云호대 若不推從佛聞하고 言自制作하면 則諍論起故라하니라 今廢我從聞하면 聞從佛來故로 經傳歷代에 妙軌不輟하리라 此局我聞하니라

만약 그 까닭을 밝혀 본다면 뜻이 여섯 가지가 있나니
첫 번째는 외도의 경과 다르게 하기 위한 까닭이니,
외도의 경은 첫머리에다 아우阿優라는 말을 세워 길함을 삼은 까닭으

21 여餘란, 여삼사餘三事를 말한다. 즉 우리 등이 어떻게 도를 행하며, 누구를 마땅히 스승 삼으며, 악성비구 차익과는 어떻게 함께 머물러야 합니까 한 것이다.

22 나머지는 가히 비례하면 알 수가 있을 것이라 한 것은, 『지도론』 가운데는 네 가지 일을 갖추어 밝혔으나, 지금에 『대비경』 제오권인즉 다만 경 머리에 안치한 하나(여시아문)만 설한 까닭으로 나머지 세 가지는 곧 가히 『지도론』을 비례하면 가히 알 수 있다는 것이니, 이설로 수고하지 말 것이다. 이상은 『잡화기』의 말이다.

로 여기 불경에서는 여시如是라는 말을 잡았다.
두 번째는 쟁론을 쉬게 하기 위한 까닭이니,
『지도론』에 말하기를 만약 부처님으로 좇아 들었다고 미루지 않고 스스로 제작하였다고 말하면 곧 쟁론이 일어나는[23] 까닭이라 하였다.
지금에 자기 말을 버리고 부처님으로 좇아 들었다고 하면 들었다는 것은 부처님으로 좇아 온 까닭으로 경전이 역대로 전하여짐에 묘한 궤칙軌則이 그치지 않을 것이다.
이것은 아문我聞에만 국한한 것이다.[24]

鈔

今廢我從聞下는 上卽論文이요 此下는 生公意니 成上論義니라

지금에 자기 말을 버리고 부처님으로 좇아 들었다고 하면이라고 한 아래는, 이 위의 문장은 곧 『지도론』의 문장이요,
이 아래의 문장은 생공生公의 뜻이니
위에 『지도론』의 뜻을 성립하는 것이다.

---

23 쟁론이 일어난다고 한 것은 모두 다 아라한들이니, 덕업德業이 자못 같은 까닭이라고 『유망기』는 말하고 있다.

24 원문에 차국아문此局我聞이란, 如是我聞 가운데 我聞에만 한정하여 말한 것이라는 뜻이다.

疏

三은 爲離增減過故니 佛地論云호대 應知하라 說此如是我聞은 意避增減異分過失이니 謂如是法을 我親從佛聞이라하면 文義決定이니 非謂傳聞有增減失이라하니라 四는 爲斷衆疑故니 眞諦引律云호대 結集法時에 阿難昇座하야 變身如佛하니 衆起三疑하니라 一은 疑大師涅槃重起요 二는 疑他方佛來요 三은 疑阿難轉身成佛일새 說此如是我聞하니 三疑頓斷하니라 旣言我聞인댄 卽非佛明矣라하니라 上二義는 通約信聞이니라 五는 爲生信故니 智論云호대 說時方人하야 令生信故라하니 此局後四니라 六은 爲順同三世佛故니 此通六種이니라

세 번째는 증감增減의 허물을 떠나게 하기 위한 까닭이니
『불지론』에 말하기를 응당히 알아라. 이에 이와 같이 내가 들었다고 말한 것은 그 뜻이 말을 더하고 줄인 것이 아닌가 하는 이견이 나누어지는 허물을 피하는 것이니,
말하자면 이와 같은 법을 내가 친히 부처님으로 좇아 들었다 하면 문장과 뜻이 결정되는 것이니, 전하여 들음에 증감이 있게 되는 허물을 말할 수가 없다 하였다.

네 번째는 대중의 의심을 끊게 하기 위한 까닭이니
진제삼장이 율장을 인용하여 말하기를 법장은 결집할 때에 아란존자가 법좌에 올라 변신하여 부처님과 같이 하니 대중들이 세 가지

의심을 일으켰다.

첫 번째는 부처님께서 열반하셨다가 다시 생기生起하셨는가 하고 의심하고,

두 번째는 타방세계에서 부처님이 오셨는가 하고 의심하고,

세 번째는 아란존자가 몸을 바꾸어 성불하였는가 하고 의심하기에 이에 이와 같이 내가 들었다고 말하니 세 가지 의심이 한꺼번에 끊어졌다.

이미 말하기를 내가 들었다고 하였다면 곧 부처님이 아닌 것이 분명하다[25] 하였다.

이 위의 두 가지 뜻은 모두 신信과 문聞을 잡은 것이다.

다섯 번째는 믿음을 내게 하기 위한 까닭이니

『지도론』에 말하기를 시간과 방소와 사람[26]을 설하여 하여금 믿음을 내게 하는 까닭이라 하였으니,

이것은 뒤의 네 가지[27]에 국한한 것이다.

여섯 번째는 삼세의 부처님과 순동順同하게 하기 위한 까닭이니,

---

25 부처님이 아닌 것이 분명하다고 한 그 부처님은, 『유망기』에 삼세의 부처님을 모두 가리키는 것이다 하였다.

26 人字는 『현담』 제2권 40장 下7행에 말하기를 사람이 모두 설함에 들었다 하였으니, 곧 主(설하는 사람)와 그리고 伴(듣는 사람)이다.
혹 황자권 30장 上5행에 있다 하였다. 주·반까지는 『잡화기』의 말이다.

27 뒤의 네 가지라고 한 것은, 六成就 가운데 뒤의 時·處·主·衆이다.

이것은 여섯 가지[28]에 다 통하는 것이다.

疏

若準佛地論인댄 科爲五事니 一은 總顯已聞이요 二는 教起時分이요 三은 別顯教主요 四는 彰教起處요 五는 顯所被機라 今依智論하야 開初總顯已聞하야 作信聞二種하야 爲六成就니 一은 信이요 二는 聞이요 三은 時요 四는 主요 五는 處요 六은 衆이라

만약 『불지론』을 기준하여 보면 과판을 오사五事로 하였으니
첫 번째는 자기가 들은 것을 모두 나타낸 것이요,
두 번째는 가르침을 일으킨 시간(時分)이요,
세 번째는 교주를 따로 나타낸 것이요,
네 번째는 가르침을 일으킨 처소를 밝힌 것이요,
다섯 번째는 가피한 바 대중(機)을 나타낸 것이다.
지금에는 『지도론』을 의지하여 첫 번째 자기의 들은 것을 모두 나타낸다고 한 것을 열어서 신信·문聞의 두 가지를 지어 육성취六成就를 삼나니
첫 번째는 신信이요,
두 번째는 문聞이요,
세 번째는 시時요,
네 번째는 주主요,

---

28 여섯 가지란, 육성취를 말한다.

다섯 번째는 처處요,
여섯 번째는 중衆이다.

疏

然信聞二事는 文局初首나 義通九會요 時主二種은 文義俱通이요 處衆二事는 文義俱局이니 隨相則爾어니와 約實互融하니라

그러나 신信과 문聞의 이사二事는 문장이 경의 첫머리에 국한하지만 뜻은 구회九會에 통하는 것이요,
시時와 주主의 두 가지는 문장과 뜻이 함께 통하는 것이요,
처處와 중衆의 이사二事는 문장과 뜻이 함께 국한한 것이니,
외상外相을 따른다면 곧 그러하거니와 내실內實을 잡는다면 서로 원융한 것이다.

鈔

然信聞二事下는 料揀通局이라 謂如是我聞은 唯經初有나 而義通九會에 如是法義를 我皆得聞이니라 時主俱通者는 會會之初에 皆云爾時世尊等이니라 處衆俱局者는 摩竭菲忉利天等은 處局이니 十佛刹菩薩의 列名異故며 新舊菩薩도 亦不同故니라 隨相則爾等者는 一會卽一切會어니 何有衆等이 而不通耶아

그러나 신信과 문聞의 이사二事라고 한 아래는 통通과 국局을 헤아려

가린 것이다.

말하자면 이와 같이 내가 들었다는 말은 오직 경의 첫머리에만 있지만 그러나 뜻은 구회九會의 경에 이와 같은 법의 뜻을 내가 다 얻어 들었다고 함에 통하는 것이다.

시時와 주主는 함께 통한다고 한 것은 회회會會마다 첫머리에 다 말하기를 그때에 세존이라고 한 등이다.

처處와 중衆은 함께 국한한다고 한 것은 마갈타가 도리천이 아닌 등은 처소에 국한한 것이니,

시방의 불국토에 보살의 이름을 열거한 것이 다른 까닭이며,

신新·구舊의 보살도 또한 같지 아니한 까닭이다.[29]

외상을 따른다면 곧 그러하다고 한 것은[30] 한 회會가 곧 일체 회이거니 어찌 대중이 있다는 등이 통하지 않겠는가.

---

29 신新·구舊의 보살도 또한 같지 아니한 까닭이라고 한 것은, 우선 처음에 두 품을 잡아 말한다면 처음 세주묘엄품에 모인 대중은 구중舊衆이고, 제두 번째 여래현상품 가운데 소집된 구름 대중 등은 신중新衆이니, 나머지는 가히 비례하면 알 수 있을 것이라고 『잡화기』는 말한다.

30 외상을 따른다면 곧 그러하다고 한 것은, 『유망기』에 말하기를 비록 이 구절을 첩석한 것이지만 그러나 실구實句를 잡아 해석한 것이다. 이 초문에 첩석한 문장이 다분히 차례此例가 있나니, 이 아래는 다 이것을 기준할 것이다 하였다. 실구란 영인본 화엄 2책, p.395, 6행에 말한 약실約實인댄, 호융互融이라 한 것이다.

疏

上來엔 略依三分二序어니와 然此經은 體勢少異일새 故依五分釋文호대 而合後二하야 名依人證入이니라 爲今四分者는 初는 擧果勸樂生信分이요 二는 修因契果生解分이요 三은 託法進修成行分이요 四는 依人證入成德分이라

상래에는 간략하게 삼분三分과 이서二序를 의지하여 문장을 해석하였거니와, 그러나 이 『화엄경』은 문세가 조금 다르기에[31] 그런 까닭으로 오분五分[32]을 의지하여 문장을 해석하되 뒤에 둘을 합하여 사람

---

31 문세가 조금 다르다고 한 것은 다른 경과 조금 다르나니, 다른 경은 三分(서분·정종분·유통분)의 문장이 문세가 완연히 다름이 있지만 그러나 지금 『화엄경』은 곧 삼분이 문세가 완연히 바꾸어 나타내지는 아니한 까닭이다. 그러한즉 위에 삼분을 의지하였다고 한 것은 상도常途와 같이 그 뜻에 나아가 배대하고자 하였거니와, 만약 문장을 의거한다면 제 일곱 번째 덕을 칭양하여 찬송한다(영인본 화엄 3책, p.397, 7행 참고)고 한 아래는 비록 발기서로써 배대한 것이지만 문세가 다른 경과 같지 않고, 또 주主와 중衆의 회가 다름이 있고, 십주품에 또 서분이 있고, 유통의 일분은 일곱 가지 해석이 같지 않나니, 이로 인유하여 문세가 다른 경에 완연히 단마다 다른 것과는 같지 않은 까닭으로 삼분을 버리고 사분을 취한 것이다.

32 오분五分이라고 한 것은 곧 현수스님의 뜻이니, 앞의 삼분은 여기서 말한 것과 같고, 제 네 번째는 돈증법계분이고 제 다섯 번째는 역위점증분이다. 지금에는 四와 五를 합하여 제 네 번째 의인증입성덕분을 삼은 것은 두 가지 뜻이 있나니 첫 번째는 제 다섯 번째 대위大位에 대한 질문이 없는 까닭이고, 두 번째는 제 다섯 번째가 유통분에 속하는 까닭이다. 또 돈과 점이 비록 다르지만 법계를 증득하는 것은 같은 까닭이니, 황자권荒字卷

을 의지하여 증득하여 들어간다(依人證入)고 이름하였다.

지금에[33] 사분四分으로 한 것은,

처음에는 과보를 들어 즐거움을 권하여 믿음을 내는 분(擧果勸樂生信分)이요,

두 번째는 원인을 닦아 과보에 계합하여 지혜를 내는 분(修因契果生解

88장을 볼 것이다. 역시 『잡화기』의 말이다.

33 지금에 운운은, 뒤에 사람이 보증한 것으로 본래 소문에는 없는 까닭이다. 위의 과목에는 다만 말하기를 앞에 한꺼번에 표한 것만 맺고 사분四分을 열거한 것은 말하지 않았다고 『유망기』는 말하였다. 성덕분이라고 한 아래에 차사과此四科 운운한 작은 글씨는 해석하여 주석으로 정리한다. 이 네 가지 과목은 『현담』의 품과 회에서 그 뜻을 해석한 등의 글을 볼 것이다. 이곳에 보증한 바 글이 북장경(남장경) 가운데는 없는 것이나 이에 뒤에 사람이 보증한 것이니, 아래 첫 번째 거과권락생신분에 나아가 과목한 것이 그 근거가 없다고 한 것을 원인한 것이며, 또한 신해행증이 이 소문을 짓는 근본이 된다고 한 것을 원인한 것이다. 그 이치는 마땅히 보증함을 좇는 것이다.

(위 글 중) 이곳에 보증한 바 글이 북장경에 없다고 한 것은, 『유망기』에 말하기를 여기 보증한 바 곳에는 있으나 북장경 가운데는 없다. 계係는 내乃자의 뜻이다. 만약 사분四分으로 열거하지 않는다면, 곧 아래 말하기를 거과권락생신분 가운데 나아가 혹 과판을 열 가지로 하였다고 한 등이 근거가 없는 까닭으로 보증한 것을 좇아 사분을 열거한 것이다 하였다. 『잡화기』에 말하기를 料는 科의 잘못이다. 여기에 사분을 의지한 것은 십례十例 가운데 제 두 번째(問答相續科) 과목이다. 이곳의 장경에 없는 바라고 한 것은, 말하자면 이곳에 열거한 바 사분의 문장은 남북장경에 다 없는 것이다. 뒤에 사람이라고 한 것은 곧 소경昭慶스님이니, 대개 소경스님이 보증하고 엽사葉士가 여기에 넣은 것이다 하였다.

分)이요,
세 번째는 법을 의탁하여 나아가 닦아 행을 이루는 분(托法進修成行分)이요,
네 번째는 사람을 의지하여 증득하여 들어가 공덕을 이루는 분(依人證入成德分)이다.

疏

就第一擧果分中하야 或科爲十이니 一은 敎起因緣分이니 卽初一品이라 二는 大衆同請分이요 三은 面光集衆分이요 四는 毫光示法分이요 五는 眉間出衆分이니 已上은 在第二品內라 六은 普賢三昧分이요 七은 諸佛同加分이요 八은 法主起定分이요 九는 大衆重請分이니 已上은 在第三品內라 十은 正陳法海分이니 在後三品內라 若以義從文인댄 且分爲三하리니 一은 敎起因緣分이요 二에 現相下는 說法儀式分이요 三에 世界成就下는 正陳所說分이라 就初分中하야 亦分爲十하리니 一은 總顯已聞이요 二에 一時下는 標主時處요 三에 始成正覺은 別明時分이요 四에 其地下는 別顯處嚴이요 五에 爾時世尊下는 敎主難思요 六에 有十佛世界下는 衆海雲集이요 七에 爾時如來道場下는 稱揚讚德이요 八에 爾時如來師子座下는 座內衆流요 九에 爾時華藏下는 天地徵祥이요 十에 如此世界下는 結通無盡이라

제일에 과보를 들어 즐거움을 권하여 믿음을 내는 분 가운데 나아가

혹 과판을 열 가지로 하였으니,

첫 번째는 가르침을 일으키는 인연분(教起因緣分)이니 곧 처음에 한 품이다.

두 번째는 대중이 다 같이 청하는 분(大衆同請分)이요,

세 번째는 면문광명으로 대중이 모이는 분(面光集衆分)이요,

네 번째는 백호광명으로 법을 보이는 분(毫光示法分)이요,

다섯 번째는 미간광명으로 대중이 나오는 분(眉間出衆分)이니 이상은 제 두 번째 품 안에 있다.

여섯 번째는 보현이 삼매에 들어간 분(普賢三昧分)이요,

일곱 번째[34]는 모든 부처님이 다 같이 가피한 분(諸佛同加分)이요,

여덟 번째는 법주(보현)가 삼매에서 일어난(나온) 분(法主起定分)이요,

아홉 번째는 대중이 거듭 청한 분(大衆重請分)이니 이상은 제 세 번째 품 안에 있다.

열 번째는 법의 바다를 바로 진술한 분(正陳法海分)이니 뒤의 세 품 안에 있다.

만약 뜻으로써 문장을 좇는다면[35] 또한 분류하여 세 가지로 하리니

첫 번째는 가르침을 일으키는 인연분(教起因緣分)이요,

두 번째 여래현상품 이하는 설법하는 의식분(說法儀式分)이요,

---

34 원문에 칠七 자 아래 종從 자는 없는 것이 좋다.

35 만약 뜻으로써 문장을 좇는다면이라고 한 등은, 『잡화기』에 말하기를 위에 장분과長分科 십분 가운데 중간에 팔분은 이 한 설법의 의식으로 하여금 나누게 한 까닭이다 하였다. 이 한 설법의식이란 제 두 번째 분分이다.

세 번째 세계성취품 이하는 설할 바를 바로 진술하는 분(正陳所說分)이다.

처음 교기인연분 가운데 나아가 또한 분류하여 열 가지로 하리니

첫 번째는 자기의 들은 것을 한꺼번에 나타낸 것이요,

두 번째[36] 한때라고 한 아래는 주主와 시時와 처處를 표한 것이요,

세 번째[37] 비로소 정각을 성취하였다고 한 것은 시간(時分)을 따로 밝힌 것이요,

네 번째[38] 그 땅이 견고하다고 한 아래는 처소의 장엄을 따로 나타낸 것이요,

다섯 번째[39] 그때에 세존이라고 한 아래는 교주敎主를 사의하기 어려운 것이요,

여섯 번째[40] 십불세계 작은 티끌 수만치 많은 보살마하살이 있다고 한 아래는 대중(衆海)이 구름처럼 모인 것이요,

일곱 번째[41] 그때에 여래 도량이라고 한 아래는 공덕을 칭양하여 찬송한 것이요,

여덟 번째[42] 그때에 여래의 사자의 자리라고 한 아래는 자리 안에

---

36 두 번째 운운은 영인본 화엄 2책, p.426, 5행이다.

37 세 번째 운운은 영인본 화엄 2책, p.430, 8행이다.

38 네 번째 운운은 영인본 화엄 2책, p.447, 6행이다.

39 다섯 번째 운운은 영인본 화엄 2책, p.469, 5행이다.

40 여섯 번째 운운은 영인본 화엄 2책, p.565, 4행, 소문은 p.543이다.

41 일곱 번째 운운은 영인본 화엄 2책, p.692이다.

42 여덟 번째 운운은 화엄 제오권 앞부분으로, 그때에 여래의 사자의 자리에 수많은 보배, 묘한 연꽃 운운하여 이와 같이 일체 장엄구 가운데 각각 미진수

수많은 부류의 대중이요,

아홉 번째[43] 그때에 화장세계라고 한 아래는 하늘과 땅이 상서로운 징조를 보인 것이요,

열 번째[44] 이 세계와 같아서라고 한 아래는 끝이 없음을 맺어 통한 것이다.

보살마하살이 나온다 한 것이다.

43 아홉 번째 운운은 화엄 제오권 끝부분으로, 화장세계가 부처님의 신통력으로 육종십팔상六種十八相으로 진동한다 운운한 것이다.

44 열 번째 운운은 화엄 제오권 끝부분 경문으로, 이 화장세계 바다와 같아서 시방의 모든 법계, 허공계, 일체 세계 바다 가운데도 다 또한 이와 같다 한 것이다.

經

如是我聞호이다

이와 같이 내가 들었습니다.

疏

今卽初也라 如是我聞者는 謂如是一部經義를 我昔親從佛聞이라 故로 佛地論云호대 謂傳佛敎者는 言如是之事를 我昔曾聞이니 如是總言은 依四義轉이라 一은 依譬喩요 二는 依敎誨요 三은 依問答이요 四는 依許可라하니 具如彼論하니라 餘更有釋이나 意不殊前하니라 此上은 總合信聞이니라

지금은 곧 처음이다.[45]
이와 같이 내가 들었다고 한 것은, 말하자면 이와 같은[46] 일부一部 경의 뜻을 내가 옛날에 친히 부처님으로 좇아 들었다는 것이다. 그런 까닭으로 『불지론』에 이르기를 말하자면 불교를 전하는 사람은 이와 같은 사실을 내가 옛날에 일찍이 들었다고 말해야 할 것이니,

45 『유망기』에는 지금은 곧 처음이라고 한 아래는, 두 번째 석문釋文에 또 두 가지가 있나니 지금은 처음으로 신信과 문聞을 합하여 해석한 것이고, 두 번째는 신과 문을 떼어서 해석한 것이다 하였다.

46 말하자면 이와 같은 운운은, 이와 같다고 한 것은 법을 가리키는 말이라고 『잡화기』는 말한다.

이와 같은 총언總言[47]은 네 가지 뜻을 의지하여 전하여진다.
첫 번째는 비유를 의지하여 전한 것이요,
두 번째는 가르침을 의지하여 전한 것이요,
세 번째는 문답을 의지하여 전한 것이요,
네 번째는 허가함을 의지하여 전한 것이다 하였으니 구체적으로는 저 『불지론』과 같다.
다른 곳(餘處)에도 다시 해석이 있기는 하지만 그 뜻은 앞에서 말한 것과 다르지 않다.
이 위에는 모두 신信과 문聞을 합하여 해석한 것이다.

鈔

一에 言依譬喩者는 如有說言호대 富貴如毘沙門하야 如是所傳所聞之法이 如佛所說이라하니 此則以佛所說은 如毘沙門하고 我今所傳은 如富貴人이니 則以佛說爲喩也니라 亦有說言호대 如是文句는 如我昔聞이라하니 此則以昔聞으로 喩今聞也니라 故云譬喩라하니라 故有釋如是云호대 兩法相似를 謂之如요 一法無非를 謂之是라하니 相似卽譬喩耳니라 二에 依敎誨者는 如是當聽하라 我昔所聞이라하니 此卽傳法者之敎誨也니라 亦有云호대 卽佛敎誨이니 謂如是는 是我佛說이니 應當諦聽하라하니라 如有人言호대 汝當如是讀誦經論하라하니라 三에 依問答者는 謂衆問言호대 汝當所說을 昔定聞耶아할새 故此答言호대 如是我聞이라하니라 四에 依許可者는 謂結集時에 諸

47 총언總言은 여시아문如是我聞을 말한다.

菩薩衆이 咸共請言호대 如汝所聞하야 當如是說하라하면 傳法菩薩은 便許可言호대 如是當說하리라 如我所聞이라하니라 如有說言호대 我當爲汝하야 如是而思하며 如是而作하여 如是而說等이라하니라 又許可者는 或信可言이니 是事如是라 謂如是法을 我昔所聞이니 此事如是하고 齊此當說하면 定無有異니라 由四義故로 經初에 皆置如是我聞하니라 然上總意가 遍此四義나 非別理也니라

첫 번째 비유를 의지하여 전한다고 말한 것은,[48] 마치 어떤 이가 설하여 말하기를 부귀[49]가 비사문毘沙門과 같아서 이와 같이 전한 바 들은 바 법이 부처님께서 설한 바와 같다 하니 이것은 곧 부처님께서 설한 바는 비사문과 같고, 내가 지금 전하는 바는 부귀한 사람과 같나니 곧 부처님께서 설한 것으로써 비유를 삼은 것이다.

---

48 첫 번째 비유를 의지한다고 운운한 것으로부터 6장 上10행(영인본 화엄 2책, p.399, 10행) 결정코 다름이 없다고 함에 이르기까지는 『불지론』을 인용하여 해석한 것이지만, 그러나 그 가운데 主와 衆이 있다. 어떤 이가 설하여 말하였다고 한 아래는 『불지론』 문장이니 처음에는 곧 비유를 거론한 것이고, 이와 같이 전한 바라고 운운한 것은 바로 해석한 것이고, 이것은 곧 부처님께서라고 한 아래는 초가의 말이다. 이상은 『유망기』의 말이다.

49 부귀라고 한 것은, 『불지론』에는 부귀라는 말 위에 여시如是라는 두 글자가 있다. 대개 저 『불지론』의 四段(위에서 말한 네 가지 뜻)에 다 예를 들어 바로 해석한 두 문장이 있으니, 지금에 마치 어떤 사람이라 운운한 것은 이것은 예를 든 것이고, 바로 아래 이와 같이 전한 바라 운운한 것은 이것은 바로 해석한 것이니, 아래는 다 여기를 본받을 것이다. 이상은 역시 『잡화기』의 말이다.

또 어떤 이가 설하여 말하기를[50] 이와 같은 문구文句는 내가 옛날에

50 또 어떤 이가 설하여 말하였다고 한 아래는, 『유망기』에 말하기를 『불지론』의 비유 가운데 제 두 번째 뜻이다. 이 위에서는 부처님께서 설한 것으로써 능히 비유함을 삼나니, 말하자면 지금 결집시에 내가 전하는 바와 대중이 듣는 바 법이 마치 내가 옛날에 부처님께서 설한 것을 친히 듣는 것과 같다. 곧 시아문是我聞이라는 세 글자는 옛날에 들은 바 부처님의 설법이고, 여如 자는 금일今日에 전한 바와 들은 바이다. 위에는 처음에 뜻이고, 뒤에 곧 시·아·문이라는 세 글자는 옛날에 아란존자가 들었다는 것이고, 여如 자는 금일에 대중이 들었다는 것이다 하였다.
또 어떤 이가 말하였다고 한 것은, 『잡화기』에 말하기를 이 위에는 곧 내가 설한 바가 부처님이 설한 바와 같고, 여기는 곧 내가 지금 들은 것이 내가 옛날에 들은 것과 같나니 내가 설한 것과 내가 들은 것은 다 능히 같은 것(能如)이 되고, 부처님이 설한 것과 내가 옛날에 들은 것은 다 같은 바(所如)가 되나니, 경문 가운데 이 말이 처음에는 부처님이 설함을 가리키고, 뒤에는 내가 옛날에 들은 것을 가리키는 것이다. 그러한즉 이다음 아래(4행 뒤)에 어떤 이가 여시如是를 해석하여 말하였다 운운한 것은 유형을 인용한 것이니 다만 두 가지 법이 서로 같다는 등의 한 구절만 취한 것이요, 그 한 법도 그르지 않았다는 등의 한 구절은 편리함을 인하여 인용하여 왔을 뿐 인용하여 취한 바는 아니다. 이상은 강사의 말을 의지하여 설한 것이다. 그러나 어리석은 나는 곧 그 시是 자로써 도리어 부처님이 설하고 내가 옛날에 들은 것을 가리킨다고 말하는 것은 그 뜻이 온당하지 못함이 있다고 본다. 그 이치는 응당 여如 자는 두 가지 법이 같다는 것을 말하는 것이니 곧 이것은 비유이고, 시是 자는 한 법도 그르지 않다는 것을 말하는 것이니 곧 능소의 비유가 다 잘못된 허물이 없음을 말하는 것이다. 그러한즉 어떤 이가 여시를 해석하여 말하였다 운운한 것은 이 위에는 곧바로 총의 뜻을 인용한 것이요, 이 아래는 여시라는 두 자를 자세히 배대한 것이니 마땅히 해석하여 같아서 옳다(如하야 是吐이다)고 말한 것이고, 반드시 해석하여 이와 같다(如와 是吐)고 말한 것은

들은 것과 같다 하니 이것은 옛날에 들은 것으로써 지금의 들음에 비유한 것이다. 그런 까닭으로 말하기를 비유를 의지하여 전한다 하였다.

그런 까닭으로 어떤 이가 여시如是를 해석하여 말하기를 두 가지 법[51]이 서로 같은 것을 여如라고 말하고, 한 법도 그르지 아니한 것을 시是라고 말한다 하니, 서로 같다는 것은 곧 비유일 뿐이다.

두 번째 가르침을 의지하여 전한다고 한 것은, 이와 같음을 마땅히 들어라. 내가 옛날에 들은 바다 하니 이것은 곧 법을 전하는 자의 가르침이다.

또한 어떤 이가[52] 말하기를 곧 부처님의 가르침이니, 말하자면 이와

아니다 하였다.

51 두 가지 법이란, 옛날에 들은 법과 지금에 들은 법이다.

52 또한 어떤 이라고 한 아래는 제 두 번째 뜻(두 번째에 두 번째이다)이니, 즉불교회卽佛教誨라는 네 글자를 제하고는 다 『불지론』 문장이다. 처음에는 바로 해석한 것이고, 어떤 사람(如有人言)이라고 한 아래는 예를 든 것이니, 뒤에 뜻도 또한 법을 전하는 자의 가르침과 같지만, 그러나 『불지론』 가운데 이것은 우리 부처님께서 설한 것이다 운운한 까닭으로 부처님의 가르침이라 하는 것이다. 이상은 『유망기』의 말이다. 『잡화기』에 말하기를 이 위에는 곧 아我 자가 법을 전하는 사람을 가리키는 것이니, 바로 위의 줄에 여시당청·아석소문의 八字는 곧 경에 여시아문 四字의 말을 연설한 것이고, 지금에는 곧 아我 자가 부처님을 가리키는 것이니 『금강경』 소문에 아만정각자我滿正覺者라 말한 것과 같고, 위여시법(바로 아래 3행) 등 十二字는 또한 경에 여시아문 四字의 말을 연설한 것이다. 이것이 부처님의 가르침이라고 하는 까닭은, 대개 비록 아란이 말한 것이나 그러나 이미 부처님이 설한 것으로써 교칙을

같은 법은 이것은 우리 부처님께서 설한 것이니 응당 자세히 들어라 하였다.
마치 어떤 사람이 말하기를 그대는 응당 이와 같이 경론經論을 독송하라 한 것과 같다.

세 번째 문답을 의지하여[53] 전한다고 한 것은, 말하자면 대중이 물어 말하기를 그대는 마땅히 설하신 바를 옛날에 결정코 들었는가 하기에, 그런 까닭으로 여기에서 답하여 말하기를 이와 같이 내가 들었다고 하였다.

삼은 까닭으로 부처님의 가르침이라 말하는 것이다. 그러나 여기에 역유운즉 등 十九字는 이 초가가 보충하여 설한 것이 있거니와 『불지론』에는 곧 이 말이 없다 하였다.

53 세 번째 문답을 의지한다고 한 것과 아래 네 번째 허가함을 의지한다고 한 것은 다 『불지론』 문장이다. 허가 가운데 처음에는 바로 해석한 것이고, 아래 8행(2책, p.399, 8행)에 혹 어떤 이가 말하였다(如有說言)고 한 아래는 예를 든 것이다. 여유如有라고 한 유有 자는 구본에는 시是 자의 잘못이라 하였거늘, 지금의 신본에는 본론을 기준한 까닭으로 바르게 여시如是라고 하였다. 이 아래에 구본으로 더불어 다른 것은 다 여기를 기준할 것이다. 이상은 다 『유망기』의 말이다.
『잡화기』에는 문답을 의지한다고 한 문답 가운데 『불지론』에 어떤 사람이 예를 들어 말하기를, 마치 어떤 사람이 말하기를 여시아문을 이와 같이 마땅히 설할 것이다 한 것과 같다 하나, 그러나 지금에는 다 바로 해석함을 말하는 까닭으로 인용하지 않는다 하였다. 여기 해석은 『유망기』의 해석이 더욱 정교하고 자세하다 하겠다.

네 번째 허가함을 의지하여 전한다고 한 것은, 말하자면 결집할 때에 모든 보살 대중들이 다 함께 청하여 말하기를 그대가 들은 바와 같이 마땅히 이와 같이 설하라 하면 법을 전하는 보살은 문득 허가하여 말하기를 이와 같음을 마땅히 설하리라.[54] 내가 들은 바와 같이라고 하였다.

마치 어떤 이가[55] 설하여 말하기를 내가 마땅히 그대를 위하여 이와 같이 사유하며 이와 같이 지으며 이와 같이 설함이라 한 등과 같다. 또 허가許可[56]라는 것은 혹 신가信可[57]라고도 말하나니, 이 일이 이와 같다는 것이다.

말하자면 이와 같은 법을 내가 옛날에 들은 바이니, 이 일이 이와 같고 이 들은 바를 가지런히 하여 마땅히 설하면 결정코 다름이 없게 되는 것이다.

이 네 가지 뜻을 인유한 까닭으로 경의 첫머리에 다 이와 같이

---

54 허가 가운데 이와 같음을 마땅히 설한다고 한 것과 아래 9행에 신가信可 가운데 세 개의 이와 같이(如是)라고 한 것은 다 경문 가운데 이와 같다(如是)고 한 것과 같고, 위에 비유 가운데 이와 같은 문구라 한 이와 같음이란 다 경문 가운데 이와 같다 한 것이 아니다.

부처님께서 설한 바와 같다(2책, p.398, 6행) 한 여如 자와 내가 들은 바와 같다(2책, p.399, 7행) 한 여如 자는 이 경문 가운데 여如 자이다. 역시 『유망기』의 말이다.

55 如有는 如是를 고친 것이니, 시是 자라도 또한 예를 든 것으로 문제가 없다고 말하고 있다.

56 허가許可: 옳다고 허락하는 것이다.

57 신가信可: 옳다고 믿는 것이다.

내가 들었다는 말을 두었다.
그러나 위의 총의總意[58]가 이 네 가지 뜻을 두루 갖추고 있지만 별다른 이치가 없다.

餘更有釋이나 意不殊前者는 刊定記에 別開有九意하니 一은 以總釋爲一義요 次는 用上四別하야 如次成五義라 六은 以許可中에 第二釋云호대 又許可者는 或信可言로 爲第六意이니 此是大乘法師의 重釋第四許可로 非別義也니라 設有異釋이라도 大同許可니라 又引功德施論하야 爲第七이니 釋云호대 如是我聞者는 顯示此經이 是佛世尊의 現覺而演이요 非自所作이라하니 亦同佛地總意耳니라 八은 引長耳三藏의 依三寶釋이니 若大乘法師用之인댄 乃是離釋하니 下文當引하리라 九는 引梁朝雲法師云호대 如是我聞者는 將傳所聞之法하야 先當標擧一部經教를 我於佛所聞者는 此亦全同佛地總意니 故云餘更有釋이나 意不殊前이라하니라

다른 곳에도 다시 해석이 있기는 하지만 그 뜻은 앞에서 말한 것과 다르지 않다고 한 것은 『간정기刊定記』에 따로 열어서 아홉 가지 뜻을 두었으니,
첫 번째는 총석總釋으로써 한 가지 뜻을 삼고
다음에는 위의 네 가지 별석別釋을 인용하여 차례와 같이 다섯 가지 뜻을 이룬 것이다.

58 총의總意는 소문에는 총언總言이라 하였다.

여섯 번째는 허가許可한 가운데 제 두 번째 해석에 말하기를 또 허가라는 것은 혹 신가라고도 말한다 한 것으로써 제 여섯 번째 뜻을 삼은 것이니,
이것은 이 대승법사가[59] 제 네 번째 허가를 거듭 해석한 것으로 별다른 뜻이 없다. 설사 다른 해석이 있다 하더라도[60] 허가와 대동大同하다 하겠다.
또 『공덕시론功德施論』을 인용하여 제 일곱 번째 뜻을 삼은 것이니,
해석하여 말하기를 이와 같이 내가 들었다고 한 것은 이 경이 부처님 세존께서 정각을 나타내어 연설한 것이고 스스로 조작한 바가 아님을 나타내 보인 것이다 하였으니, 또한 『불지론』의 총의總意와 같다 하겠다.

여덟 번째는 장이長耳삼장이 삼보를 의지하여 해석한 것을 인용한 것이니,
만약 대승법사가 인용한 것이라면 이에 따로 분리하여 해석하였으니,[61] 아래 문장[62]에서 마땅히 인용하겠다.

---

59 이것은 이 대승법사라고 운운한 것은, 『유망기』에 말하기를 대승법사가 『간정기』의 별다른 뜻으로(別開九意) 인용한 것을 깨뜨린 것이다 하였다.
60 설사 다른 해석이 있다 하더라도 운운한 것은 구원함을 막는 것이다. 『간정기』가 구원하여 말하기를 대승법사가 비록 신가信可로써 허가許可를 거듭 해석하였지만, 그러나 또한 다른 사람의 다른 해석이 있다고 운운한 까닭으로 대승법사가 막아 말하기를 설사 다른 해석이 있다 할지라도 허가와 대동하다 운운한 것이다. 이상은 『유망기』의 말이다.
61 이석離釋이란 如, 是, 我聞을 따로 분리하여 해석한 것을 말한다.

아홉 번째는 양조梁朝에 법운法雲법사[63]의 말을 인용하여 말하기를, 이와 같이 내가 들었다는 것은 장차 들은 바 법을 전하려고 먼저 마땅히 일부 경의 가르침을 내가 부처님에게서 들은 바라고 표거標擧한 것이라고 한 것은 이것도 또한 『불지론』의 총의總意와 온전히 같나니,
그런 까닭으로 다른 곳에도 다시 해석이 있기는 하지만 그 뜻은 앞에서 말한 것과 다르지 않다고 말한 것이다.

疏

若離釋者인댄 先釋如是니 信成就也라 智論云호대 佛法大海는 信爲能入이요 智爲能度니 信者는 言是事如是요 不信者는 言是事不如是라하니라 故肇公云호대 如是者는 卽信順之辭也라 信則所言之理順하고 順則師資之道成이라하니 經無豐約에 非信不階일새 故稱如是니라

만약 따로 분리하여 해석한다면 먼저는 여시如是를 해석한 것이니 신성취信成就이다.
『지도론』에 말하기를 불법의 큰 바다는 믿음이 능입能入이 되고

離釋은 合釋과 상대하나니, 합석은 如是我聞을 합하여 해석하는 것이다. 通釋과 別釋의 다른 이름이기도 하다.

62 아래 문장이란, 바로 세 줄 아래에 있다.

63 양조梁朝에 법운法雲법사는 양조시대梁朝時代 광택사 법운法雲스님이다.

지혜가 능도能度가 되나니, 믿는 사람은 이 일이 이와 같다고 말하고, 믿지 않는 사람은 이 일이 이와 같지 않다고 말한다 하였다. 그런 까닭으로 승조법사가 말하기를 이와 같다고 한 것은 믿고 따르게 하는 말이다. 믿게 되면 곧 말한 바 진리를 따르게 되고 따르게 되면 스승과 제자의 도가 이루어진다고 하였으니, 경의 말이 많거(豊)나 적거(約)나[64] 간에 믿지 아니함이 없다면 차례로 닦을 수 없기에 그런 까닭으로 이와 같다고 이름한 것이다.

鈔

若離釋者下는 第二에 離釋信聞이니 於中總明이라 先依智論하야 合如是二字하야 通釋이니 是信順之辭라 然論具云호대 佛法大海는 信爲能入이요 智爲能度니 如是者는 卽是淨信也라 若人心中에 有淸淨信이면 是人은 能入佛法커니와 若無淨信이면 當知是人은 不入佛法이니라 不信者는 言是事不如是니 是不信相이요 信者는 言是事如是니 是則信相이라하니라

만약 따로 분리하여 해석한다면이라고 한 아래는 제 두 번째 신信과 문聞을 따로 분리하여 해석한 것이니 그 가운데 한꺼번에 밝힌 것이다.[65]

---

64 풍약豊約이란 풍부하고 약소하다는 뜻이고, 많고 적다는 뜻이다. 즉 풍약은 빈부貧富·성쇠盛衰·다과多寡의 뜻을 갖고 있다.

65 한꺼번에 밝힌 것이라고 한 것은, 강사가 말하기를 곧 이것은 바로 아래

먼저는 『지도론』을 의지하여 여시如是라는 두 글자를 합하여 통틀어 해석한 것이니
이것은 믿고 따르게 하는 말이다.
그러나 『지도론』에 구체적으로 말하기를 불법의 큰 바다는 믿음이 능인能仁이 되고 지혜가 능도能度가 되나니, 여시라는 것은 곧 청정한 믿음이다.
만약 사람이 마음 가운데 청정한 믿음이 있으면 이 사람은 능히 불법에 들어갈 수 있거니와, 만약 청정한 믿음이 없으면 마땅히 알아라. 이 사람은 불법에 들어갈 수 없다.
믿지 않는 사람은 이 일이 이와 같지 않다고 말하나니 이것은 믿지 않는 모습이요,
믿는 사람은 이 일이 이와 같다[66]고 말하나니 이것은 곧 믿는 모습이다 하였다.

故肇公云者는 此下肇公釋이나 但是用智論意니 非是別理일새 是以疏言호대 故肇公云也라하니라 復有人이 於肇上加云호대 信爲入法

통틀어 해석한다고 한 뜻이니 이것은 과목이 아니다. 혹자는 말하기를 과목이니, 말하자면 신성취 문장에 두 가지가 있나니 첫 번째는 한꺼번에 밝히는 것이고, 두 번째는 자세히 해석하는 것이다. 여기에 두 가지가 있나니 첫 번째는 『지도론』을 의지하여 여시라는 두 글자를 합하여 통석한 것이라 운운하였다.

66 여시如是라고 한 아래에 『지도론』에는 시즉신상是則信相이라는 네 글자가 있으나, 그러나 지금인즉 빠졌다. 『잡화기』의 말이다. 그러나 나는 보충하여 번역하였다.

之初基요 智爲究竟之玄術이니 信則所言之理順하고 順則師資之道成이라 由信故로 所說之法을 皆可順從하고 由順從故로 說聽二途와 師資建立이라하니 此亦後人이 傍於智論하야 肇公後加니라 言則雖多나 亦非異理일새 故疏收其異義하야 立爲別釋하고 意同言異는 並略不存커늘 後人不知하야 重重因修를 皆列爲異解하니라

그런 까닭으로 승조법사가 말하였다고 한 것은, 이 아래는 승조법사가 해석한 것이지만 다만 『지도론』의 뜻만을 인용하였을 뿐 별다른 이치가 없기에, 이로써 소문에서 말하기를 그런 까닭으로 승조법사가 말하였다고 하였다.

다시 어떤 사람이 승조법사의 해석 위에 더하여 말하기를[67] 믿음은

---

67 다시 어떤 사람이 승조법사의 해석 위에 더하여 말하였다고 한 것은 두 가지 뜻이 있나니, 첫 번째는 초문 가운데 인용한 바 六句 안에 중간에 二句가 승조의 말인 까닭으로 소문 가운데 인용한 것이라면 곧 처음에 二句는 이에 승조법사의 해석 위에 더하여 말하였다 할 것이요, 이것도 또한 뒤에 사람이라고 운운한 것(日字卷 7장 下 7행, 영인본 화엄 2책, p.402, 7행)은 뒤에 二句를 가리킨 것이다. 이것도 또한이라 한 역亦 자는 위에 어떤 사람이 말하기를 『조론』을 본즉 다만 말하되 믿고 순종하는 말이라 했다 하였으니, 초문 가운데 인용한 바 六句는 다 더하여 말한 바이다. 처음에 어떤 사람이라고 한 것은 곧 이 아래(7행) 뒤에 사람이라 한 것이다. 처음에는 가리킴을 표한 것이고, 뒤에는 맺는 까닭으로 거듭 거론한 것이다. 승조법사의 해석 위에라고 말한 것은 승조법사의 문자 분상을 말한 것이나 오히려 승조법사 뒤에 사람을 말하는 것이라 할 것이다. 역시 『유망기』의 말이다.

법에 들어가는 기초가 되고 지혜는 구경의 현묘한 기술이 되나니, 믿으면 말한 바 진리를 순종하게 되고 순종하면 스승과 제자의 도가 이루어진다. 믿음을 인유한 까닭으로 설한 바 법을 다 가히 순종하고, 순종함을 인유한 까닭으로 설하고 들음의 이도二途와 스승과 제자가 건립된다 하였으니,

이것도 또한 뒤에 사람[68]이 『지도론』을 의거하여 승조법사의 해석 뒤에 더한 것이다.

말은 곧 비록 많지만[69] 또한 이치는 다르지 않기에, 그런 까닭으로

---

68 뒤에 사람이란, 『간정기』 혜원을 말한다. 『유망기』에 말하기를 此亦(이것도 또한)이란 승조법사를 상대하여 또한(亦)이라 말한 것이니, 말하자면 승조법사가 『지도론』을 인용하였거늘, 그러나 뒤에 사람이 또한 『지도론』을 의거하여 더한 것이다. 어리석은 나는(私記主) 아직 『조론』을 보지 못하였기에 기다려 살펴보고 가히 결정할 것이다 하였다. 『잡화기』에는 이것도 또한(此亦)이라고 한 등은 이 위에서 서술한 것이고, 여기는 결단하는 것이다. 이것은 승조스님이 이미 『지도론』을 인용한 까닭으로 저 『간정기』 혜원스님을 상대하여 또한(亦)이라 말한 것이니, 이것은 곧 어떤 사람이라 한 것과 더불어 뒤에 사람이라 한 것은 단 한 사람(『간정기』 혜원)뿐이다. 이 앞에(2책, p.402, 4행이니, 여기서부터 네 줄 앞)서는 승조스님 해석 위에 더하여 말하였다 말하고, 지금에는 승조스님 해석 뒤에 더하여 말하였다고 말한 것은 승조스님(肇公)이라는 글자 위·아래를 말하는 것이 아니라. 그 뜻은 어떤 사람(혜원스님)이 승조스님 시대 뒤에 승조스님의 문장상上에 나아가 그 초두와 말미에 말을 더(첨가)하여 하였다는 것이라 하였다.

69 말은 곧 비록 많지만 운운한 것은, 처음에 뜻은 처음 二句와 뒤에 二句의 말이 비록 많지만 중간에 二句와 본론本論으로 더불어 또한 이치는 다르지 않은 것이요, 뒤에 뜻은 더한 바 六句가 비록 말은 많지만 본론의 믿고 순종한다는 말로 더불어 또한 이치는 다르지 않기에, 그런 까닭으로 소문에는

소가疏家가[70] 그 다른 뜻을 거두어서 건립하여 별석別釋을 삼고 뜻이 같고 말이 다른 것은 아울러 생략하고 두지 아니하였거늘, 뒤에 사람이[71] 그 뜻을 알지 못하여 중중으로 앞을 인하여 수정[72]한 것을

다만 그 더한 바 六句 안에 중간의 二句만 인용한 것이다. 또 이 가운데 이 뜻을 인하여 『간정기』를 탄핵한 것이니, 말하자면 뒤에 사람이 더한 바가 또한 이치가 다르지 않기에 그런 까닭으로 소문 가운데 모두 생략하여 인용하지 않았다. 다만 이곳뿐만 아니라 上下에 글을 인용한 곳에 다만 다른 뜻만 거두어 건립하여 별석別釋을 삼고, 뜻이 같고 말이 다른 곳은 모두 생략하여 두지 아니하였거늘, 뒤에 사람 『간정기』는 알지 못하여 이 가운데 승조법사가 뒤에 더한 말을 다 인용하여 왔다. 이상에는 여시如是를 해석함에 따로 아홉 가지 뜻을 전개한 것이다. 또 아래에 장이長耳삼장의 삼보에 대한 해석(九丈上, 五行)과 그리고 법보스님이 다섯 가지 비방을 해석한 것(九丈下, 二行)을 인용하여 중중으로 인하여 닦은 것을 열거하여 다른 해석을 삼았다. 혹은 뒤에 사람이 알지 못하는 것으로써 승조법사의 후인後人을 삼아 다만 이 소문 가운데 뜻을 밝혔으나, 그러나 이 소문 가운데 다른 뜻을 거두어 별석을 삼은 뜻과 그리고 뒤에 사람이 중중으로 인하여 닦은 다른 뜻이 성립하지 않나니 자세히 생각할 것이다. 이상은 역시 『유망기』의 뜻이다.

70 그런 까닭으로 소가疏家라고 한 등은, 『잡화기』에 말하기를 이것은 곧 바로 위에 승조스님의 해석 뒤에 더한 바가 같은 까닭으로 다른 뜻을 거두어 두지 않는 뜻을 잡아 통설한 것이니, 전·후에 분리하여 해석하고 합하여 해석한 가운데 소가의 방식이 매양 어떤 사람이 말한 등을 인용한즉, 이것은 그 다른 뜻을 거두어 건립하여 별석을 삼고, 말이 다르고 뜻이 같은 것은 아울러 생략하여 두지 않는 것은 곧 스스로 전·후를 보게 하려는 것이다 하였다.

71 뒤에 사람이라 한 등은, 여기서 말한 뒤에 사람은 곧 『간정기』 주主를 가리키는 것이니 현수스님의 뒤에 사람인 까닭이다. 대개 그 말은 다르고 뜻은 같다는

다 열거하여 다른 해석을 삼았다.

疏

有云호대 聖人說法은 但爲顯如이니 唯如爲是일새 故稱如是라하니 此唯約所詮之理라 次에 眞諦三藏云호대 眞不違俗일새 名之爲如요 俗順於眞일새 稱之爲是며 眞俗無二일새 故稱如是라하니 此約所詮理事니라

어떤 사람[73]이 말하기를 성인의 설법은 다만 진여를 나타내기 위한 것이니, 오직 진여만이 옳음이 되기에 그런 까닭으로 여시如是라 이름한다 하였으니,
이것은 오직 소전所詮의 진리(理)만을 잡은 것이다.
다음에 진제삼장은 말하기를 진제가 속제를 어기지 않기에 이름하여 여如라 하고, 속제가 진제를 따르기에 이름하여 시是라 하며, 진제와

해석이 말은 비록 혹 다르지만 그 뜻은 이미 서로 같다면 곧 다만 이것은 중중으로 앞을 인하여 그 문장을 수정한 것이어늘, 『간정기』가 그 같음을 알지 못하여 주석을 지을 때 그 같은 바를 모두 열거하여 다른 해석을 하였다. 혹은 가히 『간정기』가 그 뜻이 같음을 알지 못하여 같은 바로써 중중으로 수정함을 인하여 다른 해석을 하였다. 이상은 『잡화기』의 말이다.

72 인수因修는 因修하야 '토'라면 수정함을 인하여라고 번역할 것이다. 수修는 수정의 뜻이다.

73 어떤 사람 운운은 유규의 해석으로 제일석第一釋이다. 바로 아래 진제 운운은 진제의 해석으로 제이석第二釋이다. 유규의 해석은 아래 초문에 있다.

속제가 둘이 없기에 그런 까닭으로 여시如是라 이름한다 하였으니, 이것은 소전所詮의 진리(理)와 사실(事)을 잡은 것이다.

鈔

有云호대 聖人說法下는 此下는 自狹之寬하야 以釋이니 此第一이 最局으로 唯取如故라 卽劉虬가 注無量義經이라

어떤 사람이 말하기를 성인의 설법이라고 한 아래는, 이 아래는 좁은 곳으로부터 넓은 곳으로 나아가 해석한 것이니,
이것은 제일의 해석이 가장 국한한 것으로[74] 오직 여如만을 취한 까닭이다.
이것은 곧 유규劉虬가 『무량의경無量義經』을 주석(注)한 것이다.

疏

若云如斯之言이 是佛所說인댄 則唯約能詮이라 有云호대 如者는 當理之言이니 言理相順을 謂之如也요 是者는 無非之稱이라하니라

만약 말하기를[75] 이와 같은 말이 이 부처님께서 설한 바라 한다면 곧 오직 능전能詮만을 잡은 것이다.[76]

---

74 제일의 해석이 가장 국한한 것이라고 한 것은, 유규와 진제가 모두 소전所詮에 국한하여 해석하였으나, 첫 번째 유규가 더 국한하여 해석하였다는 것이다.
75 만약 말하기를 운운은 양무제의 해석으로 제삼석第三釋이다.

어떤 이가 말하기를 여如라는 것은 도리(理)에 합당하다는 말이니 말과 도리가 서로 따름을 여如라 말하고, 시是라는 것은 그름이 없음을 말하는 것이다 하였다.

鈔

若云如斯之言下는 卽梁武帝釋이니 此約能詮하야 而通詮事理라 有云호대 如者는 當理之言者는 通能所詮이니 含於事理니라 理者는 道理이니 非唯眞如라 卽生公이 釋法華經이라

만약 말하기를 이와 같은 말이라고 한 아래는 곧 양무제梁武帝의 해석이니,
이것은 능전을 잡아서 사실(事)과 진리(理)를 모두 설명한 것이다.
어떤 이가 말하기를 여라는 것은 도리(理)에 합당하다는 말이라고 한 것은 능전과 소전에 통하는 것이니,
사실(事)과 진리(理)를 포함하는 것이다.[77]

---

76 오직 능전能詮만 잡은 것이라고 한 것은, 능전 가운데 소전의 진리와 사실을 설명함에 통하는 까닭으로 다시 제 두 번째 해석에 소전의 진리와 사실보다 넓은 것이요, 제 네 번째 해석에 능전과 소전에 통한다는 것으로 더불어 서로 혼란하지만, 그러나 이것은 곧 비록 소전에 통하지만 능전으로써 주主를 삼고, 제 네 번째 해석은 곧 능전과 소전을 함께 밝힌 까닭으로 전전히 넓어지는 것이다. 이상은 『유망기』의 말이다.

77 사실(事)과 진리(理)를 포함한다고 한 등은, 말하자면 이 이理 자는 이 도리道理의 이 자인 까닭으로 사실과 진리를 포함하는 것이고, 다른 곳에서 오직

이理라는 것은 도리道理니 오직 진여뿐만이 아니다. 이것은 곧 도생이 『법화경』을 해석한 것이다.

疏

此는 明說事如事요 說理如理니 明能詮之敎가 稱於事理也니라 融公云호대 如是者는 感應之端也라 如는 以順機受名이요 是는 以無非爲稱이니 衆生은 以無非爲感하고 如來는 以順機爲應이라 하니라

이것은[78] 사실(事)을 말함에 사실(事)과 같고 진리(理)를 말함에 진리(理)와 같음을 밝힌 것이니,
능전能詮의 가르침(敎)이 사실(事)과 진리(理)에 칭합한 것을 밝힌 것이다.
도융법사道融法師가 말하기를[79] 여시如是라는 것은 감응感應의 단서이다.
여如라는 것은 근기에 순종함으로써 이름을 받은 것이고, 시是라는 것은 그름이 없음으로써 이름한 것이니
중생은 그름이 없음으로써 감동(感)하고, 여래는 근기에 순종함으로써 응대(應)한다 하였다.

진리로써 이理를 삼은 것과는 같지 않은 것이다. 이상은 『잡화기』의 말이다.

78 이것은 운운한 것은 도생의 해석으로 제사석第四釋이다.

79 도융법사 운운은 도융의 해석으로 제오석第五釋이다.

鈔

此明說事如事下는 此卽於生公解釋中에 傍出이니 遠公이 約法以釋이라 意明生公이 卽遠公意니라 然彼具云호대 一은 約法解니 阿難道호대 彼如來所說이 如於諸法일새 故名爲如니 說理如理요 說事如事요 說因如因이요 說果如果라 如法之言이 是當道理일새 故曰如是니라 良以乖法을 名爲非故로 如法之言은 得稱爲是라하니 其言雖多나 但是道理之言耳니라 故不異生公이니라 融云호대 如是者는 謂以如字로 爲佛應하고 是字로 爲機感일새 故漸寬前하니라

이것은 사실을 말함에 사실과 같다고 한 아래는 이것은 도생의 해석 가운데를 의거하여 설출한 것이니,
원공遠公이 법을 잡아 해석한 것으로 뜻은 도생의 뜻이 곧 원공의 뜻임을 밝힌 것이다.
그러나 저기에 구체적으로 말하기를[80] 첫 번째는 법을 잡아 해석한 것이니,
아란존자가 말하기를 저 여래께서 설한 바가 모든 법과 같기에 그런 까닭으로 이름을 여如라고 하나니 진리(理)를 설함에 진리와 같고, 사실(事)을 설함에 사실과 같고, 원인(因)을 설함에 원인과 같고, 과보(果)를 설함에 과보와 같다. 여법如法한 말이 도리道理에 합당하기에 그런 까닭으로 말하기를 여시如是라 한다.
진실로 법을 어김을 그름이 된다 이름하는 까닭으로 여법한 말은

80 저기에 구체적으로 말하였다고 한 것은 도생법사가 해석한 『법화경』이다.

옳음(是)이 된다 이름함을 얻는다 하였으니,
그 말이 비록 많지만 다만 도리라고만 말하였을 뿐이다. 그런 까닭으로 도생과 다르지 않는 것이다.

도융법사가 말하기를, 여시라고 한 것은 말하자면 여如 자로 부처님이 응대함(佛應)을 삼고, 시是 자로 중생이 감동함(機感)을 삼았기에 그런 까닭으로 점점 앞의 해석보다 관대해지는 것이다.

疏

經은 以言教로 出於感應일새 故云如是라하니 此兼對機니라

경은 언교言教로써[81] 감동하고 응대함을 내기에 그런 까닭으로 말하기를 여시如是라 하니,
이것은 근기를 상대하는 것을 겸하였다 할 것이다.

---

81 경은 언교言教로써라고 한 등은, 『잡화기』에 말하기를 그 뜻에 말하되 만약 감응이라고 말하였다면 다만 이 감응뿐 언교를 갖추고 있는 것은 아니요, 만약 여시如是라 말하였다면 여시라는 언교가 반드시 감응을 좇아 나온 까닭으로 또한 감응을 갖추고 있는 것이다. 그렇다면 곧 감응은 국한되고 여시는 통하는 것이니, 경의 뜻은 국한함을 보내고 통함을 취하는 까닭으로 감응을 일러 반드시라고 말한 것은 아니다 하였다.

鈔

經以言教下는 後는 通妨難이니 恐有難云호대 如卽是應이요 是卽爲感인댄 何不名爲感應我聞고할새 故爲此通하니라 有引此하야 爲注法華釋云호대 注是劉公이 用融公義耳라하니라

경은 언교로써라고 한 아래는 뒤에는 방해하고 비난함을 통석한 것이니,
어떤 사람이 비난하여 말하기를 여如는 곧 응대(應)이고, 시是는 곧 감동(感)이라고 한다면 어찌 감응아문感應我聞이라고 이름하지 않는가 할까 염려하기에 그런 까닭으로 이 통석을 한 것이다.
어떤 사람이 이 말[82]을 인용하여 『법화경』을 주석(注)하고[83] 해석하여 말하기를 주석한 글은 이 유규(劉公)가 도융의 뜻을 인용한 것이다 하였다.

疏

上來諸釋이 各是一途일새 更有諸釋이니 言異意同이니라

---

82 이 말이라고 한 것은 여시감응如是感應에 대한 말이다.

83 『법화경』을 주석했다고 한 것은, 어떤 사람이 여시감응이라는 문장을 인용하여 『법화경』을 주석하고 해석하여 말하기를 이 주석한 글은 이 유규의 뜻인 까닭이다. 이 가운데 이 문장은 도융의 뜻을 근본하여 현출한 까닭으로 유규가 도융의 뜻을 인용한 것이라 하였다.

상래에 모든 해석이 각각 한 도(一塗)[84]이기에 다시 모든 해석이 있나니,
말은 다르지만 뜻은 모두 같은 것이다.

鈔

更有諸釋者는 謂長耳三藏이 就三寶釋云호대 一就佛인댄 三世諸佛이 共說不異故로 名爲如요 以同說故로 稱之爲是라하니 此大同梁帝라 二는 約法云인댄 諸法實相이 今古不異故로 名爲如요 如來爲說故로 稱爲是라하니 此同劉云호대 聖人說法이 但爲顯如라 三은 約僧釋云인댄 以阿難聞으로 望佛所教인댄 所傳不異故로 名爲如요 永離過非故로 名爲是라하니 此同佛地總意라 故云言異意同이라하니라 又寶公이 約離五謗釋云호대 第一句如是는 此經이 離執有增益謗일새 故云如是요 第二句如是는 此經이 離第二執無損減謗이요 第三句如是는 此經이 離第三執亦有亦無相違謗이요 第四句如是는 此經이 離第四執非有非無愚癡謗이요 第五句如是는 此經이 離第五執非非有非非無戲論謗이라 此上五謗은 當理之言으로 卽皆攝盡이라 又眞諦三藏은 約二諦釋호대 旣離有無면 則離俱及俱非等일새 故亦不異前釋이니 故云言異意同이라하니라

다시 모든 해석이 있다고 한 것은, 말하자면 장이長耳삼장이 삼보에 나아가 해석하여 말하기를 첫 번째는 부처님께 나아가 말한다면,

84 도塗는 道와 同이다.

삼세에 모든 부처님이 함께 설하여 다르지 아니한 까닭으로 이름을 여如라 하고, 다 같이 설하는 까닭으로 이름을 시是라 한다 하였으니, 이것은 양무제의 해석과 대동하다.

두 번째는 법을 잡아 말한다면, 모든 법의 실상이 고금에 다르지 아니한 까닭으로 이름을 여如라 하고, 여래가 설하는 까닭으로 이름을 시是라 한다 하였으니,

이것은 유규(劉公)가 말하기를 성인의 설법이 다만 진여를 나타내기 위함이다 한 것과 같다.

세 번째는 승僧을 잡아 해석하여 말한다면, 아란존자가 들은 것으로 써 부처님께서 가르친 바를 바라본다면 전한 바가 다르지 아니한[85] 까닭으로 이름을 여라 하고, 영원히 그릇된 허물을 떠나는 까닭으로 이름을 시라 한다 하였으니,

이것은 『불지론』에 총의總意와 같다.

그런 까닭으로 말하기를 말은 다르지만 뜻은 같다고 하였다.

또 법보寶公스님이 다섯 가지 비방을 떠나보냄을[86] 잡아 해석하여 말하기를, 제일구는 여시如是라는 것은 이 경이 증익增益이 있다고 집착함에 대한 비방을 떠나보내기에 그런 까닭으로 여시라 말하는

---

85 전한 바가 다르지 않다고 한 것은 부처님의 말씀과 아란존자가 전한 말이 다르지 않다는 것이다.

86 다섯 가지 비방을 떠났다고 한 것은, 만약 혹 한 가지 비방이라도 떠나지 못한 바가 있다면 여시라는 이름을 얻을 수 없나니. 여시라고 한 것은 마땅히 이치가 잘못된 것이 없음을 말하는 것이다. 이것은 『잡화기』의 말이다.

것이요,
제이구는 여시라는 것은 이 경이 제 두 번째 손감損減이 없다고 집착함에 대한 비방을 떠나보내는 것이요,
제삼구는 여시라는 것은 이 경이 제 세 번째 또한 있기도 하고 또한 없기도 함이 서로 어긴다고 집착함에 대한 비방을 떠나보내는 것이요,
제사구는 여시라는 것은 이 경이 제 네 번째 있지도 않고 없지도 않다는 어리석음[87]에 집착함에 대한 비방을 떠나보내는 것이요,
제오구는 여시라는 것은 이 경이 제 다섯 번째 있지 않은 것도 아니고 없지 않은 것도 아니라는 희론에 집착함에 대한 비방을 떠나보내는 것이다.
이 위의 다섯 가지 비방은 도리에 합당하다는 말로 다 섭수하여 다한 것이다.[88]
또 진제삼장은 이제二諦를 잡아 해석하기를, 이미 있고 없음을 떠났다면 곧 함께 있는 것(俱)과 그리고 함께 없는 것(俱非) 등을 떠난 것이기에 그런 까닭으로 또한 앞의 해석[89]과 다르지 않나니,

---

87 어리석음이란, 『잡화기』에 말하기를 의지하는 바가 없는 까닭이다 하였다.
88 이 위의 다섯 가지 비방은 도리에 합당하다는 말로 다 섭수하여 다했다고 한 것은, 위에 五謗을 如是란 말로 다 정리하고 그 말이 도리에 합당하다고 말하고 있는 것이다. 다시 말하면 여러 가지 비방을 如是라는 말로 다 섭수하였다는 것이다. 당리지언當理之言이란, 영인본 화엄 2책, p.403, 8행에 있다.
89 앞의 해석이라고 한 것은, 앞에 진眞·속俗을 배대한 여시如是의 설명이니 영인본 화엄 2책, p.403, 1행이다.

그런 까닭으로 말하기를 말은 다르지만 뜻은 같다 하였다.

疏

若依生物之信인댄 應如智論과 及佛地合釋이요 若取敵對阿優인댄 應如眞諦所釋이니 今當廣之하리라 外謂호대 阿之言無요 優之言有니 萬法雖衆이나 不出有無라하니 此卽斷常之計니라 今云호대 如卽眞空이요 是卽妙有이니 旣無有外之眞일새 故空而非斷이요 無眞外之俗일새 故有而非常이라 卽對破邪宗하야 以彰中道이니 一代時教가 不出於斯일새 故云如是라하니라

만약 생물의 믿음[90]을 의지한다면 응당 『지도론』과 그리고 『불지론』에서 합석合釋한 것과 같고,
만약 아阿와 우優를 대적하여 상대함을 취한다면 응당 진제삼장이 해석한 바와 같나니, 지금에 마땅히 광설하겠다.
외도가 말하기를 아阿라는 말은 무無요, 우優라는 말은 유有니 만법이 비록 많지만 유有와 무無를 벗어나지 않는다 하니, 이것은 곧 단견과 상견의 계교이다.
지금에 말하기를 여如는 곧 진공이요, 시是는 곧 묘유이니 이미 묘유 밖에 진공이 없기에 그런 까닭으로 공空이지만 단공斷空이

---

90 원문에 약생물지신若生物之信이라고 한 것은, 如是를 生物의 믿음을 근간으로 말한다는 것이다. 生物은 또 萬物이 生起하는 믿음이라고도 말하나니, 如是가 신성취信成就이기에 信을 말하고 있다.

아니요,
진제 밖에 속제가 없기에 그런 까닭으로 유有이지만 영원한 유가 아니다.
곧 이것은 파사종破邪宗을 상대하여 중도를 밝힌 것이니 일대시교一代時教가 여기에 벗어나지 않기에 그런 까닭으로 말하기를 여시如是라 하였다.

鈔

若取敵對阿優者는 百論云호대 外道가 立阿優爲吉이라하고 智論云호대 梵王이 昔有七十二字하야 以訓於世하야 教化衆生이러니 後時衆生이 福德轉薄커늘 梵王因茲하야 呑噉七十字하고 在口兩角에 各留一字하니 是其阿優라하니라 亦云阿嘔라하니 梵語輕重耳니라

만약 아와 우를 대적하여 상대함을 취한다면이라고 한 것은, 『백론』에 말하기를 외도가 아阿와 우優를 세워 길吉함을 삼는다 하고, 『지도론』에 말하기를 범천왕이 옛날에 일흔두 글자를 두어 세상에 가르쳐서 중생을 교화하더니, 후시後時에 중생들이 복덕이 점차 엷어지거늘 범천왕이 이로 인하여 칠십 자는 삼키고[91] 입의 양 가에 각각 한 자씩 붙여두니, 이것이 그 아阿 자와 우優 자라 하였다.

---

91 삼켰다고 한 것은, 대개 복이 얇고 근기가 하열하여 능히 감당하여 받아들이지 못하는 까닭으로 일흔두 글자를 삼키고 아阿 자와 우優 자의 두 글자만 두었다는 것이다. 양각兩角은 입의 양 가를 말한다.

또한 말하기를 아阿·후嘔라고도 하나니, 범어의 가벼운 소리와 무거운 소리의 차이일 뿐이다.

疏

若華嚴宗인댄 以無障礙法界를 曰如요 唯此無非를 爲是니 應隨教門深淺하야 以顯如是不同이니라

만약 화엄종이라면 걸림이 없는 법계를 여如라 말하고, 오직 이 법계가 그름이 없는 것을 시是라 하나니
응당 교문教門의 심천深淺을 따라 여시如是를 나타내는 것도 같지 아니한 것이다.

鈔

若華嚴宗下는 第二에 以宗揀定하야 約教以釋이니 上通諸教라 今엔 先擧圓宗이요 應隨教門下는 後에 依五教以釋이니 旣如是는 爲當理之言이라하니라 明於二諦인댄 則小乘은 人法爲俗하고 生空爲眞하며 始教之中엔 四重眞俗하며 終教엔 事理眞俗이 二相交徹이니 如眞諦所解하며 頓教엔 則眞俗兩亡하야 亡言絶慮를 方稱當理니 如無常經에 應以生老病死를 定可厭等으로 稱爲當理之言이라하니 異此所明은 不得稱是니라

만약 화엄종이라면이라고 한 아래는 제 두 번째 화엄종으로써 가려

결정하여 교敎를 잡아 해석한 것이니,
이 위에는 모든 교에 통하는 것이다.[92]
지금에는 먼저 원교 화엄종을 거론하고,
응당 교문의 심천을 따른다고 한 아래는[93] 뒤에 오교五敎를 의지하여 해석한 것이니
이미 여시如是라는 것은 도리에 합당하다는 말이 된다 하였다.
이제二諸를 밝힌다면 곧 소승에서는 인법人法으로 속제를 삼고 생공生空으로 진제를 삼으며,
시교始敎 가운데서는 사중의 진속(四重眞俗)[94]으로 이제를 삼으며,
종교終敎 가운데서는 사리의 진속(事理眞俗)이 두 모습이 서로 사귀어 사무침으로 이제를 삼나니 진제삼장이 해석한 바와 같으며,
돈교頓敎에서는 진·속을 둘 다 잃어 말도 잃고 생각도 끊어진 것을 바야흐로 도리에 합당하다고 이름하나니, 『무상경無常經』에 응당 생·노·병·사를 결정코 가히 싫어하는 등으로 이름을 도리에 합당하다는 말이 된다 한 것과 같나니,

---

92 이 위에는 모든 교에 통한다고 한 등은, 『잡화기』에 말하기를 말하자면 상래에 해석한 바는 곧 여如라고 한 것은 이치에 합당하다는 말 등이 낱낱이 오교에 통하는 것이다. 지금에는 먼저 원교를 거론하고 위에 오교를 의지하나니, 곧 그 여라고 한 것은 이치에 합장하다는 말 등이 오교를 따라 낱낱이 같지 않은 것이다 하였다.

93 문하門下라는 글자 아래에 『잡화기』에는 마땅히 후後 자가 있어야 된다고 하였다.

94 사중진속은 『현담』 장교소섭을 참고할 것이다.

여기에서 밝힌 바와 다른 것은[95] 시是라고 이름함을 얻을 수 없는 것이다.

疏

二에 我聞者는 聞成就也라 將欲傳之於未聞이니 若有言而不傳하면 便是徒設이라 不在能說하고 貴在能傳故로 次明我聞이니라 我는 卽阿難이요 聞은 謂親自聽聞이라

아문我聞[96]이라고 한 것은 문성취聞成就이다.
장차 듣지 못한 이에게 전하고자 하는 것이니,
만약 부처님의 말씀이 있으되 전하지 아니하면 문득 이것은 부질없이 늘어놓은 말일 뿐인 것이다.
능히 설함에 있는 것이 아니고 그 귀貴함은 능히 전함에 있는 까닭으로 다음에 아문我聞을 밝힌 것[97]이다.
아我라는 것은 곧 아란존자이고,
문聞이라는 것은 친히 스스로 들은 것을 말하는 것이다.

---

95 여기에서 밝힌 바와 다르다고 한 등은, 『잡화기』에 말하기를 모두 반대로 밝힌 것이니, 말하자면 만약 소승이라면 인법人法은 속제이고 생공生空은 진제인 것으로 시是라 이름할 것이지만, 그러나 나머지 교에서 밝힌 것은 곧 이것으로 시是라고 이름함을 얻을 수 없다 한 등이라 하였다.

96 아문我聞은 능전能傳이고 여시如是는 소설所說이다.

97 다음에 아문을 밝혔다고 한 것은 여시 다음에 아문을 밝혔다는 것이다.

疏

云何稱我고 卽諸蘊假者니라

어찌하여 아我라고 이름하는가.
곧 오온諸蘊의 거짓된 자이기에 그렇다.

鈔

云何稱我下는 先徵釋我라 我는 諸蘊假者니 通於諸教니라

어찌하여 아라고 이름하였는가라고 한 아래는, 먼저는 아我에 대하여 묻고 해석한 것이다.
아我라는 것은 오온의 거짓된 자이니
모든 교에 통하는 것이다.

疏

此用何聞고 若依大小乘法相인댄 各有三說하니 一은 耳聞非識이요 二는 識聞非耳요 三은 緣合方聞이라 然이나 或具四緣八緣等이라

이 아我는 무엇으로써 듣는가.
만약 대승과 소승의 법상을 의지한다면 각각 세 가지 학설이 있나니,
첫 번째는 이근耳根으로 듣는 것이지 이식耳識으로 듣는 것이 아니요,

두 번째는 이식으로 듣는 것이지 이근으로 듣는 것이 아니요,
세 번째는 인연이 화합되어야 바야흐로 듣는 것이다.
그러나 혹 사연四緣과 팔연八緣 등을 구족하여야 듣는 것이다.

鈔

此用何聞下는 徵聞重釋이니 通於我聞이라 於中先徵이요 若依大小乘下는 約教別釋이라 於中三段이니 初法相中에 含於小乘과 及與始教라 於中初는 正釋이라 言小乘三者는 初에 薩婆多宗에 自有三義하니 一에 法救論師는 耳聞非識이니 謂雖自分識이 依根方聞이나 然聞體是根이요 非是於識이니 如聞旣爾하야 見等亦然하니라 故雜心云호대 自分眼見色이요 非彼眼識見이며 非慧非和合이니 不見障外色故라하니라 二에 妙音師는 識聞非耳니 根無覺故라하니라 三에 成實師는 和合能聞이라하니 上三은 並如俱舍界品과 及婆沙第十三說하니라

이 아는 무엇으로써 듣는가라고 한 아래는 들음에 대하여 묻고 거듭 해석한 것이니[98] 아我·문聞에 통하는 것이다.
그 가운데 먼저는 묻는 것이요

98 거듭 해석한 것이라고 한 것은, 지금에 이미 아문我聞을 통석하였다면 곧 아我는 이 앞에 이미 해석한 바로되, 그러나 지금 또 그것을 해석한 까닭이다. 앞에서는 여시를 해석하고 지금에는 아문을 해석하였거니, 다 반드시 모든 교를 잡아 해석하였다고 한 것은 대개 이 원교가 이미 깊고 또 넓은 때문이니, 넓은 까닭으로 오교를 섭수하고 깊은 까닭으로 적실하게 당종(화엄종)을 취한 것이다. 이상은 역시 『잡화기』의 말이다.

만약 대승과 소승의 법상을 의지한다고 한 아래는 뒤에[99] 교敎를 잡아 따로 해석한 것이다.
그 가운데 삼단이 있나니,
처음 법상 가운데는 앞의 소승과 그리고 시교始敎를 포함하였다.
그 가운데 처음은 바로 해석한 것이다.
소승의 세 가지 학설이라고 말한 것은, 처음 살바다종薩婆多宗에 스스로 세 가지 뜻이 있나니,
첫 번째 법구논사法救論師는 귀로 듣는 것이지 식識으로 듣는 것이 아니니,
말하자면 비록 자분自分의 이식耳識[100]이 이근耳根을 의지하여 바야흐로 듣지만 그러나 듣는 자체는 이 이근耳根이요 이식耳識이 아니니,
듣는 것이 이미 그러함과 같아서 보는 등도 또한 그러한 것이다.
그런 까닭으로 『잡심론雜心論』[101]에 말하기를
자분自分의 안근眼根[102]으로 색色을 보는 것이지
저 안식眼識으로 보는 것이 아니며
문혜聞慧로 듣는 것도 아니고 화합和合[103]으로 듣는 것도 아니니[104]

---

99 소승 하下에 후後 자가 있는 것이 좋다.

100 자분自分의 이식耳識이라고 한 것은, 전오식이 각각 자체가 있어서 서로서로 옳지 않은 까닭이다. 역시 『잡화기』의 말이다.

101 『잡심론』은 『잡아비담심론』이니, 11권으로 법구가 짓고 승가발마가 번역하였다. 여기에 인용한 것은 게송이다.

102 자분自分의 안근眼根이라고 한 것은, 『잡심론』에 말하기를 자분의 모든 근(諸根)이 이 식과 함께 머물지 않기에 그런 까닭으로 자분이라 말한다 하였다.

장벽 밖에 색을 볼 수 없는 까닭이라 하였다.
두 번째 묘음사妙音師는 이식으로 듣는 것이지 이근으로 듣는 것이 아니니 이근은 감각이 없는 까닭이라 하였다.
세 번째 성실사成實師는 화합으로 능히 듣는 것이라 하였으니, 위의 세 가지는 아울러 『구사론』의 계품界品과 그리고 『바사론婆娑論』 제십삼권에 설한 것과 같다.

大乘三者는 一에 耳聞非識은 如雜集第二云호대 耳界는 有何相고 謂能聞聲이라하며 瑜伽三十五云호대 數數於聲에 作意하야 至能聞故라하니라 二에 識聞非耳는 梁攝論云호대 聞有三義하니 一에 聞體니 謂耳識이요 二는 聞資糧이니 謂音聲이요 三은 聞果니 謂卽聞慧라 唯此耳識이 以爲正聞이라하니라 三에 和合能聞은 佛地論云호대 聞

103 화합이란 근根과 식識이 화합하는 것이다.

104 혜慧라고 한 것은, 『구사론』에 말하기를 오식과 함께 생기하는 지혜라 하였으니 제 여섯 번째 의식을 가리킨 것이요, 혹은 가히 식은 심왕을 잡은 것이고, 지혜는 심소를 잡은 것이라 하기도 한다.
『잡심론』의 끝 구절은 눈의 공능을 나타낸 것이다.
대개 저 『잡심론』의 장행문에 먼저 사단으로써 물음을 생기하였으니, 저 『잡심론』에 말하기를 눈으로 보는가, 눈의 식으로 보는가, 눈과 식이 상응하는 지혜로 보는가, 화합하여 보는가 하고, 다음에 게송으로써 답하였으니 곧 지금에 인용한 바가 이것이다. 저 『잡심론』의 장행문에 해석하여 말하기를 자분의 안근은 능히 보는 것(能見)이 되고 나머지는 아니다. 만약 안식이 보는 것이라면 응당 장벽 밖에 색을 볼 것이니 상대가 없는 까닭이다. 지혜로 보고 화합하여 보는 것도 또한 다시 이와 같다 하였다. 이상은 『잡화기』의 말이다.

謂耳根發識하야 領受聲塵이라하며 瑜伽論云호대 聞謂聽聞이니 卽是耳根이 發生耳識하야 聞受教故라하니라

대승의 세 가지 학설이라고 한 것은, 첫 번째 이근으로 듣는 것이지 이식으로 듣는 것이 아니라고 한 것은, 『잡집론雜集論』 제이권에 말하기를 귀의 세계(耳界)는 어떤 모습인가. 말하자면 능히 소리를 듣는 것이라 하였으며,
『유가론瑜伽論』 삼십오권에 말하기를 자주자주 소리에 뜻을 지어[105] 능히 들음에 이르는 까닭이라 하였다.
두 번째 이식으로 듣는 것이지 이근으로 듣는 것이 아니라고 한 것은, 『양섭론梁攝論』에 말하기를 들음에 세 가지 뜻이 있나니 첫 번째는 듣는 자체이니 말하자면 이식耳識이요,
두 번째는 들음의 자량資糧[106]이니 말하자면 음성이요,
세 번째는 들음의 결과이니 말하자면 곧 문혜聞慧이다. 오직 이 이식耳識만이 바로 들음(正聞)이 된다 하였다.
세 번째 화합으로 능히 듣는다고 한 것은, 『불지론佛地論』에 말하기를 듣는다는 것은 말하자면 이근耳根이 이식耳識을 일으켜 소리(聲塵)를 영수領受한다 하였으며,

105 뜻을 짓는다(作意)라고 한 것은 경계하여 살핀다는 뜻이 있나니, 귀 등이 처음 소리 등의 경계를 상대할 때에 곧 능히 경각警覺하여 끌어들여 저 소리에 나아가 바야흐로 가히 듣는 까닭이니, 『대명법수』 34권 14장을 보라. 역시 『잡화기』의 말이다.

106 자량資糧은 경계이다.

『유가론』에 말하기를 듣는다는 것은 말하자면 청문聽聞이니, 곧 이 이근耳根이 이식耳識을 발생하여 듣고 받아 명령(教令)하는 까닭이라 하였다.

然이나 或具四緣八緣等者는 通釋大小乘의 和合聞義니 上言和合은 但合根識이요 今取具緣故로 云四八이라하니라 然其四八이 是生識緣이니라 若取能聞인댄 兼所發識이니 則或五或九이라 故疏云等이라하니라

그러나 혹 사연四緣과 팔연八緣 등을 구족하여야 듣는다고 한 것은 대승과 소승에서 화합으로 듣는다고 한 뜻을 모두 해석한 것이니, 위에서[107] 화합이라고 말한 것은 다만 이근耳根과 이식耳識만이 화합할 뿐이요,
지금은 인연을 구족함을 취한 까닭으로 말하기를 사연과 팔연이라 하였다.
그러나 그 사연과 팔연이 식識을 발생하는 인연이다.
만약 능문能聞을 취한다면[108] 소발所發의 이식耳識을 겸하나니 곧

107 위에서라고 한 것은 제 세 번째이다.

108 만약 능문能聞을 취한다면이라고 운운한 것은, 『잡화기』에 말하기를 그 뜻에 말하되 이 위에서는 이식을 발생하는 인연을 잡아 말하였거니와, 만약 능문의 인연을 논한다면 이식도 또한 인연이 되는 것이니 이식으로써 바야흐로 듣는 까닭이다 하였다. 약취若取 운운을 만약 능문과 겸하여 소발의 식을 취한다면이라고 번역할 수도 있다.

혹은 오연五緣과 혹은 구연九緣이다. 그런 까닭으로 소문疏文에 말하기를 등等이라 하였다.

言或四者는 卽是小乘이니 一空二根이요 三境四作意라 故智論云호대 爾時에 耳根不壞하고 聲在可聞處어니와 作意欲聞하야 情塵意合하야 卽耳識生하고 隨耳識生하야 卽意識生하야 方能分別하고 種種因緣으로 方得聞聲이라하니라 釋曰 聲在可聞處는 卽空이요 二卽作意요 情卽是根이니 故 中論內에 名六根品하야 爲六情品이라하며 古云호대 根含識義일새 目之爲情이라하니라 塵卽是境이요 意卽是根이니 加此爲五하야 發生耳識이라 言隨耳識生은 卽同時意識이 分別이니 非是緣也니라 若約分別聲塵인댄 則同時意識도 亦是緣也니라 種種因緣으로 得聞聲은 總結也니라

혹 사연四緣이라고 말한 것은 곧 소승이니
첫 번째는 공空이요,
두 번째는 근根이요,
세 번째는 경境이요,
네 번째는 작의作意이다.
그런 까닭으로 『지도론』에 말하기를[109] 그때에 이근耳根은 무너지지 않고 소리는 가히 듣는 곳[110]에 있거니와, 뜻을 지어 듣고자 하여

109 『지도론』 운운은, 『잡화기』에 말하기를 이것은 대승론으로써 소승의 말을 증거한즉, 대개 그 대승 가운데 소승의 뜻을 밝힌 까닭이다 하였다.
110 듣는 곳이란 제 세 번째 경境이다.

정情[111]과 진塵과 의意가 화합하여 곧 이식耳識이 발생하고, 이식이 발생함을 따라 곧 의식意識이 발생하여 바야흐로 능히 분별하고 가지가지 인연으로 바야흐로 소리 들음을 얻는다 하였다.

해석하여 말하면, 소리는 가히 듣는 곳에 있다고 한 것은 곧 공空이요, 두 번째는 곧 작의作意요, 정情은 곧 이근根이니

그런 까닭으로 『중론中論』 안에 육근품六根品을 이름하여 육정품六情品이라 하였으며,

고인古人이 말하기를 근根은 함식含識[112]의 뜻이기에 그 근根을 지목하여 정情이라 하였다.

진塵은 곧 이 경境이요, 의意는 곧 이 근根이니[113] 이를 더하여 다섯을 삼아 이식耳識을 발생하는 것이다.

이식이 발생함을 따른다고 말한 것은 곧 동시同時에 의식意識[114]이

---

111 정情은 육정六情이니 육근이다.

112 함식含識은 함령含靈의 뜻이다.

113 의意는 곧 이 근根이라고 한 것은, 『잡화기』에 말하기를 의意는 곧 제칠식인 까닭이다. 대개 소승이 비록 제육으로써 근根을 삼지만 또한 제칠과 제팔이라는 말이 있나니, 말하자면 제육식의 과거로 제칠식을 삼고 미래로 제팔식을 삼는 것이다. 그런 까닭으로 제육식이 간단없이 사라지는 것을 의意라 이름한다 말하는 것이다. 그렇다면 곧 이 소승에 제칠식의 의意를 더하여 다섯을 삼은 것이 곧 아래 대승에 등무간연等無間緣을 더하여 열 가지를 삼는 것과 같다. 이 칠식의 의意를 더하여 다섯을 삼은 것은 앞에 혹 다섯으로 더불어 다름이 있나니, 앞에는 이식耳識을 더하여 능히 듣는 인연을 삼았고, 여기는 제칠식의 의意를 더하여 식을 발생하는 인연을 삼은 까닭이다 하였다.

114 동시의식이란, 전오식과 동시에 의식이 생기하는 것이다. 독두의식은 반대로 의식 혼자 생기하는 것이다.

분별하나니 이 인연因緣이 아니다.

만약 성진聲塵을 분별함을 잡는다면[115] 곧 동시에 의식도 역시 인연이다.

가지가지 인연으로 소리 들음을 얻는다고 한 것은 모두 맺는 것이다.

言八緣者는 於前四上에 復加於四니 謂一空二根이요 三境四作意요 五는 根本依요 六은 染淨依요 七은 分別依요 八은 種子니 種子는 爲因緣依라 諸有爲法이 皆託此依니 離此因緣하면 必不生故니라 分別依者는 卽第六識이요 染淨依者는 卽第七識이요 根本依者는 卽第八識이요 根卽同境依라 故로 唯識第四云호대 由此五識이 俱有所依하야 定有四種하니 謂五色根과 六七八識이라 隨闕一種하면 必不轉故니 同境分別과 染淨根本이 所依別故라하니라 如有偈云호대 眼識九緣生이요 耳識唯從八이요 鼻舌身三七이요 後三五三四이니 若加等無間이면 於前各加一이라하니 釋曰 眼九緣者는 復加於明이니 闇中無見故니라 耳已除明이요 七更除空이니 此三은 合中知故니라 後三은 卽六七八이라 六識五緣이니 更除染淨과 及與分別이라 分別은 卽所發識이요 染淨은 卽所依根이라 第七識은 或四或三이니 四는 謂除染淨이니 染淨은 卽所發識故니라 前六識中엔 約爲根故로 除하고 此第七中엔 約爲識故로 除니라 復除第八이니 第八卽總故니라 或三

115 만약 성진聲塵을 분별함을 잡는다면이라고 운운한 것은, 의식이 이식耳識을 발생함에 비록 그 인연이 아니라 말하지만 저 소리를 분별함에 또한 능히 인연이 되나니, 말하자면 저 이식이 반드시 의식을 가자하여야 바야흐로 능히 성진聲塵을 분별하는 까닭이다. 역시 『잡화기』의 말이다.

者는 更除於境이니 境卽根故니라 言三者는 第八은 但有種子와 作意及根이라 或四는 卽更加境이라 此上諸釋은 因便故來니라

팔연八緣이라고 말한 것은 앞의 사연四緣 위에 다시 사연을 더한 것이니
말하자면 첫 번째는 공이요,
두 번째는 근이요,
세 번째는 경이요,
네 번째는 작의요,
다섯 번째는 근본의根本依요,
여섯 번째는 염정의染淨依요,[116]
일곱 번째는 분별의分別依요,
여덟 번째는 종자種子니[117] 종자는 인연의因緣依가 된다.
모든 유의법이 다 이 인연의를 의탁하나니
이 인연을 떠나면 반드시 발생할 수 없는 까닭이다.
분별의라는 것은 곧 제육식이요,

---

116 여섯 번째는 염정의染淨依라고 한 것은, 『잡화기』에 말하기를 이 식이 비록 염오식이나 제육식을 상대하여 염정이라 이름하는 것이니, 이 식이 생각 생각에 아我에 집착하는 까닭으로 제육식으로 하여금 깨끗함을 이루게 하는 까닭으로 말하기를 염정의라 하는 것이니, 『팔식규거주八識規矩註』에 나와 있다고 하였다.

117 여덟 번째는 종자라고 한 것은, 『잡화기』에 말하기를 전육식은 각각 자분의 종자이고, 제칠식은 염정의 종자이고, 제팔식은 함장含藏의 종자이니, 역시 『대명법수』에 나와 있다고 하였다.

염정의라는 것은 곧 제칠식이요,

근본의라는 것은 곧 제팔식이요,

근이라는 것은 곧 동경의同境依[118]이다.

그런 까닭으로 『유식론』 제사권에 말하기를 이 오식五識이[119] 함께 의지하는 바가 있음을 인유하여 결정코 사종四種이 있나니,

말하자면 오색근五色根과 육식과 칠식과 팔식이다.

하나라도 빠짐을 따른다면 반드시 전변할 수 없는 까닭이니,

동경의와 분별의와 염정의와 근본의가 의지하는 바가 다른 까닭이라 하였다.

저기에 게송이 있어 말하기를[120]

안식眼識은 구연九緣으로[121] 발생하고,

---

118 동경의同境依라고 한 것은, 『잡화기』에 말하기를 오색근五色根이니 근은 반드시 식으로 더불어 같이 경계를 반연하는 까닭이다. 곧 안근은 반드시 안식으로 더불어 같이 색의 경계를 반연하고, 나머지 식으로 더불어 같이 반연하지 않는 등이니, 추자권秋字卷 61장, 上3행을 보라 하였다. 따라서 동경의는 근과 식이 같은 경계를 의지하고, 식과 경이 같이 근을 의지한다는 것이다.

119 이 오식이 운운은, 『잡화기』에 由此로 識의 依가 토라 하니 생각해볼 것이다.

120 저기에 게송이 있어 말하였다고 운운한 것은, 이 위에는 팔연八緣의 명의名意에 대한 문난問難을 바로 해석하였고, 여기서는 곧 팔식의 인연을 갖춘 것이 많고 적음을 통석하여 분별한 것이다. 이 가운데는 다만 이식耳識의 능히 듣는 것만 나타내었거늘, 곧 그 팔식을 통석하여 분별한 것은 말하자면 편리함을 인한 까닭으로 이끌어 온 것이다. 혹은 말하기를 저기에 게송이 있어라고 한 아래는 위에 결정코 사종四種이 있다고 한 것을 증거하여 성립한 것이라고 한 것은 그렇지 않을까 염려한다. 이상은 『잡화기』의 말이다.

이식耳識은 오직 팔연八緣을 좇아 발생하고,

비식鼻識과 설식舌識과 신식身識의 세 가지는 칠연七緣으로 발생하고,

뒤의 제육식과 제칠식과 제팔식의 세 가지는 오연五緣과 삼연三緣과 사연四緣으로 발생하나니,

만약 등무간연等無間緣[122]을 더한다면

저 앞에 각각 한 연(一緣)을 더하여야 할 것이다 하였으니,

해석하여 말하면 안식은 구연이라고 한 것은 다시 밝음(明)을 더하나니 어둠 가운데는[123] 볼 수 없는 까닭이다.

이식耳識은 구연에서 밝음(明)만 제하고, 비鼻·설舌·신身식의 칠연은 팔연에서 다시 공空만 제하나니

이 세 가지는 인연이 화합하는 가운데[124] 아는 까닭이다.

---

121 안식은 구연이라 한 등은 一에 안식은 구연이니 명·공·근·경·작의·근본·염정·분별·종자이다. 二에 이식은 팔연이니 구연에 명만 제외한다. 三에 비식과 四에 설식과 五에 신식은 다 칠연이니 팔연에 공만 제외한다. 六에 의식은 오연이니 근·경·작의·근본·종자이다. 七에 말라야식은 삼연이니 근·작의·종자이다. 혹 사연이라고도 하나니 경을 더한다. 八에 아뢰야식은 사연이니 근·경·작의·종자이다. 혹 삼연이라고도 하나니 사연에 경을 제외한다.

122 등무간이란, 『잡화기』에 말하기를 심과 심소 등이 차례로 상속하여 전후가 간단이 없는 것이니, 만약 앞에 마음의 인도가 없다면 뒤에 마음이 생기(발생)함을 얻을 수 없는 까닭으로 이 등무간연이 인연이 됨을 얻는 것이다 하였다.

123 어둠 가운데 운운은, 『잡화기』에 말하기를 귀는 비록 어둠 가운데 있으나 소리를 듣거니와, 눈은 어둠 가운데 있은즉 볼 수 없기에 그런 까닭으로 밝음을 더하는 것이라 하였다.

뒤의 세 가지라고 한 것은 곧 제육식과 제칠식과 제팔식이다.

제육식은 오연五緣이니

다시 염정의와 그리고 분별의를 제한다. 분별은 곧 발생할 바 식識이요, 염정은 곧 의지할 바 근根이다.

제칠식은 혹 사연四緣이기도 하고 혹 삼연三緣이기도 하나니,

사연은 말하자면 염정을 제하는 것이니[125] 염정은 곧 발생할 바 식識인 까닭이다.

앞의 육식 가운데서는 의지할 바 근根이 됨을 잡은 까닭으로 염정을 제하였고, 여기 제칠식 가운데는 의지할 바 식識이 됨을 잡은 까닭으로 염정을 제하는 것이다.

다시 제팔식에서도 염정을 제하나니 제팔식은 곧 총總인 까닭이다.[126]

---

124 인연이 화합하는 가운데 운운은, 귀는 공空이 아닌즉 소리를 들을 수 없거니와, 코 등은 곧 합하여 닿아야 바야흐로 아는 까닭으로 공을 제외하는 것이다. 역시 『잡화기』의 말이다.

125 말하자면 염정을 제한다고 운운한 것은, 이 가운데는 위에 오연五緣에 다시 제팔식을 제외하는 까닭으로 사연四緣이 되지만, 그러나 그 염정을 제외한다는 말이 여기에 거듭 나온 것은 다만 위에 밝음을 제외하는 이유와는 같지 아니함을 상대하고자 한 까닭일 뿐이다.

126 곧 총總인 까닭이라고 한 것은, 『잡화기』에 말하기를 『성유식론』에 말하되 제팔식은 제칠식의 근根과 경境의 총이 되는 것이니, 말하자면 제칠식이 제팔식의 종자와 현행으로 함께 있으면서 의지함(具有依)을 삼나니 이미 전식(七轉識)이라 이름하였다. 전전히 변역함이 있는 까닭으로 반드시 현재식을 가자하여야 바야흐로 생기함을 얻나니 그런 까닭으로 이 근根이라고 하고, 또 제팔식을 의지하여 반연할 바 경계를 취하여 스스로 내아內我라 집착하나니 그런 까닭으로 이 경境이라 한다 하였으니, 지금에 그 경을

혹 삼연이기도 하다고 한 것은 다시 경境을 제하나니 경境은 곧 근根인 까닭이다.[127]

혹 삼연이라고 말한 것은 제팔식은 다만 종자와 작의와 그리고 근[128]만이 있을 뿐이다.

혹 사연이라고 한 것은 곧 다시 경境을 더한 것이다.

이 위의 모든 해석은 편리함을 인한 까닭으로 이끌어 왔을 뿐이다.[129]

제외하는 뜻은 이미 이 근과 경의 총이라 하였다면 곧 근과 경을 세운 것이로되, 또 다시 제팔식의 총을 두는 것이 중첩함이 있는 까닭이다. 여기 제칠식 가운데 분별을 제외한다는 말이 없는 것은 이상에서 이미 제외한 까닭이다. 그러한즉 육식 가운데는 발생할 바 식을 잡은 까닭으로 제외하였고, 여기 제칠식 가운데는 제육식을 의지하지 않는 까닭으로 제외하는 것이니, 이 뜻은 쉬운 까닭으로 말하지 않는다 하였다.

127 경境은 곧 근根인 까닭이라고 한 것은, 『잡화기』에 말하기를 그 제외하는 뜻에 말하기를 이미 제칠식이 한 개의 제팔식으로 또한 근을 삼고, 또한 경을 삼았다면 곧 양립兩立으로 또한 중첩인 까닭이다.
그렇다면 곧 앞에 사연四緣을 잡은 것은 근과 경이 뜻이 다른 까닭이요, 지금에 삼연三緣을 잡은 것은 근과 경이 그 자체가 하나인 까닭이다 하였다.

128 그리고 근이라 한 근根 자는, 『잡화기』에 말하기를 곧 제칠식이 제팔식의 근根이 됨에 제칠식과 제팔식이 서로 서로 근이 되는 까닭이다. 그러한즉 위에 근根 자로 더불어 같지 아니함을 알 수 있을 것이다. 그러나 이 구연九緣이 생기하는 해석이 또한 『대명법수』 34권 13장 이하에 나와 있으되, 그러나 다만 제외한 바가 같지 않나니 그 뜻이 수많은 길이 있다. 억지로 회통을 수구할 필요는 없다 하였다.

129 편리함을 인한 까닭으로 이끌어 왔다고 한 것은, 본래는 이식耳識만 설해야 하지만 편리상 안眼·비鼻·설舌 등을 설했다는 것이다.

疏

雖因耳處나 廢別從總일새 故稱我聞이라 法雖無我나 言語便易故며 隨順世間故로 稱我聞이언정 非邪慢心으로 而有所說하니라

비록 이처耳處를 원인하지만 별別을 폐지하고 총總을 좇기에[130] 그런 까닭으로 아문我聞이라 이름하는 것이다.
법에는 비록 아我가 없지만 언어言語가 편리한 까닭이며, 세간을 순순하는 까닭으로 아문我聞이라 이름할지언정 삿되고 교만한 마음으로 아문이라 설하는 바가 있는 것은 아니다.

鈔

雖因耳處下는 第二解妨이니 此有二妨이라 一은 有問言호대 現是耳聞커늘 云何言我聞고할재 故爲此通하니라 明我爲總은 總該眼耳等諸根故니 卽佛地論文이라 二는 有問言호대 一切佛敎가 詮於無我라 阿難은 已是入理聖人이어늘 那同凡夫하야 而稱我聞고할새 故此通云호대 法雖無我는 是牒問意요 後에 言語便易下는 卽是通釋이라 於中先은 顯正이요 後에 非邪慢下는 揀非라 此中에 通是二論之意니 謂智論第一에 有三復次하야 以釋無我說我라 一은 云復次世間法中說我하고 非第一義中說이니 以是之故로 諸法空無我라 世間法故

130 별을 폐지하고 총을 좇는다고 한 것은, 별은 이耳 등 비鼻·설舌·신身이고, 총은 아문我聞이라 한 아我이다. 즉 귀로 듣는다고 말하지 않고 내가 들었다고 한 것은, 별을 폐지하고 총을 좇은 것이라는 뜻이다.

로 雖說於我나 無實體故라 二는 云復次世間語言이 有三根本이니 一邪二慢이요 三名字라 前二不淨이요 後一是淨이라 一切凡夫는 具三種語하고 見道學人은 具二種語니 慢名字라 諸聖人은 具一種語니 謂名字라 內心에 不計實法이나 隨世間人하야 共傳是語니 諸佛弟子가 順俗故로 說我無咎라 三은 云復次若人이 著無我相하야 諸法是實이요 餘皆妄語라하면 是人應難호대 此一切法의 實相無我어늘 云何言如是我聞고할새 今諸佛弟子가 知一切法이 空無所有하야 是中心不著하며 亦不著諸法實相커든 何況無我中에 心有所著가 以是義故로 不應難言호대 何以說我고하리라 釋曰 上三復次가 一은 隨世間故요 二는 破邪見故요 三은 不著無我故니라

비록 이처를 원인한다고 한 아래는 제 두 번째 방해함을 해석한 것이니, 여기에 두 가지 방해가 있다.
첫 번째는 어떤 사람이 물어 말하기를 이것은 이문耳聞을 나타낸 것이어늘 어떻게 아문我聞이라 말하는가 하기에, 그런 까닭으로 이 통석을 한 것이다.
아我가 총總이 된다고 밝힌 것은 안眼·이耳 등 제근諸根을 모두 해라 하는 까닭이니 곧 『불지론』의 문장이다.
두 번째는 어떤 사람이 물어 말하기를 일체 불교가 무아無我를 설명한다. 아란존자는 이미 무아의 이치에 들어간 성인이거늘 어찌 범부와 같이 하여 아문我聞이라 이름하는가 하기에, 그런 까닭으로 이 통석을 하여 말하기를 법에는 비록 아我가 없지만이라고 한 것은 이것은 첩문牒問한 뜻이요,

뒤에 언어가 편리한 까닭이라고 한 아래는 곧 이것은 통석通釋한 것이다.

그 가운데 먼저는 정당함을 나타낸 것이요,

뒤에 삿되고 교만한 마음으로 설하는 바가 있는 것은 아니라고 한 아래는 그름을 가린 것이다.

이 가운데 두 가지 논[131]의 뜻을 통석하였으니

말하자면『지도론』제일권에 삼부차三復次가 있어서 무아無我에 아我를 설함을 통석한 것이다.

첫 번째는 말하기를 다시 세간법 가운데는 아我를 설하고 제일의第一義 가운데는 설하지 않나니,

이런 까닭으로 모든 법은 공하여 아가 없다. 세간법인 까닭으로 비록 아를 설하지만 실체가 없는 까닭이라 하였다.

두 번째는 말하기를 다시 세간의 어언이 세 가지 근본이 있나니

첫 번째는 사어邪語요,

두 번째는 만어慢語요,

세 번째는 명자어名字語이다.

앞의 두 가지는 청정하지 못한 것이요,

뒤의 한 가지는 청정한 것이다.

일체 범부는 세 가지 말을 구족하고 견도見道의 학인은 두 가지 말을 구족하나니 만어와 명자어이다.

모든 성인은 한 가지 말만을 구족하나니, 말하자면 명자어이다.

---

131 두 가지 논은『지도론』과『유가론』이다.

안으로 마음에 진실한 법을 계교하지는 않지만 세간의 사람을 따라 함께 이 말을 전하는 것이니, 부처님의 제자가 세속을 순순하는 까닭으로 아我를 설하는 것은 허물이 없다 하였다.

세 번째는 말하기를 다시 만약[132] 어떤 사람이 무아無我의 모습에 집착하여 모든 법은 진실한 말이고 나머지는 다 허망한 말이라 한다면, 이 사람은 응당 문난問難하기를 이 일체법의 참다운 모습에는 아我가 없거늘 어떻게 여시아문如是我聞이라 말하는가 할 것이기에, 지금에 모든 부처님의 제자가 일체법이 공하여 있는 바가 없는 줄 알아 이 가운데[133]도 마음이 집착하지 아니하며, 또한 모든 법의 참다운 모습에도 집착하지 아니하거든 어찌 하물며 아我가 없는 가운데 마음이 집착하는 바가 있겠는가. 이 뜻을 쓴 까닭으로 응당 문란하여 말하기를 어찌 아我를 설하는가 하지 말아야 할 것이다.

해석하여 말하면 위에 세 가지 부차復次가 첫 번째는 세간을 수순하는

---

132 다시 만약 운운으로부터 다음 줄 여시아문에 이르기까지는 무아에 집착한 사람이 응당 이 비난(問難)이 있음을 말하는 것이고, 다음 줄 지금에 부처님의 제자라고 한 아래는 가히 무아에 집착하지 않았다면 곧 응당 이 비난을 가설假說하지 않았을 것이라는 것을 밝힌 것이다.
처음 가운데 제법諸法이라는 두 글자는 『지도론』 제일권 가운데는 없고 다만 한 언言 자만 있나니, 시실是實이라 한 시是는 무아를 가리키는 것이고, 나머지는 유아를 가리키는 것이다.
만약 지금에 인용한 바를 의지한다면 곧 저는 이미 다만 무아에만 집착한 까닭으로 법공을 알지 못하나니, 나머지는 모든 법에 진실이 없음을 가리킨 것이다. 이상은 역시 『잡화기』의 말이다.

133 이 가운데란, 法空 가운데이다.

까닭이요,
두 번째는 사견邪見을 깨뜨리는 까닭이요,
세 번째는 무아無我에 집착하지 않는 까닭이다.

二者는 依瑜伽論第六云인댄 略由四義故로 稱我聞이니 一은 爲世間語便易故요 二는 爲隨順世間故요 三은 爲斷除決定無我怖畏故요 四는 宣說自他得失하야 令生決定信解心故라 顯揚第九와 雜集十三에도 皆同此說하니라 釋曰 此與智論大同하니 瑜伽第一은 智論略無하니 易故不出하니라 二는 卽智論第一이요 三은 卽智論第三이라 謂著無我는 卽無我怖者니 謂若定無我인댄 爲誰修學고할새 故不說無我라 著卽令怖나 不著故로 不說無我니 此怖自除니라 四는 卽第二니 謂隨世流布하야 卽能令他로 生決定信解之心이라 已知二論이 言異意同일새 故로 今疏에 明含於二論하야 取其言同하니라 言語便易는 卽瑜伽第一意요 隨順世間은 卽瑜伽第二와 智論第一이요 非邪慢心으로 而有所說은 卽智論第二意中에 所揀二語라 然이나 大乘法師가 傍智論意하야 立三種我하니 一은 妄執我니 卽此邪我요 二者는 假施設我니 謂大涅槃에 樂淨常我는 除二乘倒코자 强施設故니 此도 亦卽是智論名字中收니라 而智論은 依世間假名이요 此는 依出世法假名이라 三은 世流布我니 正同智論의 三語之中에 名字我耳라 然이나 此中에 更有問言호대 爲佛說法을 而言我聞가 爲不說法을 而言我聞가하니 卽本質과 影像之義라 已見教體中일새 故疏不問하니라

두 번째는 『유가론』 제육권을 의지하여 말한다면 간략하게 네 가지

뜻을 인유한 까닭으로 아문我聞이라 이름하나니
첫 번째는 세간에 말이 편리케 하기 위한 까닭이요,
두 번째는 세간을 순순하기 위한 까닭이요,
세 번째는 결정코 무아라 함에 두려워함을 끊어 제거하기 위한 까닭이요,
네 번째는 자타의 득得과 실失을 선설하여 하여금 결정코 믿고 이해하는 마음을 내가 하기 위한 까닭이다.
『현양론』 제구권과 『잡집론』 제십삼권에도 다 여기에서 설한 것과 같다.
해석하여 말하면 이 『유가론』이 『지도론』으로 더불어 대동大同하나니,
『유가론』의 제일 첫 번째는 『지도론』에는 생략하여 없나니 쉬운 까닭으로 설출하지 아니하였다.
두 번째는 곧 『지도론』의 제일 첫 번째요,
세 번째는 곧 『지도론』의 제 세 번째이다.
말하자면 무아에 집착하는 것은 곧 무아를 두려워하는 것이니,[134]

---

134 무아를 두려워한다고 한 것은, 『잡화기』에 말하기를 만약 대승이라면 곧 본래 무아에 집착하지 않는 것이다. 대승의 사람은 가히 무아로써 두려워하지 않는 까닭으로 스스로 무아에 대한 두려움이 없거니와, 지금에 소승이 이미 무아에 집착하였다면 곧 반드시 대승의 사람이 무아로써 저 소승을 두렵게 함이 있는 까닭으로 저 소승이 대승의 무아에 두려움이 있는 것이다. 혹은 말하기를 무아를 두려워하는 사람이 곧 대승을 가리키는 것이라 한다면 마치 용맹龍猛을 불러 공을 두려워함을 종 삼는 사람이라 한 뜻과 같나니, 소승은 곧 스스로 두려움을 알지 못하는 까닭이다 하니, 이와 같지 않을까

만약 결정코 무아라고 말한다면 누가 닦아 배우는가 할 것이기에 그런 까닭으로 무아를 설하지 않는 것이다.
무아에 집착하는 것은 곧 하여금 무아를 두려워하는 것이지만 집착하지 않게 하는 까닭으로 무아를 설하지 아니하나니 이 두려움이 자연스레 제거되는 것이다.
네 번째는 곧 『지도론』의 제 두 번째이니,
말하자면 세간에 유포함을 따라 곧 능히 다른 사람으로 하여금 결정코 믿고 이해하는 마음을 내게 하는 것이다.
이미 두 가지 논[135]이 말은 다르지만 뜻은 같은 줄 알기에, 그런 까닭으로 지금 소문에서는 두 논을 포함하여 그 말이 같음을 취함을 밝혔다.

소문에서 어언이 편리하다고 한 것은 곧 『유가론』의 제일 첫 번째 뜻이요,
세간을 수순한다고 한 것은 곧 『유가론』의 제 두 번째 뜻과 『지도론』의 제일 첫 번째 뜻이요,
삿되고 교만한 마음으로 설하는 바가 있는 것은 아니라고 한 것은 곧 『지도론』 제 두 번째 뜻 가운데 가린 바 두 가지 말[136]이다.

염려한다 하였다.
용맹龍猛은 용수龍樹의 신역新譯이다.

135 두 가지 논은 『유가론』과 『지도론』이다.

136 두 가지 말이란, 삼부차三復次 가운데 이부차二復次의 세 가지 말 가운데 사어邪語와 만어慢語이다. 여기에 명자어名字語를 더하면 세 가지 말이 된다.

그러나 대승법사가 『지도론』의 뜻을 의거하여 세 가지 아我를 세웠으니,
첫 번째는 허망하게 집착하는 아我이니 곧 여기에 사아邪我요,
두 번째는 거짓으로 시설한 아我이니 말하자면 『대열반경』에 낙樂·정淨·상常·아我는 이승二乘의 전도를 제하려고 억지로 시설한 까닭이니,
이것도 또한 곧 『지도론』의 명자名字 가운데 섭수되는 것이다.
그러나 『지도론』은 세간에 거짓 이름을 의지하고, 여기[137]는 출세간의 거짓 이름을 의지하였다.
세 번째는 세간에 유포한 아我이니 바로 『지도론』의 세 가지 말 가운데 명자아名字我와 같다.
그러나 이 가운데 다시 어떤 사람이 물어 말하기를 부처님께서 설법한 것을 내가 들었다(我聞) 말하는가, 부처님께서 설법하지 아니한 것을 내가 들었다(我聞) 말하는가 하였으니,
곧 본질교와 영상교(影像)[138]의 뜻이다.
이미 교체敎體[139] 가운데 나타났기에 그런 까닭으로 소문에서는 묻지 아니하였다.

---

137 여기라고 한 것은 『대열반경』이다.

138 본질교라 한 등은, 만약 부처님이 설법한 것을 들었다고 한다면 곧 이것은 본질교이고, 만약 부처님이 설법한 바가 없는 것을 분별식상上에 스스로 들었다고 한다면 곧 이것은 영상교이다. 역시 『잡화기』의 말이다.

139 교체는 교체심천敎體深淺이니 『현담』 제팔권에 설출하였다.

疏

若依無相인댄 我旣無我일새 聞亦無聞이요 從緣空故로 而不壞假名이니 卽不聞聞耳니라

만약 무상종을 의지한다면 아我가 이미 무아無我이기에 문聞도 또한 무문無聞이요,
인연이 공함을 좇는 까닭으로 거짓 이름을 무너뜨리지 않나니 곧 불문不聞이 문聞[140]이다.

鈔

若依無相下는 第二에 無相宗이라 含於三教니 謂始教頓教實教라 謂若但云호대 我旣無我일새 聞亦無聞이라하면 卽大乘初門으로 爲始教意요 若云호대 能所雙寂하야 無聞不聞하며 亦無我不我하야 離念頓顯이라하면 卽頓教意라 其從緣空故는 有二니 一者는 向上하야는 成前二教無我所以요 二者는 向下하야는 成不壞假名이라 卽不聞之聞으로 爲實教意니 謂事理無礙故며 聞卽不聞으로 無二義故니라 故智論云호대 聞者云何聞가 用耳根聞耶아 用耳識聞耶아 用意識聞耶아 若耳根聞인댄 耳根無覺知故로 不應聞이요 若耳識聞인댄 耳識一念에 不能分別故로 不應聞이요 若意識聞인댄 意識亦不能聞이

140 불문不聞이 문聞이라고 한 것은, 『열반경』에 사문四聞이 있나니 一은 문聞이고, 二는 문聞이 불문不聞이고, 三은 불문不聞이 문聞이고, 四는 불문不聞이 불문不聞이다.

라 何以故요 先五識이 識五塵한 然後意識이 識이니 意識은 不能識現在五塵하고 唯識過去未來五塵이라 若意識이 能識現在五塵者인댄 盲聾人도 亦應識色聲이리라 何以故요 意識不破故니라 答曰호대 非耳根能聞이며 亦非耳識이며 亦非意識이라 是聞聲事는 從多因緣和合故로 得聞聲이니 不得言一法能聞聲이라 何以故요 耳根無覺故로 不應聞聲하며 識亦無色하며 無對無處故로 亦不應聞聲하며 聲無覺하며 亦無根故로 不能知聲이라하니 釋曰 此上은 皆明離相不能聞하고 下에 云爾時耳根不壞等은 卽辯和合能聞이니 已如前法相宗中引하니라 今明和合而聞과 聞卽無聞이 皆實教意니라 若劉公注法華云인댄 陰入非主를 爲我요 聽受非情을 曰聞이라 深照緣起하야 悟解法空하니 若斯人也인댄 顧命之所因한 然後에 傳而無執하야 物我同致라하니 釋曰 此初亦始教意라 從深照緣起下는 卽實教意라 然이나 皆屬無相宗攝하니라 又言不聞聞者는 卽涅槃十九이니 十地品中에 當引하리라 大意는 但明事不礙理故로 不聞이요 約理不礙事故로 爲聞이니라

만약 무상종을 의지한다면이라고 한 아래는 제 두 번째 무상종이다. 삼교를 포함하였으니,[141] 말하자면 시교와 돈교와 실교이다.
말하자면 만약 다만 이르기를 아我가 이미 무아이기에 문聞도 또한 무문이라 하였다면 곧 대승의 초문初門으로 시교의 뜻이 되는 것이요,

141 삼교를 포함하였다고 한 것은, 무상의 뜻이 저 삼교에 통한다는 것이다.

만약 말하기를 능能과 소所가 둘 다 고요하여[142] 문과 불문不聞이 없으며, 또한 아와 불아不我가 없어서 생각을 떠나 문득 나타낸다고 하였다면 곧 돈교의 뜻이다.

그 인연이 공함을 좇는 까닭이라고 한 것은 두 가지가 있나니,
첫 번째는 위를 향하여는 앞의 시교와 돈교의 두 교가 무아라는 까닭을 성립한 것이요,
두 번째는 아래를 향하여는 거짓 이름을 무너뜨리지 않는다고 함을 성립한 것이다.
곧 불문不聞의 문聞으로 실교의 뜻을 삼나니,
말하자면 사실과 진리가 걸림이 없는 까닭이며, 문聞이 곧 불문不聞으로 두 가지 뜻이 없는 까닭이다.
그런 까닭으로 『지도론』에 말하기를 듣는다는 것은 어떻게 듣는다는 것인가. 이근耳根을 사용하여 듣는가, 이식耳識을 사용하여 듣는가, 의식意識을 사용하여 듣는가.
만약 이근으로 듣는다면 이근은 깨달아 아는 능력이 없는 까닭으로 응당 들을 수 없는 것이요,
만약 이식으로 듣는다면 이식은 한 생각에 능히 분별할 능력이 없는 까닭으로 응당 들을 수 없는 것이요,

---

142 능能과 소所가 둘 다 고요하다고 한 것은, 『잡화기』에 말하기를 대개 앞에 시교는 곧 능문能聞과 소문所聞이 둘 다 공한 것이니 저 시교는 법을 보내는 것으로 종을 삼는 까닭이요, 지금에 돈교는 곧 능문과 소문이 둘 다 고요한 것이니 이 돈교는 생각을 떠나는 것으로 종을 삼는 까닭이다 하였다.

만약 의식으로 듣는다면 의식도 또한 능히 들을 능력이 없는 것이다.
무슨 까닭인가 하면 먼저 오식五識이 오진五塵을 인식한 연후에 의식意識이 인식하기 때문이니,
의식은 능히 현재의 오진五塵을 인식하지 못하고 오직 과거와 미래의 오진만을 인식할 뿐이다.
만약 의식이 능히 현재의 오진을 인식한다고 하면 봉사와 귀머거리도 또한 응당 색과 소리를 인식하여야 할 것이다.
무슨 까닭인가 하면 의식은 깨어지지 않는 까닭이다.
답하여 말하기를 이근이 능히 듣는 것이 아니며 또한 이식도 아니며 또한 의식도 아니다.
이 소리를 듣는 일은 수많은 인연이 화합함을 좇는 까닭으로 소리 들음을 얻나니,
한 법으로 능히 소리를 듣는다고 말함을 얻을 수 없다.
무슨 까닭인가 하면 이근은 깨달아 아는 능력이 없는 까닭으로 응당 소리를 들을 수 없으며,
이 식識은 또한 색이 없으며[143] 상대도 없고 처소도 없는 까닭으로 또한 응당 소리를 들을 수 없으며,

---

143 식識은 또한 색이 없다고 한 등은, 『잡화기』에 말하기를 식識 자는 총표(영인본 화엄 2책, p.411, 5행. 『지도론』 中이다) 가운데 의식意識과 이식耳識을 모두 포함하고 있나니, 색이 없다고 한 것은 근根이 질애質碍가 있는 것과는 같지 않은 까닭이요, 상대가 없다고 한 것은 근이 저 경계를 상대하여 접촉하는 작용이 없는 것과는 같지 않은 까닭이요, 처소가 없다고 한 것은 근이 결정코 처소가 있는 것과는 같지 않은 까닭이다 하였다.

소리는 깨달아 아는 능력이 없으며[144] 또한 이근根이 없는 까닭으로 능히 소리를 알 수 없다 하였으니,
해석하여 말하면 이 위에는 다 상相을 떠나서는 능히 듣지 못함을 밝힌 것이고,
아래에 말하기를 그때에 이근은 무너지지 않는다고 한 등은 곧 인연이 화합하여야 능히 들음을 말한 것이니,
이미 앞의 법상종 가운데서 인용한 것과 같다.
지금에는 인연이 화합하여야 듣는 것과 듣지만 곧 들음이 없는 것이 다 실교의 뜻임을 밝힌 것이다.
만약 유규(劉公)가 주注한 『법화경』에 말한 것이라면 오음과 육입이 주체가 아님을 아我라 하고, 들음과 받아들임이 정情[145]이 아님을 문聞이라 한다.
깊이 연기를 비추어 법이 공함을 깨달아 아나니, 만약 이 사람[146]이라면 명령의 원인하는 바[147]를 돌아본 연후에[148] 전하고 집착함이

---

144 소리는 깨달아 아는 능력이 없다고 한 등은, 이것은 곧 또한 다만 진(塵, 聲塵)이 능히 스스로 들을 수 없음을 말한 것이니, 곧 앞에 총표 가운데 아직 발생하지 아니한 바의 뜻이다. 역시 『잡화기』의 말이다.

145 정情이란, 육정으로 육근이니, 여기서는 이근耳根이다.

146 이 사람이란, 바로 아란존자이다.

147 명령의 원인하는 바란, 부처님이 명령한 이유이다.

148 명령의 원인하는 바를 돌아본 연후라고 한 등은, 『잡화기』에 말하기를 명령을 돌아본다고 한 것은 저 『상서尙書』에 무왕武王이 주공周公에게 부촉한 사실과 같나니, 말하자면 아란이 이미 능히 연기를 깊이 비추어 무아를 깨달아 안 까닭으로 여래가 열반함에 다다라 법장을 부촉한 바이다. 대저

없어서 물物과 아我가 함께 이루어진다 하였으니,
해석하여 말하면 이것은 대승의 초문初門으로 역시[149] 시교의 뜻이다.
깊이 연기를 비춘다고 함으로 좇아 아래는 곧 실교의 뜻이다.
그러나 다 무상종에 속하여 섭수되는 것이다.

또 불문이 문[150]이라고 말한 것은 곧 『열반경』 제십구권이니 십지품 가운데서 마땅히 인용하겠다.
대의大意는 다만 사실이 진리에 걸리지 않는 까닭으로 불문不聞이요, 진리가 사실에 걸리지 아니함을 잡은 까닭으로 문聞이 됨을 밝힌 것이다.

疏

若約法性인댄 此經旨趣는 傳法菩薩이 以我無我의 不二之眞我

그러한 연후에 아란이 바야흐로 능히 다만 부처님이 설한 바 법을 사람에게 전하기 위한 까닭으로 이름하여 아문我聞이라 말한 것일지언정 진실로 집착하는 바는 없는 것이다. 혹은 말하기를 여시아문이 이 부처님이 열반함에 다다라 부촉한 말인 까닭으로 아란이 다만 부처님이 말한 바를 전할 뿐 스스로 집착한 바는 없다 한다 하였다.

149 역시 시교의 뜻이라 한 역亦 자는 영인본 화엄 2책, p.411, 1행에 이미 나온 바가 있기에 역시라는 역 자를 쓴 것이다.

150 불문不聞이 문聞이란, 열반에 사문四聞이 있나니 一은 문聞이고, 二는 문聞이 불문不聞이고, 三은 불문不聞이 문聞이고, 四는 불문不聞이 불문不聞이다. 이미 소문의 주석에서 말한 바가 있다.

와 根境의 非一異之妙耳로 聞無礙法界之法門也니라

만약 법성종을 잡는다면 이 경의 뜻은 법을 전하는 보살이 아와 무아가[151] 둘이 없는 참다운 아(眞我)와 이근耳根과 이경耳境이 하나도 다름도 없는 묘한 귀로 걸림 없는 법계의 법문을 듣는다는 것이다.

鈔

若約法性下는 第三에 約法性宗辯이나 而但明圓教中意라 言以我無我의 不二之眞我者는 含兩經意니 一者는 淨名云호대 於我無我而不二가 是無我義라하니라 二者는 涅槃云호대 無我法中有眞我일새 是故敬禮無上尊이라하니 正當今意라 卽口順世間이나 心造眞境이 眞自在我니라 根境의 非一異之妙耳者는 以根與境이 共爲緣起하야 因根說境하고 因境說根이라 互相融卽일새 故曰非異요 兩相歷然일새 故曰非一이니 斯爲妙耳어니 何所不聞이리요

만약 법성종을 잡는다면이라고 한 아래는 제 세 번째 법성종을 잡아 말한 것이나, 그러나 다만 원교 중의 뜻만을 밝힌 것이다.

아와 무아가 둘이 없는 참다운 아라고 말한 것은 두 경전의 뜻을 포함한 것이니,

151 아와 무아라고 한 구句는 곧 오히려 실교에 통하나니, 곧 원교 가운데 실교의 뜻과 같다. 이상은 『잡화기』의 뜻이다.

첫 번째는 『정명경』에 말하기를 아와 무아가 둘이 없는 것이 이 무아의 뜻이라[152] 하였다.
두 번째는 『열반경』에 말하기를 무아법 가운데 참다운 아가 있기에 이런 까닭으로 무상존無上尊에게 예경함이라 하였으니
바로 지금의 뜻에 해당한다.[153]
곧 입은 세간을 수순하지만 마음은 참다운 경계에 나아가는 것이 참으로 자재한 아我이다.

이근과 이경이 하나도 다름도 없는 묘한 귀라고 한 것은 이근과 더불어 이경이 함께 연기가 되어 이근을 인하여 이경을 설하고 이경을 인하여 이근을 설하는 것이다.
서로 서로 융합하여 즉卽하기에 그런 까닭으로 말하기를 다름도 없다 하고, 둘이 서로 역연하기에 그런 까닭으로 말하기를 하나도 없다 하였으니, 이것이 묘한 귀가 되거니 어느 곳인들 듣지 못하겠는가.

---

152 시무아의(是無我義: 이 무아의 뜻)이라고 한 것은, 『잡화기』에 말하기를 아울러 이 네 글자가 다 저 『정명경』의 말이니, 성자권成字卷 하권, 初 6장을 보라 하였다.

153 바로 지금의 뜻에 해당한다고 한 것은, 『정명경』은 곧 다만 무아만 나타낸 것이고, 『열반경』은 곧 저 무아 가운데 다시 진아를 세웠으니 이 진아를 세운 것이 바로 지금의 뜻에 해당한다는 것이니, 지금은 이 아我를 해석한 까닭이다. 역시 『잡화기』의 말이다.

疏

然이나 阿難所不聞經은 或云展轉傳聞이라하며 或云 如來重說이라하며 或云 得深三昧하야 自然能通이라하니라

그러나 아란존자가 듣지 못한 바 경전은 혹은 말하기를 전전히 전하여 들었다 하며
혹은 말하기를 여래가 거듭 설하여 주었다 하며
혹은 깊은 삼매를 얻어 자연히 능통[154]했다 하였다.

鈔

然이나 阿難下는 第二에 釋不聞難이니 謂有問言호대 阿難은 是佛得道夜生하야 年滿二十에 方始出家하고 年至三十에 如來方命하야 以爲侍者하니 自三十年前으로 如來所說은 阿難不聞커늘 何以經初에 皆言我聞고할재 故爲此答하니라 答有四意로대 大爲兩節하나니 前三은 帶權이요 後一은 顯實이라

그러나 아란존자라고 한 아래는 제 두 번째 듣지 못했다고 비난함을 해석한 것이니,
말하자면 어떤 사람이 물어 말하기를 아란존자는 이 부처님께서 도를 얻은 밤에 태어나서 나이가 이십이 참에 바야흐로 처음 출가하

154 능통은, 이 뒤의, 즉 영인본 화엄 2책, p.424, 1행에는 통달이라 하였다.

고, 나이가 삼십에 이름에[155] 여래가 바야흐로 명령하여 시자로 삼았으니, 삼십 년 전부터 여래가 설하신 바는 아란존자가 듣지 못하였거늘 어찌 경의 첫머리에 아문我聞이라 말하는가 하기에 그런 까닭으로 이 답을 하였다.

답에 네 가지 뜻이 있으되 대략 양절兩節로 분류하나니
앞의 세 가지는 방편을 띤(帶) 것이요,
뒤에 한 가지는 진실을 나타낸 것이다.

或云展轉傳聞者는 自有數說하니 一은 報恩第六云호대 阿難所不聞經은 從諸比丘邊聞이라하며 或有諸天이 向阿難說이라하니라 二는 依涅槃四十云인댄 我涅槃後에 阿難比丘가 所未聞者는 弘廣菩薩이 當廣流布하고 阿難所聞은 自能宣通이라하니라 三은 智論第二云호대 迦葉阿難이 於王舍城에 結集三藏한대 是時에 長老大迦葉이 謂阿難言호대 佛囑累汝하야 令持法藏하니 汝應報佛恩하라 佛在何處하사 最初說法고 佛諸大弟子인 能守護法藏者가 皆已滅度하고 唯汝一人在하니 汝今應隨佛心하야 憐愍衆生故로 集佛法藏하라 是時阿難이 禮衆僧已하고 坐師子床하니 時大迦葉이 說此偈言호대

佛聖師子王이요　阿難是佛子라
師子座處坐하니　觀衆無有佛이라

---

155 나이가 삼십에 이르렀다고 한 등은, 만약『원각경』초문과『간정기』를 의지한즉 다 이십에 시자가 되었다는 등으로 말하였다. 소초문에 이미 서로 설출하였기에 가히 억지로 회통하지 않는다. 이상은『잡화기』의 말이다.

如是大德衆이　無佛失威神하니
如夜無月時에　虛空不淸淨이라
如大智人說하야　汝佛子當演하라
何處最初說고　今汝當布現하라하니라
是時에 長老阿難이 一心合掌하고 向佛涅槃方하야 如是說言호대
佛初說法時에　爾時我不見커니와
如是展轉聞호니　佛在波羅奈하사
佛爲五比丘하야　初開甘露門하야
說四聖諦法인　苦集滅道諦하시니
阿若憍陳如가　最初得見道하고
及八萬諸天이　聞是得見道라하니
以是等文으로 明是傳聞일새 故云或展轉傳聞이라하니라

혹은 말하기를 전전히 전하여 들었다는 것은 자연히 여러 가지 학설이 있나니,
첫 번째는『보은경』제육권에 말하기를 아란존자가 듣지 못한 바 경전은 모든 비구들의 주변을 좇아 들었다 하며, 혹 어떤 하늘이 아란존자를 향하여 설하였다 하였다.
두 번째는『열반경』제사십권을 의지하여 말한다면 내가 열반한 뒤에 아란비구가 아직 듣지 못한 바는 홍광弘廣[156]보살이 마땅히

---

156 홍광弘廣이라고 한 것은,『잡화기』에 말하기를 홍법보살弘法菩薩을 모두 가리킨 것이니, 대개 이미 홍광보살이 유포하였다면 곧 아란존자가 응당 반드시 얻어 들은 까닭이다 하였다. 홍광은 문수보살을 말하기도 한다.

널리 유포하고, 아란존자가 들은 바는 스스로 능히 선통宣通할 것이라 하였다.
세 번째는『지도론』제이권에 말하기를 가섭존자와 아란존자가 왕사성에서 삼장을 결집하는데, 이때에 장로인 대가섭존자가 아란존자에게 일러 말하기를 부처님이 여러 번 그대에게 부촉하여 하여금 법장을 가지게 하였으니, 그대는 응당 부처님의 은혜를 갚아야 한다.
부처님이 어느 곳에 있어서 최초로 법을 설하였는가. 부처님의 모든 큰 제자인 능히 법장을 수호하는 이들이 다 이미 열반하고 오직 그대 한 사람만 있으니, 그대는 지금 응당 부처님의 마음을 따라 중생을 어여삐 여기는 까닭으로 부처님의 법장을 결집하라.
그때에 아란존자가 수많은 대중에게 예배하여 마치고 사자의 자리에 앉으니, 그때에 대가섭존자가 게송을 설하여 말씀하시기를,
부처님 성자는 사자의 왕이요
아란존자는 이 부처님의 아들(佛子)[157]이다.
사자의 자리에 거처하여 앉으니
대중들이 부처님이 없는 줄 본다.

이와 같이 대덕 승중僧衆이
부처님이 없어 위신력을 잃으니

---

157 사자의 왕과 불자佛子: 이 말은 이 교단에 가섭존자의 입을 통해 공식적으로 처음 등장하였다.

마치 한밤중에 달이 없을 때에
허공이 청정하지 못함과 같다.

대지혜인이 설함과 같이
그대 불자는 마땅히 연설하라.
어느 곳에서 최초로 법을 설하였는가.
지금 그대는 포현布現하라 하였다.

이때에 장로 아란존자가 일심으로 합장하고 부처님께서 열반하신
방향을 향하여 이와 같이 설하여 말씀하시기를
부처님께서 최초로 법을 설할 때에
그때 나는 보지 못하였거니와
이와 같이 전전히 들었나니
부처님께서 바라나에 계시사

부처님이 오비구五比丘를 위하여
처음으로 감로의 문을 열어
사성제의 법인
고·집·멸·도제諦를 연설하시니

아야교진여가
최초로 견도見道를 얻고
그리고 팔만의 모든 하늘이

이 법문을 듣고 견도를 얻었다 하였으니,
이런 등의 경문으로써 전하여 들음을 밝히기에 그런 까닭으로 말하기를 혹은 전전히 전하여 들었다 하였다.

或云如來重說者는 報恩經第六明호대 阿難佛命하사 爲侍者러니 阿難從佛하야 請求三願호대 一者는 不受佛故衣요 二者는 不受佛別請이요 三者는 所未聞法을 更請重說하리니 如來가 將入涅槃前에 更爲阿難重說이니다하니라

혹은 말하기를 여래가 거듭 설하였다고 한 것은, 『보은경』 제육권에 밝히기를 아란존자를 부처님이 명령하여 시자로 삼으려 하니, 아란존자가 부처님으로 좇아 세 가지 서원을 청구하기를
첫 번째는 부처님의 옛날 가사를 받지 않을 것이요,
두 번째는 부처님의 별청別請을 받지 않을 것이요.[158]
세 번째는 아직 듣지 못한 바 법문을 다시 거듭 설하여 주기를 청할 것이니,

158 세 가지 서원을 청구하되 첫 번째는 부처님의 옛날 가사를 받지 않고, 그리고 두 번째는 부처님의 별청別請을 받지 않을 것이라고 한 것은, 응당 어떤 사람이 말하기를 그대는 의식주를 위한 까닭으로 여래를 시봉하는 것이로다 할 것이기에, 아란존자가 지혜를 구족하여 먼저 이런 기롱을 예견한 까닭으로 부처님의 옛날 가사를 받지 않을 것을 청구하고 별청을 받지 않을 것을 청구하였으니, 『열반경』에 나오는 말이다. 그러나 『열반경』에는 곧 제 세 번째 출입함에 때가 없이 할 것을 청원한다 하였으니 문장이 서로 설출한 바가 있다. 역시 『잡화기』의 말이다.

여래께서는 장차 열반에 드시기 전에 다시 아란을 위하여 거듭 설하여야 합니다 하였다.

或云得深三昧하야 自然通達者는 金剛華經云호대 阿難得法性하야 覺自在王三昧故로 如來前所說經을 皆能憶持하야 與親聞無異라하며 涅槃亦云호대 阿難多聞士라 若在若不在에 自然能解了常與無常義라하며 法華에도 得受記竟云호대 世尊甚希有하사 令我念過去에 無量諸佛法을 如今日所聞일새 我今無復疑하야 安住於佛道호대 方便爲侍者하야 護持諸佛法이라하니 旣云得記竟하고 方悟인댄 亦帶方便이요 據方便爲侍者인댄 卽密顯實矣니라

혹은 말하기를 깊은 삼매를 얻어 자연히 통달하였다고 한 것은, 『금강화경金剛華經』에 말하기를 아란존자가 법성을 얻어 자재왕삼매를 깨달은 까닭으로[159] 여래가 앞에서 설하신 바 경전을 다 능히 기억하여 가져 친히 들은 것으로 더불어 다름이 없다 하였으며, 『열반경』에도 또한 말하기를 아란존자는 다문多聞의 선비라 부처님이 있고 있지 아니함에 자연스레 능히 상常과 더불어 무상無常의 뜻을 안다 하였으며,
『법화경』에도 수기를 얻어 마치고 말하기를 세존께서 매우 희유하여 나로 하여금 과거에 한량없는 모든 부처님의 법을 기억하여 생각하

---

159 아란 운운은, 아란이 법성각자재왕삼매를 얻은 까닭이라고도 해석할 수 있다.

게 하기를, 금일에 듣는 바와 같게 하기에 내가 지금 다시 의혹이 없어서 저 부처님의 도량에 편안히 머물되 방편으로 시자가 되어 모든 부처님의 법을 호지할 것이다 하였으니,
이미 말하기를 수기를 얻어 마치고 바야흐로 깨달았다고 하였다면 또한 방편을 띤 것이요,
방편으로 시자가 되었다고[160] 함을 의거한다면 비밀에 즉하여 진실을 나타낸 것이다.

疏

上皆就跡而說거니와 實은 是大權菩薩이 影響弘傳이니 如不思議境界經이 斯爲良證이니라 但隨機敎別일새 故見聞不同하니라

이 위에는 다 적문迹門에 나아가 설하였거니와 진실은 대권大權보살이 영향影響으로 널리 전한 것이니,
『부사의경계경』과 같은 것이 이 좋은 증거가 되는 것이다.
다만 근기를 따라[161] 가르침이 다르기에 그런 까닭으로 보고 듣는

160 방편으로 시자가 되었다고 한 것은, 대개 보살과 그리고 무루 아라한은 시자가 될 수 없고, 반드시 시자는 유학有學이 되는 까닭이다. 역시 『잡화기』의 말이다. 즉 아란은 아라한이라 시자가 될 수 없으나 방편으로 되었다는 것이다.

161 다만 근기를 따른다 운운한 것은, 처음에 뜻은 곧 말하자면 부처님이 근기를 따라 가르치는 것이 같지 않은 까닭으로 혹은 적문迹門에 나아가 설하며 혹은 본문本門을 의지하여 설하거든, 세상 사람들이 보고 듣는 것이 그것을

것이 같지 아니할 뿐이다.

上皆就迹而說下는 顯實이라 於中上一句는 是結前이요 此下는 正顯實義라 言如不思議者는 彼經云호대 爾時에 復有千億菩薩하야 現聲聞形하야 亦來會坐하니 其名曰舍利弗과 目犍連과 乃至云호대 阿難과 提婆達多와 跋難陀等이 而爲上首하니라 皆已久修六波羅蜜하야 近佛菩提로대 爲化衆生하야 於雜染土에 現聲聞形이라하니 釋曰 是大菩薩이 方便顯本일새 故爲實說이니라 如法華五百弟子品云호대 諸比丘諦聽하라 佛子所行道는 善學方便故로 不可得思議니 知衆樂小法하야 而畏於大智일새 是故諸菩薩이 作聲聞緣覺이라하며 又阿難章中云호대 方便爲侍者하야 護持諸佛法이라하니 卽大權明矣니라

이 위에는 다 적문에 나아가서 설하였다고 한 아래는 진실을 나타낸 것이다.
그 가운데 위의 한 구절은 앞의 말을 맺는 것이요,

따라 혹 방편과 혹 진실의 다름이 있는 것이다. 뒤에 뜻은 곧 말하자면 한 아란이니, 저 근기와 더불어 가르침을 따라 명덕名德이 같지 않은 까닭으로 이승장二乘藏을 받아 가지는 것으로 이 방편을 삼고, 보살장菩薩藏을 받아 가지는 것으로 이 진실을 삼는 것이니 그런 까닭으로 세상 사람들이 보고 듣는 것도 또한 같지 않는 것이다. 삼장을 받아 가지는 것은 『대명법수』 11권 초 6장을 볼 것이다. 역시 『잡화기』의 말이다.

이 아래는 바로 진실의 뜻을 나타낸 것이다.

『부사의경』과 같다고 말한 것은, 저 경에 말하기를 그때에 다시 천억 보살이 있어 성문의 형상을 나타내어 또한 회중에 와서 앉으시니,

그 이름을 말하면 사리불과 목건련과 내지 말하기를 아란과 제바달다와 발란타 등이 상수가 되었다

다 이미 오래 전에 육바라밀을 닦아 부처님의 보리菩提[162]를 친근하였지만 중생을 교화하기 위하여 잡염토雜染土에 성문의 형상을 나타내었다 하였으니,

해석하여 말하면 이것은 대권보살이 방편으로 근본을 나타내기 위하기에 그런 까닭으로 진실을 설한 것이다.

저 『법화경』 오백제자수기품에 말하기를 모든 비구들은 자세히 들어라.

불자들이 행하는 바 도는 방편을 잘 배우는 까닭으로 가히 사의함을 얻을 수 없나니,

중생들이 소법小法을 좋아하여 대지大智를 두려워하는 줄 알기에 이런 까닭으로 모든 보살들이 성문과 연각을 짓는다 하였으며,

또[163] 아란장 가운데도 말하기를 방편으로 시자가 되어 모든 불법을

---

162 부처님의 보리菩提라고 한 것은, 혹 보리는 법이라 하기도 한다.
다른 각도에서 번역하여 보면 부처님은 친근하고 깨달았지(菩提)만이라고 할 수도 있겠다.

163 즉卽 자는 우又 자가 좋아 고친다. 아란장 운운은 영인본 화엄 2책, p.424, 6행을 볼 것이다.

호지한다 하였으니
곧 대권보살이 분명하다.

但隨機教別者는 亦含多義하니 一은 成上諸說이 但隨機教요 二者는 卽約三種阿難이 受持三藏이니 故云隨機教別일새 見聞不同이라하니라 三種阿難은 卽大乘集法經說이니 玄中已引하니라 金剛仙論과 及眞諦般若疏에 引闍王懺悔經等도 並同此說하니라
上來에 總顯已聞科는 竟이라

다만 근기를 따라 가르침이 다르다고 한 것은 역시 많은 뜻을 포함하고 있나니
첫 번째는 상래의 모든 학설이 다만 근기를 따라 가르친 것임을 성립한 것이요,
두 번째는 곧 삼종三種의 아란존자가 삼장三藏을 수지함을 잡은 것이니
그런 까닭으로 말하기를 근기를 따라 가르침이 다르기에 보고 듣는 것이 같지 아니할 뿐이라 하였다.
삼종의 아란존자라고 한 것은 곧 『대승집법경大乘集法經』에 설한 것이니
『현담』 가운데 이미 인용하였다.[164]
『금강선론金剛仙論』과 그리고 진제의 『반야경소』에 『사왕참회경』[165]

164 『현담』 가운데 이미 인용하였다고 한 것은 『현담』 황자권黃字卷이다.

등을 인용한 것도 아울러 여기에서 설한 것과 같다.

상래에 자기가 들은 것을 모두 나타낸다는 과목[166]은 마친다.

---

165 『사왕참회경』이란, 아사세왕이 참회한 내용의 경이다.

166 상래에 자기가 들은 것을 모두 나타낸다는 과목이라고 한 것은, 영인본 화엄 2책, p.395, 1행에 『불지론』을 기준하여 보면 과판을 오사五事로 한다 하고, 첫 번째는 자기가 들은 것을 모두 나타낸 것이요, 두 번째는 가르침을 일으킨 시간이요, 세 번째는 교주를 따로 나타낸 것이요 운운한 그 첫 번째 과목이다.

經

一時에 佛在摩竭提國 阿蘭若法 菩提場中하사

한때에 부처님께서 마갈제 나라 아란야법 보리도량 가운데 계셔서

疏

第二에 標主時處者는 卽三成就라 言一時者는 時成就也라 時者는 亦隨世假立時分이요 一者는 揀異餘時니 如來說經의 時有無量거늘 不能別擧하고 一言略周할새 故云一時라하니라 如涅槃云호대 一時에 佛在恒河岸等이라하니 卽法王啟運하야 嘉會之時也니라

제 두 번째 주主, 시時, 처處를 표한 것은 곧 세 가지 성취이다.
한때라고 말한 것은 시성취時成就이다.
때(時)라고 한 것은 또한 세간을 따라 시분時分을 거짓으로 세운 것이요,
한(一)이라고 한 것은 나머지 시분과 다름을 가린 것이니,[167]

167 나머지 시분과 다름을 가린다고 한 것은 네 가지가 있나니, 말하자면 첫 번째 시분을 결정할 수 없는 것은 찰나를 잡은 것이고, 두 번째 시분을 결정할 수 없는 것은 상속을 잡은 것이고, 세 번째 시분을 결정할 수 없는 것은 四時·六時·十二時 등을 잡은 것이고, 네 번째 시분을 결정할 수 없는 것은 성도한 뒤에 연수를 잡은 까닭이니, 『심부주心賦註』를 볼 것이다. 이상은

여래가 경전을 설하신 시간이 무량으로 있거늘 능히 따로 거론하지 않고 일一이라는 말로 생략하여 두루하게 하기에 그런 까닭으로 말하기를 한때(一時)라 하였다.
저『열반경』에 말하기를 한때(一時)에 부처님께서 항하의 언덕에 계시사라고 한 등이라 하였으니,
곧 법왕이 대운을 열어 좋은 법회[168]를 하는 때이다.

鈔

言亦隨世假立者는 謂佛法中엔 時不可得이라 中論云호대 因物故有時니 離物何有時아 物尚無所有어든 何況當有時아 今隨世俗하야 說有一時이라하니 智論意同하니라 揀異餘時者는 謂趣擧一時耳니라 卽法王啓運嘉會之時者는 卽肇公語니 意亦可知라 啓者開也요 嘉者善也라 易云호대 元者善之長也요 享者는 嘉之會也라하니 謂佛開大運하야 演說眞乘하시니 卽嘉善之會也니라

역시『잡화기』의 말이다.

168 원문에 가회嘉會는 자전에 경사스러운 모임이라 하였다.『현담』1권(운주사, 수진 역주, p.297)에 나온 바 있다. 다시 거론하면『주역』의 건괘에 말하기를 원元이라는 것은 선善의 기름이고, 형亨이라는 것은 가嘉의 모임이고, 이利라는 것은 의義의 조화이고, 정貞이라는 것은 일(事)의 근간이다 하였다.『주역』, 홍신문화사, 노태준 역, p.39에 있다. 그 뜻은 서다림의 여래의 아름다운 회상(화엄회상)에 있었지만 보지도 듣지도 못한다 하였으니 화엄의 아름다운 회상을 말한다 하겠다.

또한 세간을 따라 시분을 거짓으로 세운 것이라고 말한 것은, 말하자면 불법 가운데는 시간을 가히 얻을 수 없는 것이다.
『중론中論』에 말하기를 중생(物)을 인한 까닭으로 시간이 있나니 중생을 떠나서 어찌 시간이 있겠는가. 중생도 오히려 있는 바가 없거든 어찌 하물며 마땅히 시간이 있겠는가. 지금에는 세속을 따라서 일시一時가 있다고 설할 뿐이다 하였으니 『지도론』의 뜻과 같다.

나머지 시분과 다름을 가린다고 한 것은 말하자면 나아가[169] 일시一時만을 거론하였을 뿐이다.

곧 법왕이 대운을 열어 좋은 법회를 하는 때라고 한 것은 곧 승조법사의 말이니,
뜻은 또한 가히 알 수가 있을 것이다.
계啓라고 하는 것은 연다는(開) 뜻이요,
가嘉라고 하는 것은 좋다는(善) 뜻이다.
『주역』에 말하기를[170] 원元이라는 것은 선의 큰 것이요,

---

169 취趣란, 『잡화기』에 취趣는 촉促으로 더불어 같나니, 취거趣擧는 오히려 직거直擧라 말할 것이다 하였다.

170 『주역』 운운은 『주역』 건괘 문언전의 말이니, 문언에 말하기를 원元이라는 것은 선善의 큰 것이고, 형亨이라는 것은 가嘉의 회會이고, 이利라는 것은 의리의 조화이고, 정貞이라는 것은 사실의 근간根幹이라 하였으니 그 원문은 이렇다. 문언왈文言曰 원자선지장야元者善之長也 형자가지회야亨者嘉之會也

형亨이라는 것은 가嘉의 회會라 하였으니
말하자면 부처님께서 큰 운運을 열어 진승眞乘을 연설하시니 곧 좋은 법회라는 것이다.

疏

亦可機教가 一時니 謂上言如是는 言雖當理나 若不會時면 亦爲虛唱이라 今明物機感聖하면 聖能垂應하나니 凡聖道交하야 不失良機일새 故云一時라하니라

또한 가히 중생의 근기와 부처님의 가르침이 한때(一時)이니, 말하자면 위에서 여시如是라고 말한 것은 말이 비록 도리에 합당하지만, 만약 때를 알지 못하면[171] 또한 헛된 소리가 된다는 것이다. 지금에는 중생의 근기가 성인을 감동케 하면 성인이 능히 응함을 내리시나니, 범부와 성인의 도가 교철交徹하여 좋은 근기를 잃지 않게 하기에 그런 까닭으로 한때(一時)라 하였다.

이자의지화야利者義之和也 정자사지간야貞者事之幹也. 『주역』, 홍신문화사, 노태준 역, p.42 하단에 있다.

171 원문에 불회不會라 한 회會 자를 『잡화기』에 세 가지로 해석하였으니, 一은 회합이니 스승과 제자가 회합하는 때이고, 또 회는 안다는 뜻이니 여래가 때를 알아 설하는 까닭이다. 또 회는 만난다는 뜻이다. 나는 제 두 번째 안다는 뜻으로 해석하였다.

鈔

亦可機敎一時下는 二에 感應合釋이니 卽生公意니라

또한 가히 중생의 근기와 부처님의 가르침이 한때라고 한 아래는
두 번째 감동케 하고 응함을 합석合釋한 것이니,
곧 도생(生公)[172]의 뜻이다.

疏

佛者는 主成就也라 具云勃陀요 此云覺者니 謂自他覺滿之者라
雖具十號나 佛義包含일새 故偏明之니 義見題中하니라

부처님(佛)이라는 것은 주성취主成就이다.
갖추어 말하면 발타勃陀요, 여기에서 말하면 각자覺者니, 말하자면
자각自覺과 각타覺他를 만족한 사람이라는 뜻이다.
비록 열 가지 이름을 구족하였지만 다 부처라는 뜻이 포함되었기에
그런 까닭으로 치우쳐 부처라고 밝혔으니,
뜻은 이 경의 제목 가운데 나타나 있다.[173]

---

172 도생道生: 도융, 승조, 승예로 더불어 羅什의 四哲임을 잘 알 것이다.

173 제목 가운데 나타나 있다고 한 것은, 『현담』에서 이 경의 七字를 해석한 곳을 말한다.

鈔

佛者下는 若言菩提인댄 但稱爲覺이요 若云佛陀인댄 此云覺者라 然覺有三하니 一은 自覺이니 謂雙覺事理가 如睡夢覺하며 如蓮華開하니 此揀凡夫요 二者는 覺他니 揀異二乘이요 三者는 覺滿이니 揀異菩薩이라 故云自他覺滿之者라하니라 若禪觀說인댄 亦云離心名自覺이요 離色名覺他요 色心俱離爲覺滿이라하나니 以依起信에 心體離念은 名爲本覺故니라 題中總有此義釋之니라

부처님이라는 것이라고 한 아래는, 만약 보리라고 말한다면 다만 이름을 각覺이라고만 할 것이요, 만약 불타라고 말한다면 여기 말로 각자覺者이다.
그러나 각覺에 세 가지가 있으니,
첫 번째는 자각이니 말하자면 사실과 진리를 둘 다 깨닫는 것이 마치 잠을 자다가 꿈을 깨는 것과 같으며 연꽃이 피는 것과 같나니, 이것은 범부와 다름을 가린 것이요,
두 번째는 각타覺他이니 이승과 다름을 가린 것이요,
세 번째는 각만覺滿이니 보살과 다름을 가린 것이다. 그런 까닭으로 자각과 각타를 만족한 사람이라 하였다.
만약 선관禪觀[174]으로 말한다면 또한 말하기를 마음을 떠난 것은 자각이라 이름하고, 색을 떠난 것은 각타라 이름하고, 색과 마음을

174 선관禪觀: 선의 관점으로 말한다면이라고 해석해도 좋다. 지금은 선禪의 관觀이라는 뜻으로 禪觀이라 해석한 것이다.

함께 떠난 것은 각만이라 하나니,
『기신론』에 심체心體에 생각을 떠난[175] 것은 본각이라 이름하는 까닭이라고 함을 의지하였다.
『화엄경』 제목을 설명하는 가운데는 모두 이 뜻으로 해석한 것이 있다.

疏

在摩竭提國下는 處成就也라 眞身無在나 而無不在일새 故次辯之니라

마갈제 나라 아란야 법보리 도량 가운데 계셨다고 한 아래는 처성취處成就이다.
진신眞身은 있는 곳이 없지만 있지 않은 곳이 없기에 그런 까닭으로 다음에 그 처소를 말한 것이다.

鈔

眞身無在下는 總顯大意라 言無在者는 體相寂寥하야 離能所故요 無不在者는 體圓遍故라 故下經云호대 譬如虛空이 遍至一切色非色處호대 非至非不至하나니 何以故요 虛空無身故인달하야 如來亦爾하야 遍一切法하며 遍一切衆生하며 遍一切國土호대 非至非不至

175 생각을 떠났다고 한 것은, 『잡화기』에 세심細心으로써 추심麤心을 섭수하는 까닭이다 하였다.

하나니 何以故요 如來身無身故라 爲衆生故로 示現其身이라하니라 又無在는 卽體요 無不在는 卽用이니 體用無礙일새 故爲眞身이라 此亦淨名에 身子答天女意니 女身色相이 無在無不在也니라

진신은 있는 곳이 없다고 한 아래는 대의大意를 한꺼번에 나타낸 것이다.
있는 곳이 없다고 말한 것은 체상이 고요하여 능能과 소所를 떠난 까닭이요,
있지 않은 곳이 없다고 한 것은 체상이 원만하여 두루한 까닭이다.
그런 까닭으로 아래 경에서 말하기를 비유하자면[176] 허공이 일체 색처와 비색처非色處에 두루 이르되 이른 적이 없지만 이르지 아니함이 없나니, 무슨 까닭인가 하면 허공은 몸이 없는 까닭임과 같아서 여래도 또한 그러하여 일체법에 두루 이르며 일체중생에게 두루 이르며 일체 국토에 두루 이르되 이른 적이 없지만 이르지 아니함이 없나니, 무슨 까닭인가 하면 여래의 몸은 몸이 없는 까닭이다. 중생을 위한 까닭으로 그 몸을 나타내 보인 것이다 하였다.

또 있는 곳이 없다고 한 것은 곧 자체요,
있지 않은 곳이 없다고 한 것은 곧 작용이니,

---

176 아래 경에서 말하기를 비유하자면 운운은, 여래출현품의 말이다. 『화엄현담』, 『회현기』 제7권에 이미 말한 바 있다. 그리고 영인본 화엄 2책 p.511, 5행에도 말하고 있다. 그러나 이것은 뜻으로 인용한 것이다. 위의 책 p.511, 5행에 자세히 대조하여 설명하였다.

자체와 작용이 걸림이 없기에 그런 까닭으로 진신이 되는 것이다. 이것도 또한 『정명경』에 신자身子[177]가 천녀天女에게 답한 뜻이니, 천녀의 몸은 색상이 있는 곳이 없지만 있지 않은 곳이 없다는 것이다.

疏

摩竭提國者는 通擧說處라 此云無毒害니 以國法에 無刑戮故라 表能化法이니라 或云遍聰慧니 聰慧之人이 遍其國故라 表所化機니라 阿蘭若法者는 別擧說場也라 阿蘭若者는 此云無諠諍이니 卽事靜也요 法者는 所證眞理니 二障業苦의 諠雜斯盡也라 事理俱寂일새 故加法言이니라 菩提場者는 菩提云覺이니 卽能證大智가 圓明究竟也라 場者는 證菩提之處也라 然이나 事處는 卽天地之中에 王舍城之西二百里에 金剛座上이요 約法인댄 則萬行이 皆是道場이니 理智相會之所故니라 爲表所說이 如所證故로 不移其處說之니라 若圓融時處等인댄 並如前說하니라

마갈제 나라라고 한 것은 설하는 처소를 모두 거론한 것이다.
여기에서 말하면 독하게 해침이 없다(無毒害)는 뜻이니
국법에 형벌로 죽이는 것이 없는 까닭이다.
이것은 능히 교화하는 법을 표한 것이다.
혹은 말하기를 총명과 지혜가 두루한 곳이라 하나니

---

177 신자身子: 사리자舍利子이다.

총명하고 지혜로운 사람들이 그 나라에 두루한 까닭이다.
이것은 교화할 바 근기를 표한 것이다.

아란야 법보리장이라고 한 것은 설하는 장소를 따로 거론한 것이다.
아란야라고 한 것은 여기에서 말하면 떠들거나 다툼이 없다는 뜻이니
곧 사실(事)이 고요한 것이요,
법이라고 한 것은 증득한 바 진리이니
이장二障[178]의 업과 고의 시끄럽고 복잡한 것이 다한 것이다.
사실과 진리가 함께 고요하기에 그런 까닭으로 법이라는 말을 더하였다.[179]

보리장이라고 한 것은 보리는 여기에서 말하면 각覺이니,
곧 능히 증득한 큰 지혜가 구경까지 원명圓明함을 말하는 것이다.
장場이라고 한 것은 보리를 증득한 처소이다.
그러나 사실의 처소는 곧 천지 가운데 왕사성의 서쪽 이백 리에 있는 금강 사자자리 위이고,
법을 잡는다면 곧 만행이 다 도량이니
진리(理)와 지혜(智)가 회합하는 처소인 까닭이다.
설한 바가 증득한 바와 같음을 표한 까닭으로 그 처소[180]를 옮기지

178 이장二障은 여기서는 『유식론』 등에서 말하는 번뇌장과 소지장이 아니라 『원각경』 등에서 말하는 이장理障과 사장事障이다.

179 법이라는 말을 더하였다고 한 것은, 아란야 보리장이라 하지 않고 아란야 법보리장이라 하였다는 것이다.

않고 설하는 것이다.
만약 원융의 시·처 등이라고 한다면 아울러 앞[181]에서 설한 것과 같다.

爲表所說下는 釋處所以이니 以表自心中所證은 非是隨宜일새 故로 不移證處니라

설한 바가 증득한 바와 같음을 표한 까닭이라고 한 아래는 처소를 해석하는 까닭이니,
자기 마음 가운데 증득한 바는 마땅함을 따라 설[182]하지 아니함을 표하기에 그런 까닭으로 증득한 처소를 옮기지 않는다 하였다.

---

180 그 처소라고 한 것은, 소증지처所證之處니 곧 증득한 바 처소이다.

181 앞이란,『현담』왕복서 불기수왕不起樹王하시고 나칠처법계羅七處法界라 한 등이다.

182 마땅함을 따라 설한다고 한 그 마땅함(宜)이란 곧 방편이다.

經

始成正覺하시니

비로소 정각을 성취하시니[183]

疏

第三에 別明時分者는 前標一時는 未知何時일새 故今別顯是初成佛時며 亦彰大師出現時也라 此教勝故며 衆教本故로 在於初時니라

제 세 번째 따로 시분時分을 밝힌다고 한 것은, 앞에서 일시一時라고 표한 것은 아직 어느 때인 줄 알지 못하기에 그런 까닭으로 지금에 따로 처음 성불한 때임을 나타내며,

---

183 경문에 비로소 정각을 성취하셨다고 한 것은, 이것은 모든 교로 더불어 말은 같지만 뜻은 다른 것이니, 말하자면 모든 교는 다 번뇌를 끊고 과보를 증득하여 이를 좇아 부처를 얻는 까닭으로 비로소 정각을 성취한다 말하거니와, 지금에 이 원교(화엄)는 곧 여래가 지금 비로소 정각을 성취한 것이 아니라 진묵겁 이전에 일찍이 이미 정각을 성취하여 중생도 또한 그러함을 관찰한 까닭으로 한 사람이 정각을 성취함에 일체중생도 정각을 성취한다 말하는 것이니, 동교에서 진리를 의지하여 말한 것과는 같지 않은 것이다. 그렇다면 곧 가히 비로소 정각을 성취하였다고 말한 것은 대개 지금에야 비로소 원교의 근기가 성숙하여 부처님이 감응함이 있는 까닭으로 근기에 나아가 비로소 정각을 성취하였다고 말한 것이다. 역시 『잡화기』의 말이다.

또한 대사가 출현한 때임을 밝힌 것이다.
이 가르침이 수승한 까닭이며 수많은 가르침의 근본인 까닭으로 초시初時에 있는 것이다.

鈔

第三에 別明時分中에 有二하니 先은 躡前生起하야 雙標二時니 謂說法時와 及成佛時니라

제 세 번째 따로 시분을 밝힌다고 한 가운데 두 가지가 있나니, 먼저는 앞의 말을 밟아 생기하여 이시二時를 함께 표한 것이니, 말하자면 설법할 때[184]와 그리고 성불할 때이다.

疏

初言이 尙總이니 幾日之初아 九會之文이 同此初不아

처음이라는 말이 오히려 총總이니[185] 며칠의 처음인가. 구회의 경문

184 설법할 때라고 한 것은 곧 출현할 때이니, 출현하는 것은 그 뜻이 설법함에 있는 까닭이라고 말하고 있다.

185 오히려 총總이라고 한 것은, 앞에 일시一時라고 말하였다면 곧 사십구 년에 모두 통하거늘, 지금에 이미 성도한 처음이라고 말하였다면 곧 이미 나머지 열반 등의 시간이 아닌 까닭으로 비록 이 별別이라 할 것이나, 여기에 처음이라고 한 것은 또한 일념一念의 처음으로부터 내지 이칠일二七日의 처음 등 수많은 뜻을 포함하고 있는 것이니, 지금에 모일某日의 처음이라고 설출하

이 다 이 처음인가.

鈔

初言이 尙總下는 次에 假問徵起라 此有二徵하니 一은 徵初近遠이요 二는 徵初通局이라

처음이라는 말이 오히려 총이라고 한 아래는 다음에 질문을 가자하여 생기한 것이다.
여기에 두 가지 질문이 있나니,
첫 번째는 처음의 원遠·근近을 질문한 것이요,
두 번째는 처음의 통通·국局을 질문한 것이다.

疏

略爲三解호리라 一은 約不壞前後相說이니 纔成初七에 說前五會하시고 第二七日에 說十地等하시고 第九一會는 乃在後時니 以祇園身子가 皆後時故니라

간략하게 세 가지로 해석하겠다.
첫 번째는 전후의 모습을 무너뜨리지 않는 학설을 잡은 것이니

는 것은 적당하지 않기에 그런 까닭으로 말하기를 오히려 총이라 한 것이다. 이상은 역시 『잡화기』의 말이다.

겨우 성도한 지 처음 칠일 만에 앞의 오회五會를 설하시고,
제 두 번째 칠일 만에 십지 등을 설하시고,
제 아홉 번째 한 회(一會)는 이에 후시後時에 있어 설한 것이니
기원정사와 신자身子가 다 후시에 있는 까닭이다.

鈔

略爲三解下는 第三에 解釋이라 此上은 總標三義니 卽爲三別이라 三解之中에 初之一解는 答初遠近인댄 近在一念이요 答初通局인댄 局初五會니라 第二解는 在二七之後하야 而通九會니라 第三解는 取前師인댄 卽一念之初요 取後第二師인댄 通於九會니라 初正明時分中에 明九會를 分爲三時는 非總初也니라 以祇園身子等者는 出後時所以라 祇園在後者는 佛成道後에 在王舍城하신대 因長者爲子娶妻하야 至於此城하야 聞佛發心하야 方造精舍일새 故知在後니라 身子等在後者는 案報恩經인댄 初度五人하시고 次度耶舍門徒五十人하시고 次度優樓頻螺門徒五百하시고 次度伽耶門人三百하시고 次度那提門人二百하시고 次度鶖子門徒一百하시고 次度目連門徒一百하시니 合有一千二百五十五人이니라 十二遊經엔 初成道第一年에 度五比丘하시고 第二年에 化迦葉兄弟三人하시고 第五年에 度身子目連이라하니라 五人者는 一은 拘隣이요 二는 頞鞞니 亦云馬星跋提라하니라 三은 摩訶男이요 四는 十力迦葉이요 五는 拘利太子라 二는 是母親이요 三은 是父親이라하니 釋曰 旣身子等이 在後인댄 今第九會에 有此等五百과 及祇園하니 則在後矣리라

간략하게 세 가지로 해석하겠다고 한 아래는 제 세 번째 해석이다.
이 위에는 세 가지 뜻을 한꺼번에 표한 것이니
곧 세 가지 다른 해석이 되는 것이다.
세 가지 해석 가운데 처음에 한 가지 해석[186]은 처음의 원근을 답한다면 가까이는 한 생각[187]에 있고,
처음의 통·국을 답한다면 처음 오회五會에 국한한 것이다.
제 두 번째 해석은 이칠일二七日 뒤에 있어 구회九會에 통하는 것이다.
제 세 번째 해석은 앞의 스님[188]을 취한다면 곧 한 생각의 처음이요,
뒤의 제 두 번째 스님[189]을 취한다면 구회에 통하는 것이다.
처음에 바로 시분을 밝히는 가운데[190] 구회를 나누어 삼시三時로

---

186 처음에 한 가지 해석이란, 『잡화기』에 말하기를 소문 가운데 삼절을 갖추어 밝힌 것은 그 뜻은 구회의 시간을 모두 설출하고자 하는 까닭이고, 초문 가운데 다만 일절만 논한 것은 바로 경문에 처음 설한 뜻을 따르고자 한 까닭이다 하였다. 그러나 초문에 다만 일절만 논하였다는 것은 이해가 되지 않는다. 아래 삼절을 다 설명하고 있기 때문이다.

187 한 생각이라고 한 것은, 『잡화기』에 말하기를 모든 칠일이 다 한 생각이 되는 것이니 제 세 번째 스님이 비록 또한 이 한 생각을 취한 것이나, 그러나 저 세 번째 스님은 다만 한 찰나로써 한 생각을 삼은 것이다. 곧 여기 첫 번째 스님은 오히려 조금 먼 것이고, 저 세 번째 스님은 이에 가장 가까운 것이다. 대개 처음에 스님은 곧 가깝고 국한하며, 다음에 스님은 멀고 통하며, 뒤에 스님은 곧 가깝고 통하는 것이다 하였다.

188 앞의 스님은 곧 첫 번째 해석이다.

189 두 번째 스님은 두 번째 해석이다.

190 처음에 바로 시분을 밝히는 가운데라고 한 것은, 타본에는 처음 해석 가운데 나아가 세 가지가 있나니 처음에는 시분時分을 바로 밝힌 것이고, 두 번째는

한 것은 구회 모두의 처음(總初)이 아님[191]을 밝힌 것이다.

기원정사와 신자라고 한 등은 후시에 설한 까닭을 설출한 것이다. 기원정사가 후시에 있다고 한 것은, 부처님께서 성도하신 뒤에 왕사성에 계신데 장자[192]가 아들이 아내를 취함을 인하여 이 성에 와서 부처님의 법문을 듣고 발심하여 바야흐로 기원정사를 지었기에 그런 까닭으로 후시에 있는 줄 아는 것이다.

신자 등이 후시에 있다고 한 것은 『보은경』을 안찰하여 보면
처음에 다섯 사람을 제도하시고,
다음에 야사 문도 오십 명을 제도하시고,
다음에 우루빈나[193]가섭 문도 오백 명을 제도하시고,
다음에 가야가섭 문인 삼백 명을 제도하시고,
다음에 나제[194]가섭 문인 이백 명을 제도하시고,

숨어서 비난함을 막는 것이고, 세 번째는 세친 논의 글을 회석한 것이다. 처음 가운데 구회를 운운하여 이하는 여기와 같다.

191 모두의 처음이 아니라고 한 것은, 『잡화기』에 말하기를 말하자면 오직 오회의 처음이 되고 구회 모두 다의 처음이 아니니, 이설異說을 수구하지 말 것이다 하였다.

192 장자는 곧 수달다 장자이니, 그 연기는 『간정기』 제3권 26장을 볼 것이다.

193 우루빈나는 여기서 말하면 목과림木瓜林이니, 집 근처에 저 숲이 있는 까닭으로 인하여 이름한 것이다.

194 가야는 여기서 말하면 성城이요, 나제는 여기서 말하면 강江이니 다 또한 집 근처에 저 성과 강이 있는 까닭으로 이름을 얻은 것이니, 『대명법수』에

다음에 추자[195] 문도 일백 명을 제도하시고,

다음에 목련 문도 일백 명을 제도하시니

합하여 일천이백오십 다섯 사람이 있는 것이다.

『십이유경十二遊經』에는 처음 성도하시고, 제일년에 다섯 비구를 제도하시고,

제이년에 가섭 형제 세 사람을 제도하시고,

제오년에 신자와 목련을 제도하셨다 하였다.

다섯 사람[196]이라고 한 것은 첫 번째는 구린拘隣[197]이요,

두 번째는 알비頞鞞니

또한 말하기를 마성발제馬星跋提라 한다.

세 번째는 마하남이요,

네 번째는 십력가섭이요,

다섯 번째는 구리태자이다.

두 번째는 모친이요, 세 번째는 부친[198]이다 하였으니,

해석하여 말하면 이미 신자 등이 후시에 있다고 하였다면 지금

나온다.

195 추자는 사리불, 곧 신자이다.

196 다섯 사람(五人)이라고 한 것은 『보은경』에서 말한 다섯 사람(五人)이다.

197 구린拘隣: 아야교진여의 다른 이름이다. 또한 교진나, 줄여서 진나라고도 한다.

구린은 『잡화기』에 곧 진나陳那라 하고, 알비는 여기서 말하면 마승馬勝이고, 발제는 여기서 말하면 소현小賢이고, 구리는 곡반왕의 장자이다 하였다. 진나는 대역용大域龍이라 번역한다. 마승馬勝은 마성馬星이라고도 한다.

198 모친·부친이란, 구리태자의 모친이고 부친이라는 것이다.

제구회에 이와 같은 등 오백[199] 명과 그리고 기원정사가 있으니 곧 후시에 있는 것이라 하겠다.

疏

常恒之說은 不妨後時라 雖能頓說이나 有所表故니 初五는 信解行願이 最在初故라 故皆云不離道樹라하며 第六會는 因地證位에 居其次深일새 故無不起菩提樹言이니 法界極證은 最在於後故니라 亦顯二乘의 絕見聞故니라 雖異處別時나 亦不相離니 爲寄穢土하야 以顯淨故로 須前後耳니라

항상 설하였다는[200] 것은 후시後時에 설하였다는 것을 방해하지 않는 것이다.
비록 능히 한꺼번에 연설하였다[201] 하더라도 표하는 바가 있는 까닭이니,
처음에 오회五會는 신·해·행·원이 가장 처음에 있는 까닭이다.
그런 까닭으로 다 말하기를 도수道樹를 떠나지 않는다 하였으며,
제육회六會는 인지因地에서 과위果位를 증득하여[202] 감에 거처하는

199 오백이란 오백 아라한이니, 身子 등 밖에 따로 저 숫자가 있는 것이니 잠자권潛字卷 下권 11장을 볼 것이다. 역시 『잡화기』의 말이다.

200 항상 설하였다는 등은 첫 번째 비난이다.

201 비록 능히 한꺼번에 설하였다는 등은 두 번째 비난이다.

202 제육회六會는 인지因地에서 과위果位를 증득한다고 한 것은 앞에 오회를 상대하여 수승함을 밝힌 것이고, 육회에 인지라고 한 것은 뒤에 칠처를

그 지위가 점차 깊어지기에 그런 까닭으로 보리수에서 일어나지 않는다는 말이 없나니,
법계를 다 증득하는 것은 가장 뒤에 있는 까닭이다.
또 이승의 보고 들은 것[203]을 끊음을 나타내는 까닭이다.
비록 처소가 다르고[204] 시분時分이 다르지만 또한 서로 떠나지 아니하나니
예토穢土를 의지하여[205] 정토淨土를 나타내기 위한 까닭으로 전후前後에 설함을 수구할 뿐이다.

상대하여 하열함을 밝힌 것이다. 어찌하여 보리수에서 일어나지 않는다 말하지 않는가. 이 회에 이르러서는 근기의 감당하는 것이 이미 성숙하여 능히 자체와 작용의 一相을 아는 까닭으로 말하지 않는 것이다. 역시 『잡화기』의 말이다.

203 또 이승의 보고 들은 것이라고 한 등은, 세 번째 비난으로 항상 설하였다는 것은 이승의 보고 들은 것을 끊는 것이다.

204 비록 처소가 다르다고 한 등은 네 번째 비난이다.

205 예토穢土를 의지하여라고 한 등은, 문장이 서로 영략影略된 것이 있나니, 이 위에는 때가 다름을 의지하여 한 생각(一念)을 나타내는 까닭이다는 구절이 영략되었고, 이 아래는 처소가 다름을 수구할 뿐이다는 구절이 영략되었다. 당시에 강사가 말하기를 예토를 의지한다고 한 등은 처소가 다르지만 서로 떠나지 않는다는 뜻을 나타낸 것이고, 끝 구절은 때가 다르지만 서로 떠나지 않는다는 뜻을 나타낸 것이다. 淨故며 吐라 하였으니, 다 『잡화기』의 뜻이다.

鈔

常恒之說下는 第二에 遮伏難이라 總有四難하니 一은 云華嚴敎旨는 時處圓融거늘 要歷三時인댄 豈通玄趣리요할새 故此釋云호대 常恒之說이라하야 說無息時하니 後時不談인댄 豈名常說이리요 二는 有難云호대 如來가 圓音頓演거늘 何要三節하야사 方盡幽微리요할새 故此通云호대 雖能頓演이나 表法淺深일새 故須三節이라하니라 三은 有難云호대 若表三節인댄 三七日中에 一七一節이 足得成表어늘 何要後時리요할새 故此答云호대 三七엔 未有聲聞하야 不得顯於不共之敎일새 故須後時라 故疏云호대 亦顯二乘絶見聞故라하니라 四는 有難云호대 處歷穢土어늘 時不相融인댄 豈順華嚴圓融之旨리요할새 故此答云호대 正爲融於異時와 及與穢土하야 卽一刹那이며 卽是淨故라 故疏云호대 雖異處別時나 亦不相離等이라하니라

항상 설하였다는 아래는 제 두 번째 숨어서 비난함을 막는 것이다. 모두 네 가지 비난이 있나니,
첫 번째는 말하기를 『화엄경』에서 가르치는 뜻은 시간과 처소가 원융하거늘 삼시三時가 지나기를 요망한다면 어찌 현묘한 의취를 통달했다 하겠는가 하기에, 그런 까닭으로 여기에 해석하여 말하기를 항상 설하였다 하여 쉬는 때가 없음을 말하였으니,
후시後時에 설하지 않는다면 어찌 항상 설하였다고 이름하겠는가.
두 번째는 어떤 사람이 비난하여 말하기를 여래께서 원음圓音으로 한꺼번에 연설하였거늘 어찌 삼절三節[206]을 요망하여야 바야흐로

깊고 미묘한 의취를 설하여 다하겠는가 하기에, 그런 까닭으로 여기에 통석通釋하여 말하기를 비록 능히 한꺼번에 연설하였다 하더라도 법의 얕고 깊은 것을 표하기에[207] 그런 까닭으로 삼절을 수구하는 것이다 하였다.

세 번째는 어떤 사람이 비난하여 말하기를 만약 삼절을 표한다면 삼칠일三七日 가운데 일칠일에 일절一節이 족히 표表하는 바를 이룸을 얻을 것이거늘 어찌 후시後時를 요망하겠는가 하기에, 그런 까닭으로 여기에 답하여 말하기를 삼칠일에는 아직 성문이 있지 않아서 불공不共의 가르침을 나타냄을 얻을 수 없기에 그런 까닭으로 후시後時를 수구하는 것이다.

그런 까닭을 소문疏文에서 말하기를 또 이승의 보고 들은 것을 끊음을 나타내는 까닭이다 하였다.

네 번째는 어떤 사람이 비난하여 말하기를 처소는 예토穢土가 역연[208] 하거늘 시간이 서로 융합하지 않는다면 어찌 화엄 원융의 뜻을 수순하겠는가 하기에, 그런 까닭으로 여기에 답하여 말하기를 바로 시간이 다른 것과 그리고 예토를 융합하여 곧 한 찰나[209]이게 하며, 곧 이 정토[210]이게 하는 까닭이다.

---

206 삼절은 곧 삼시三時이다.

207 비록 능히 한꺼번에 연설하였다 하더라도 법의 얕고 깊은 것을 표한다고 한 것은, 소문에서는 비록 능히 한꺼번에 연설하였다 하더라도 표하는 바가 있는 까닭이다 한 것을 뜻으로 인용한 것이라 하겠다.

208 역연은 분명하다는 뜻이다.

209 한(一) 찰나는 시간이다.

그런 까닭으로 소문에서 말하기를 비록 처소가 다르고 시분이 다르지만 또한 서로 떠나지 않는다 한 등이라 하였다.

疏

若爾인대 世親이 那云호대 初七不說하고 但思惟行因緣行耶아 世親은 纔見十地하고 卽爲論釋이며 或則未窮廣文이며 或則知見有異니 未全剋定이라 菩提流支意도 大同此니라

만약 그렇다면 세친이 어찌하여 말하기를 처음 칠일에는 설하지 아니하고 다만 인연행因緣行을 행할 것만을 사유했다 하는가.
세친은 겨우 십지품만을 보고서 곧 논석을 한 것이며,
혹은 곧 폭넓게 문장을[211] 궁구하지 못한 것이며,
혹은 지견이 다름이 있는 것이니
온전히 약정[212]할 수는 없다.
보리유지의 뜻도 이와 대동하다.[213]

---

210 정토는 처소이다.

211 폭넓게 문장이라 한 것은, 곧 아래 『보은경』과 『밀적경』 등이 이것이다. 역시 『잡화기』의 말이다.

212 극정剋定: 본래는 이긴다는 뜻이다. 그러나 여기서는 약정(결정)의 뜻으로서, 세친의 말이 맞다고 약정할 수 없다는 것이다. 그러나 다시 세친의 말이 이겼다고 할 수 없다는 뜻으로 해석해도 무방하다.

213 이와 대동하다고 한 것은, 『잡화기』에 말하기를 여기 제일석과 같다 하였다.

鈔

若爾인댄 世親下는 第三에 會論文이라 言思惟行因緣行者는 因은 謂自所得法이요 緣은 謂所化之器니 欲將己所證法하야 爲衆生說이 名爲行因緣行이라 故法華經云호대 我所得智慧는 微妙最第一이요 衆生諸根鈍하야 著樂癡所盲이니 如斯之等類를 云何而可度等이 是也니라 彼思不得一乘機하고 今思卽得一乘機니 爲異耳니라

만약 그렇다면 세친이 어찌하여라고 한 아래는 곧 제 세 번째 『세친론』[214]의 글을 회석한 것이다.

인연행을 행할 것만을 사유했다고 말한 것은, 인因이라고 하는 것은 스스로 얻은 바 법을 말하는 것이고,
연緣이라고 하는 것은 교화할 바 근기(器)를 말하는 것이니,
자기의 증득한 바 법을 가져 중생을 위하여 설하고자 하는 것이 이름이 인연행을 행하려 함이 되는 것이다.
그런 까닭으로 『법화경』에 말하기를[215] 내가 얻은 바 지혜는 미묘하여 가장 제일이요, 중생의 모든 근성이 둔하여 즐거움에 집착하여 어리석어 눈 먼 바이니, 이와 같은 등의 무리를 어떻게 가히 제도하겠는가 한 등이 이것이다.
저 법화에서는 일승의 근기를 얻지 못함을 사유하고,[216] 지금 화엄에

---

214 『세친론』이란 곧 『십지론』이니, 세친이 지었다.

215 『법화경』 운운은, 『법화경』 제일권에 있는 말이다.

서는 곧 일승의 근기를 얻음을 사유하나니 다름이 된다 할 것이다.

疏

二는 順論釋인댄 九會가 皆在二七日後니 二七非久일새 亦名始成이라하니라

두 번째는 『세친론』의 해석을 따른다면 구회九會가 다 두 번째 칠일 뒤에 있나니,
두 번째 칠일이 오래가 아니기에 또한 이름을 비로소(처음) 정각을 성취한 것이다 하였다.

疏

三은 約實圓融釋인댄 皆在初成이라 一念之中에 一音頓演七處九會의 無盡之文하시니 海印定中에 一時印現하니라

세 번째는 진실로 원융으로 해석한 것(實圓融釋)[217]을 잡는다면 다

216 저 『법화경』에서는 일승의 근기를 얻지 못함을 사유한다고 한 등은, 『잡화기』에 말하기를 저 『법화경』은 곧 사유하지만 그러나 얻지 못한 까닭으로 삼승을 설하고, 지금 화엄에는 곧 사유하여 얻은 까닭으로 일승을 설한다 하였다.

217 진실로 원융으로 해석한 것이라고 한 것은, 방편으로 행포로 해석(權行布釋)한 것이라고 한 것과 상대하여 볼 수도 있겠다.

처음 성도함에 있다.
한 생각 가운데 일음一音으로 칠처구회의 끝없는 문장을 한꺼번에 연설하시니
해인삼매 가운데 일시에 찍혀 나타나는 것이다.

鈔

三에 約實圓融은 卽賢首國師意니라

세 번째 진실로 원융으로 해석한 것을 잡는다고 한 것은 곧 현수국사의 뜻[218]이다.

疏

以應機出世일새 機感卽應하고 應卽有說이니 無非時失이니라

근기에 응하여 세상에 출현하였기에 근기가 감동케 하면 곧 응하고 응하면 곧 설함이 있나니,
때가 아닌데 응하여 때를 잃음이 없는 것이다.

---

218 현수의 뜻이라고 한 것은 첫 번째 바른 해석(正釋)이다. 두 줄 뒤에 초문은 다음에 이치를 세우는 것이다.

鈔

以應機出現下는 次에 立理니 謂若機熟不應하면 便爲失人이요 未熟而應하면 虛心有待니 二俱失時니라

근기에 응하여 세상에 출현하였다고 한 아래는 다음에 이치를 세운 것이니,
말하자면 만약 근기가 성숙되었는데도 응하지 아니하면 문득 사람을 잃게 되고, 성숙되지 않았는데도 응하면 공허한 마음[219]으로 기다리고 있는 것이니
둘 다 함께 때를 잃은 것이다.

疏

故로 祇園身子는 蓋是九世相收요 重會之言은 亦猶燈光涉入이라

그런 까닭으로 기원정사와 신자身子는 대개 이 구세九世를 서로 섭수하는 것이요,
중회라는 말은 또한 등의 광명이 섭입하는 것과 같다.

219 원문에 허심虛心을 『잡화기』는 오히려 노심勞心이라 할 것이다 하였다. 그러나 허심이 더 근접하다 하겠다.

鈔

故로 祇園身子下는 三에 通妨難이니 謂有問言호대 若初成頓說인댄 初成하고는 未度身子等衆거늘 何處得有五百羅漢고할새 故今答云호대 九世相收라하니라 次에 有難云호대 祇園身子等은 縱許九世相融이나 一念一時에 何有重會아 前時後時라야 方有重故라하기에 故今通云호대 重會之言은 亦猶燈光涉入이라하니 如點燈盞엔 似有前後나 發光之後엔 無前後하야 而相涉入하니라 今重會義도 但似燈光하야 一時之中에 不妨兩會니 法則有重이나 時不重也니라

그런 까닭으로 기원정사와 신자라고 한 아래는 방해하여 비난함을 통석通釋한 것이니,
말하자면 어떤 사람이 물어 말하기를 만약 처음 성도하시고 한꺼번에 설하였다고 한다면 처음 성도하시고는 아직 신자身子 등 대중을 제도하지 않았거늘 어느 곳에 오백 명의 아라한이 있음을 얻겠는가 하기에, 그런 까닭으로 지금에 답하여 말하기를 구세를 서로 섭수하는 것이다 하였다.
다음에 어떤 사람이 비난하여 말하기를 기원정사와 신자 등은 종縱으로는 구세九世가 서로 융합함을 허락하지만 한 생각 한 시에 어떻게 중회重會가 있겠는가. 전시前時·후시後時라야 바야흐로 중회가 있는 까닭이다 하기에, 그런 까닭으로 지금에 통석하여 말하기를 중회라는 말은 등의 광명이 섭입하는 것과 같다 하였으니,
마치 등잔燈盞을 켤 때는[220] 뒤도 있고[221] 앞도 있지만 등의 광명이

일어난 이후에는 그 광명이 앞도 없고 뒤도 없이 서로 섭입하는 것과 같다.
지금에 중회라는 뜻도 다만 등의 광명과 같아서 한 시(一時) 가운데 두 회(重會)가 있는 것이 방해롭지 아니하나니,
법으로는 곧 중회가 있지만 시간적으로는 중회가 없는 것이다.

疏

故로 法界放光에 亦見菩薩이 遍坐道場하사 成正覺故니라

그런 까닭으로 입법계품에서 부처님이 방광하심에 또한 보살이[222] 두루 도량에 앉아서 정각을 성취함을 보는 까닭이다.

---

220 마치 등잔燈盞을 결 때라고 한 등은, 『잡화기』에 말하기를 비유한 바의 뜻은 곧 다만 등불의 광명이 일어나는 분상에서 본다면 비록 광명이 등을 따라 다르지만, 그러나 일시에 서로 섭입하는 것이 마치 설법이 회를 따라 다르지만 그러나 일시에 문득 연설하는 것과 같나니, 비유 가운데 등잔을 결 때 앞도 있고 뒤도 있다는 구절로써 저 법 가운데 설법을 상대한즉 중회라는 구절이 있는 것이요, 광명이 일어난 이후라는 구절로써 시간을 상대한즉 중회라는 구절이 없는 것이다 하였다.

221 원문에 有前이라 한 유有 자는 없는 본本도 있고, 그리고 後前은 前後라 한 본本도 있다.

222 또한 보살이라 운운한 것은, 『잡화기』에 말하기를 말하자면 석가모니가 보살의 몸으로써 처음 정각을 성취함을 본다 하였다.

鈔

故로 法界放光下는 第四에 引文爲證이니 於中有三이라 初는 引法界品文하야 證是初成이니 法界品內에 見坐道場하사 初成正覺은 明知法界가 同初會時니라

그런 까닭으로 입법계품이라고 한 아래는 네 번째 입법계품의 문장을 인용하여 증거한 것이니,
그 가운데 세 가지가 있다.
처음에는 입법계품의 문장을 인용하여 처음 성도하심을 증거한 것이니,
입법계품 안에 보살이 보리도량에 앉아서 처음 정각을 이룸을 본다고 한 것은, 입법계품이 초회시初會時와 같은 줄 분명히 알아야 할 것이다.

疏

此經十地之初엔 無二七之言하니 二七之言은 順別機故니라

이 『화엄경』의 십지품 초에는 두 번째 칠일(二七日)이라는 말이 없나니,
두 번째 칠일이라는 말은 근기가 다름을 따르는 까닭이다.[223]

223 근기가 다름을 따르는 까닭이라고 한 것은, 말하자면 부처님이 항상 십지법을

鈔

此經十地下는 次에 引十地經하야 證無二七故니라

이『화엄경』의 십지품 초라고 한 아래는 다음에『십지경』을 인용하여 두 번째 칠일이 없음을 증거하는 까닭이다.

疏

故諸經論에 顯初說時가 有多差別하니 謂普耀密迹二經엔 第二七日에 卽說三乘이라하며 法華엔 過三七日하야 方云說小라하며 四分律中엔 六七이라하며 興顯行經엔 七七이라하며 五分八七이라하며 智論엔 五十箇七日이라하니 有云호대 與十二游經의 一年大同이라하니라 時旣不定인댄 說亦不同이니 皆根器所宜로 見聞有異니라

그런 까닭으로 모든 경론에서 처음 설할 때를 나타내는 것이 다분히 차별이 있나니,
말하자면『보요경普耀經』[224]과『밀적경密迹經』의 두 경전에는 제 두

설한즉 하필 초칠일에는 설하지 않고 두 번째 칠일을 지난 연후에 바야흐로 설하는가. 초칠일에 십지법 설함을 듣는 사람을 상대하여 두 번째 칠일에 바야흐로 듣는 사람을 다만 근기가 다르다 하는 것뿐이다. 역시『잡화기』의 말이다.

224『보요경普耀經』은 서진의 축법호가 번역,『방등본기경』이라고도 한다. 석존

번째의 칠일에 곧 삼승을 설하였다고 하였으며,

『법화경』에는 세 번째 칠일이 지나서 바야흐로 소승을 설하였다고 말하였으며,

『사분율』 가운데는[225] 여섯 번째 칠일이라 하였으며

『흥현행경興顯行經』[226]에는 일곱 번째 칠일이라 하였으며,

『오분율』에는 여덟 번째 칠일이라 하였으며,

『지도론』에는 오십개五十箇의 칠일[227]이라 하였으니,

어떤 이가 말하기를 『십이유경十二遊經』의 일 년으로 더불어 대동하다 하였다.[228]

시분을 이미 약정할 수 없다면 설함도 또한 같지 않나니,

다 근기根器의 마땅한 바로 보고 듣는 것이 다름이 있는 것이다.

의 탄생부터 초전법륜까지 사적을 말하고 있다.

225 『사분율』 가운데라고 한 등은, 이것은 다 최초에 가르침을 설한 때를 두루 밝힌 것이니, 총표 가운데 처음 설한 때라 말한 것이 여기까지 유통하는 까닭이다.

226 『흥현행경興顯行經』은 『여래흥현경』이라고도 하고, 『흥현여환경興顯如幻經』이라고도 하나니 4권이다. 이 경은 60본의 보왕여래성기품과 십인품의 다른 번역이다. 보왕여래성기품은 80본의 여래출현품(제37품)에 해당한다. 원강元康 원년(291년) 12월 15일에 서진西晉의 축법호가 번역하였다.

227 오십개五十箇의 칠일은 곧 350일이다.

228 『십이유경十二遊經』의 일 년으로 더불어 대동하다고 한 것은, 성도하신 지 일 년 만에 오비구를 제도하였다고 한 등이니 영인본 화엄 2책, p.432, 9행에 이미 말하였다. 『십이유경』은 1권(궐본이다)으로 태강太康 2년(281년)에 광주에서 강량루지(진희)가 번역하였다.

鈔

故諸經論下는 後會諸教時라 明二七言의 非爲楷定이니 並隨機故니라 密跡三乘은 玄中已說하니라 普曜엔 說十二因緣호대 而三乘俱益이라하니 十二因緣이 通三乘故니라 三乘既益인댄 明通說三이니라 法華엔 過三七日者는 經云호대 我始坐道場하사 觀樹亦經行하며 於三七日中에 思惟如是事等이라 初欲說一호대 而無一機요 次念說權하니 諸佛皆讚이라 乃至云호대 舍利弗아 當知하라 我聞聖師子의 深淨微妙音하고 稱南無諸佛하며 復作如是念호대 我出濁惡世하니 如諸佛所說을 我亦隨順行하리라하야 思惟是事已하고 卽趣波羅柰하니라 諸法寂滅相은 不可以言宣이나 以方便力故로 爲五比丘說하니 是名轉法輪이라 便有涅槃音等이라하니라 時既不定下는 結成隨宜니라

그런 까닭으로 모든 경론이라고 한 아래는 뒤에 모든 교의 시분을 회통한 것이다.
두 번째 칠일이라는 말은 바르다 약정할 수 없음을 밝힌 것이니 아울러 근기를 따르는 까닭이다.
『밀적경』에 삼승을 말한 것은 『현담』 가운데 이미 설하였다.
『보요경』에는[229] 십이인연을 설하였지만 삼승이 함께 이익을 얻었다 하였으니,

229 『보요경普耀經』 운운은, 경설經說을 상대하여 설한 것이 십이인연十二因緣인데, 십이인연을 설함에 三乘이 다 같이 이익을 얻었다는 것이다.

십이인연이 삼승에 통하는 까닭이다.
삼승이 이미 이익을 얻었다면 삼승을 통설通說[230]한 것이 분명한 것이다.
『법화경』에는 세 번째 칠일을 지났다고 한 것은, 『법화경』에 말하기를 내가 비로소 도량에 앉아 보리수를 보며 또한 경행하며 세 번째 칠일 가운데 이와 같은 일을 사유한다 한 등이다.
처음에 일승을 설하고자 하였지만 일승의 근기가 없고, 다음에 방편으로 삼승을 설할 것을 생각하니 모든 부처님이 다 찬탄하였다.
내지 말하기를 사리불아, 마땅히 알아라. 내가 성사자聖師子의 깊고도 맑고 미묘한 법음을 듣고 나무제불南無諸佛이라 불렀으며, 다시 이와 같은 생각을 하되 내가 오탁악세를 벗어났으니, 모든 부처님께서 설하신 바와 같음을 나도 또한 수순하여 행하리라 하여 이 일을 사유하여 마치고 곧 바라나로 나아갔다.
모든 법의 적멸한 모습은 가히 말로써 설할 수 없건만 방편의 힘을 사용한 까닭으로 다섯 비구를 위하여 설법하니, 이것을 전법륜轉法輪이라 이름한다. 문득 열반의 소리 등이 있다 하였다.
시분을 이미 약정할 수 없다고 한 아래는 근기의 마땅함을 따라 시분이 다름을 맺어 성립한 것이다.

---

230 통설通說이라고 한 것은, 三乘을 모두 한꺼번에 상대하여 설한 것이라는 뜻이다.

疏

約佛赴機인댄 無時不說이나 望器無感인댄 未曾有說하며 登地는 恒見常說一味之經이나 就佛而言인댄 無說不說하며 若攝方便인댄 皆一乘之印에 現差別耳니라 無涯之說을 不應局執일새 故應總攝하야 以爲十重이니 如前已辯하니라

부처님이 중생의 근기에 다가감을 잡는다면[231] 때때로 설하지 아니함이 없지만 근기를 바라봄에 감동함이 없다면 일찍이 설한 적이 없으며,

등지登地보살은[232] 항상 일미一味를 설하는 경을 보지만 부처에 나아

231 소문에 부처님이 중생의 근기에 다가감을 잡는다면이라고 한 것은, 대개 앞의 세 가지 해석 가운데 처음에 두 가지는 방편을 의지한 것이고, 뒤에 한 가지는 진실에 나아간 것이거니와, 곧 사람들이 버리고 취하는 마음을 낼까 염려한 까닭으로 여기에 회통한 것이니, 처음에 부처님이 중생의 근기에 나아감을 잡았다고 한 등은, 그 뜻에 말하기를 부처님이 중생의 근기에 나아감을 잡아서는 삼시三時로 다 설하는 것이니, 말하자면 어떤 근기에 나아가서는 삼시절(三節)로 설함을 보이고, 어떤 근기에 나아가서는 두 번째 칠일로 설함을 보이는 등이다. 그런 까닭으로 근기가 감응이 없다면 삼시로 다 설하지 않은 것이다. 그렇다면 곧 삼시로 다 설함을 잡아서는 방편과 진실이 다 옳은 것이고, 삼시로 다 설하지 아니함을 잡아서는 방편과 진실이 다 그른 것이니 응당 방편을 버리고 진실만 취할 수는 없는 것이다. 이상은 『잡화기』의 말이다.

232 등지登地보살(十地에 오른 보살, 즉 십지보살)이라고 한 등은, 또 어떤 사람이 위에서 설하지 않은 때가 없다고 함을 듣고 곧 항상 설한다고 집착할까

가서 말한다면 설하고 설하지 아니함이 없으며,
만약 방편을 섭수한다면[233] 다 일승의 법인法印에 차별을 나타낸 것뿐이다.
끝없는 학설을 응당 국집하지 않기에 그런 까닭으로 응당 모두 섭수하여 십중十重으로 하리니
앞에서[234] 이미 말한 것과 같다.

約佛赴機下는 會於權實하야 勸令善知케하니라

부처님이 중생의 근기에 다가감을 잡는다고 한 아래는 방편과 진실을 회통하여 권勸하여 하여금 잘 알게 하는 것이다.

염려한 까닭으로 여기에 항상 설한다는 것에도 또한 결정코 집착하지 말아야 함을 밝힌 것이다.

233 만약 방편을 섭수한다면이라고 한 등은, 다시 진실의 이치를 거론하여 가히 국집하지 말아야 하는 뜻을 나타낸 것이니, 그 뜻에 말하기를 만약 진실에 칭합하여 말한다면 삼승의 방편이 다 이 일승의 법인에 나타낸 바 차별이니, 곧 삼승을 설할 때가 낱낱이 이 화엄을 설할 때이니, 또한 어찌 삼시절로 설한다는 것과 내지 한 생각 등에 설한다는 것에 결정코 집착하겠는가 한 것이다. 역시 『잡화기』의 말이다.

234 앞에서: 『현담』 宇字卷이다.

疏

上顯時分거니와 次釋成正覺義리니 約教不同이니라

이 위에는 시분을 나타내었거니와, 다음에는 정각을 성취한 뜻을 해석하리니
교를 잡음에 같지 아니한 것이다.

疏

小乘엔 三十四心으로 斷結하고 五分法身이 初圓을 名成正覺이니 是實非化니라

소승에서는 서른네 가지 마음으로 번뇌(結: 十結 등)를 끊고 오분법신이 처음으로 원만한 것을 정각을 성취했다 이름하나니,
이것은 실보신[235]으로서 화신이 아니다.

鈔

小乘已下는 別明五教니 一은 小乘이라 三十四心者는 如婆沙八十二說하니라 俱舍根品云호대 傳說菩薩이 三十四心으로 便成佛故라하니 言三十四心者는 見道一十六心이니 謂八忍八智로 離有頂貪이요 有十八念이니 謂斷有頂惑으로 有九無間과 九解脫道니라 如是十八에

235 실보신實報身은 실상신實相身으로 法身이다.

足前十六하면 成三十四라 一切菩薩이 決定先於無所有處에 已得離貪하야 方入見道일새 不復須斷下地煩惱하고 唯斷有頂一地之惑일새 但三十四心으로 一坐成佛하니라 五分法身이 初圓者는 卽戒定慧解脫과 解脫知見이니 如十藏品하니라 是實非化는 揀異大乘이라

소승이라고 한 이하는 따로 오교五教를 밝힌 것이니,
첫 번째는 소승교이다.
서른네 가지 마음이라고 한 것은 『바사론』 팔십이권에 설한 것과 같다.
『구사론』 근품根品에 말하기를 전하는 말에 호명보살護明菩薩이[236] 서른네 가지 마음으로 문득 성불한 까닭이라 하였으니,
서른네 가지 마음이라고 말한 것은 견도見道의 열여섯 마음이니,
말하자면 팔인八忍과 팔지八智[237]로 유정有頂의 탐욕[238]을 떠나는 것이요,
열여덟 마음이 있나니
말하자면 유정有頂의 혹惑을 끊는 것으로 구무간九無間과 구해탈도九

---

236 전설傳說이란, 서로 전하는 말을 말하는 것이고, 보살은 호명보살護明菩薩이니 저 구사종俱舍宗은 오직 실달다 한 사람이 성불한 것만 허락하는 까닭이다. 역시 『잡화기』의 말이다.

237 팔인八忍과 팔지八智: 운허 『불교사전』, p.904를 참고하라.

238 유정有頂의 탐욕이라 한 것은 곧 수도혹修道惑이니, 저 지위에 수도혹이 세 가지가 있거늘 지금에는 처음에 하나만 들어 뒤에 두 가지를 섭수한 것이다. 역시 『잡화기』의 말이다.

解脫道가 있다.

이와 같은 열여덟 마음에 앞의 열여섯 마음을 보태면[239] 서른네 마음을 이루는 것이다.

일체 보살이 결정코 먼저 저 무소유처에서[240] 이미 탐욕 떠남을 얻어 바야흐로 견도위見道位[241]에 들어갔기에 다시는 하지下地의 번뇌 끊음을 수구하지 않고, 오직 유정천有頂天[242]의 일지一地의 수혹修惑만을 끊기에 다만 서른네 마음으로 한 번 앉아 성불한다는 것이다.

오분법신이 처음으로 원만하다고 한 것은 곧 계와 정과 혜와 해탈과 해탈지견이니,

십무진장품에 설한 것과 같다.[243]

---

239 족足 자는 여기서는 '보탤 족' 자의 뜻이다.

240 먼저 저 무소유처라고 한 등은, 저 『구사론』 근품에 갖추어 말하기를 장교보살藏敎菩薩이 저 견도 이전에 아래 팔지八地의 수혹을 끊어 삼향三向을 얻고, 뒤에 무루의 견도에 들어가 사제를 관찰할 때에 팔인 팔지로써 삼계의 견혹을 끊고 도를 보아 차례와 같이 삼과三果를 건립하고, 저 수도위 가운데는 오직 비상비비상의 일지一地의 수혹만 끊는 것이다 하였으니, 지금에 항상 설함에 구지九地의 수혹을 다 견도 뒤에 끊는다는 것으로 더불어 따로 이 한 가지 뜻이 있는 것이다.

아래 세자권歲字卷과 금자권金字卷 등에 다 이끌어 해석한 것이 있다. 이상은 역시 『잡화기』의 말이다.

241 견도위는 십지十地의 초지初地인 환희지가 見道이다.

242 유정천有頂天은 여기서는 비상비비상천을 말한다.

243 십무진장품에 설한 것과 같다고 한 것은, 십무진장품에서 공덕림보살이 모든 보살에게 말한 것으로, "어떤 것이 출세간의 법인가. 말하자면 계와

이것은 실보신으로서 화신이 아니라고 한 것은 대승과 다름을 가린 것이다.

疏

大乘之中에 約化인댄 八相示成이요 約報인댄 十地行滿에 四智創圓을 名曰始成正覺이라하니라

대승 가운데 화신을 잡는다면 팔상八相으로 성도를 보인 것이요, 보신을 잡는다면 십지의 행이 가득참에 사지四智가 비로소 원만한 것을 이름하여 비로소 정각을 성취한다 말하였다.

鈔

大乘之中下는 第二에 始教라

대승 가운데라고 한 아래는 제 두 번째 대승 시교始教이다.

疏

據實인댄 卽古今情亡하야 心無初相을 名之曰始요 無念而照를 目之爲正이요 見心常住를 稱之曰覺이요 始本無二를 目之爲成이

정과 혜와 해탈과 해탈지견이다." 한 것을 말하는 것이다.

라하니라

실보신을 의거한다면 곧 고금의 정情이 없어서 마음에 초상初相이 없는 것을 이름하여 시始라 말하고,
무념無念으로 비추는 것을 명목하여 정正이라 말하고,
마음이 상주常住함을 보는 것을 이름하여 각覺이라 말하고,
시각과 본각이 둘이 없는 것을 명목하여 성成이라 한다 하였다.

鈔

據實下는 第三에 終教라 古今情亡은 卽觀行意니 但當無念으로 爲始成故라 心無初相은 卽起信論云호대 菩薩地盡하야 覺心初起에 心無初相하야 以遠離微細念故로 得見心性하야 心卽常住를 名竟究覺이라하야거늘 今疏엔 離其語用하니라 無念而照를 目之爲正者는 若唯無念인댄 寂而失照요 若但照體인댄 照而失寂이라 並稱不正이니 正在雙行이니라 見心常住를 稱之曰覺은 卽上所引인 起信論文에 得見心性하야 心卽常住를 名究竟覺이라하니라 始本無二를 目之爲成者는 起信云호대 謂始覺同本覺하야 無復始本之異를 名究竟覺이라하니 卽是成義니라

실보신을 의거한다고 한 아래는 제 세 번째 대승 종교終教이다.
고금의 정이 없다고 한 것은 곧 관행觀行의 뜻이니,
다만 마땅히 무념만으로 비로소 이룸(始成)을 삼는 까닭이다.

마음에 초상이 없다고 한 것은, 곧 『기신론』에 말하기를[244] 보살의 지위가 다하여 각심覺心이 처음 일어날 때에 마음에 초상이 없어서 미세한 생각을 멀리 떠난 까닭으로 심성心性을 봄을 얻어 마음이 곧 상주함을 이름하여 구경각이라 하였거늘, 지금 소문에서는 그 뜻을 떠나 말만 인용하였다.

무념으로 비추는 것을 명목하여 정이라 한다고 한 것은, 만약 오직 무념뿐이라고 한다면 고요한 것만 있고 비추는 것이 없는 것이요, 만약 다만 비추는 자체뿐이라고 한다면 비추는 것만 있고 고요한 것이 없는 것이다.
아울러 부정不正이라 이름할 수밖에 없나니, 정正이란 고요하고 비추는 것을 함께 행함이 있는 것이다.
마음이 상주함을 보는 것을 이름하여 각이라 말한다고 한 것은, 곧 이 위에서 인용한 바 『기신론』의 문장에 심성을 봄을 얻어 마음이 곧 상주함을 이름하여 구경각[245]이라 한 것이다.

시각과 본각이 둘이 없음을 명목하여 성이라 한다고 한 것은, 『기신

---

244 『기신론』 운운은 『대승기신론』 해석분의 말이니, 구체적으로 말하면 여보살지진如菩薩地盡에 만족방편滿足方便하야 일념상응一念相應하고 각심초기覺心初起에 심무초상心無初相 운운이다. 번역하면 보살의 지위가 다함에 방편을 만족하여 한 생각에 상응하고, 각심이 처음 일어날 때에 마음에 초상이 없어서 운운하여 여기 인용한 것과 같다.

245 구경각이라고 한 것은, 소문에는 다만 각覺이라고만 하였다.

론』에 말하기를 말하자면 시각이 본각과 같아 다시 시각과 본각이 다름이 없는 것을 이름하여 구경각이라 하였으니
곧 이 성成의 뜻이다.

疏

約法身인댄 自覺聖智는 無成無不成이니라

법신을 잡는다면 스스로 깨달은 성지聖智는 성成도 없고 불성不成도 없는[246] 것이다.

鈔

約法身下는 第四에 頓敎意라 言無成無不成者는 經云호대 譬如世界有成壞나 而其虛空不增減인달하야 一切諸佛成菩提시나 成與不成無差別이라하니 旣無有成인댄 何有不成가 又體湛寂일새 故曰無成이요 不礙隨緣일새 故無不成이니 卽成頓敎意니라

법신을 잡는다고 한 아래는 제 네 번째 대승 돈교의 뜻이다.
성도 없고 불성도 없다고 말한 것은, 『화엄경』에 말하기를

246 성成도 없고 불성不成도 없다고 한 것은, 경문에 시성정각(영인본 화엄 2책, p.430, 8행)이라는 말을 한 자씩 분리하여 설명하는 문장을 따라 말하고 있기에 그 뜻이 잘 나타나지 않은 듯하나, 그 뜻은 정각을 성취하고 성취하지 못함이 없다는 뜻이다.

비유하자면[247] 세계가 이루어지고 무너짐이 있지만
그 허공은 증감이 없는 것과 같아서,
일체 모든 부처님도 보리를 이루시지만
성成과 불성不成이 차별이 없다 하였으니
이미 성이 없다면 어찌 불성이 있겠는가.
또 자체가 담적하기에[248] 그런 까닭으로 말하기를 성成도 없고 인연을 따름에 걸리지 않기에, 그런 까닭으로 불성不成도 없다 하나니 곧 돈교의 뜻을 성립한 것이다.

疏

若依此經인댄 以十佛法界之身雲으로 遍因陀羅網의 無盡之時處하야 念念初初에 爲物而現하야 具足主伴하며 攝三世間하나니 此初는 卽攝無量劫之初로 無際之初니라 一成一切成일새 無成無不成이며 一覺一切覺일새 無覺無不覺하야 言窮慮寂호대 不壞假名일새 故云始成正覺이라하니 如出現品과 及不思議法品에 廣顯하니라 攝前諸說컨댄 皆一乘之所現也니라

---

247 『화엄경』에 말하기를 비유하자면 운운은, 『화엄경청량소초』 제30권(19. 승야마천궁품)이다.

248 또 자체가 담적하다 운운한 것은, 이 위에는 성成과 불성不成을 함께 보내어 상대를 끊은 것이니 곧 바로 오직 돈교뿐이요, 여기는 둘이 서로 걸리지 않는 것이니 곧 오히려 종교에도 통하는 것이다. 돈교의 뜻을 보기 어려울까 염려한 까닭으로 다만 (특별히) 말하기를 곧 돈교의 뜻을 성립한 것이라 말한 것이다. 이상 역시 『잡화기』의 말이다.

만약 이 『화엄경』을 의지한다면 열 부처님 법계의 몸 구름으로써 인다라망의 끝없는 시처時處에 두루하여 염념초초念念初初에 중생을 위하여 나타내어 주主·반泮을 구족하며 삼세간을 섭수하나니, 이 염초念初는 무량겁을 섭수하는 시초로 끝없음의 시초이다.

한 부처님이 성불함에 일체중생이 성불하기에[249] 성成도 없고 불성不成도 없으며,

하나를 깨달음에 일체를 깨닫기에 각覺도 없고[250] 불각不覺도 없어서 말이 다하고 생각조차 사라졌지만 거짓 이름을 무너뜨릴 수 없기에, 그런 까닭으로 말하기를 비로소 정각을 성취한다 하였으니,

여래출현품과 그리고 불부사의법품에 폭넓게 나타낸 것과 같다.

---

249 한 부처님이 성불함에 일체중생이 성불한다 운운한 것은, 초문(고본 28장, 下3행)에 세 가지 해석으로 비유한 것이 있나니 첫 번째는 중생과 부처님이 서로 바라봄을 잡은 것이니, 말하자면 한 부처님이 성불함에 일체중생이 다 성불하는 것이요, 두 번째는 초문에 하물며 부처님(고본 28장, 下5행, 영인본 화엄 2책, p.444, 5행)이라고 한 아래는 부처님과 부처님이 서로 바라봄을 잡은 것이니, 한 부처님이 성불함에 시방에 일체 부처님이 다 성불하는 것이요, 세 번째는 초문에 또 저 한 처소(고본 28장, 下6행, 영인본 화엄 2책, p.444, 6행)라고 한 아래는 처소를 잡아 말한 것이니, 한 처소에서 성불함에 시방의 모든 처소에서 다 성불하는 것이다. 역시 『잡화기』의 말이다.

250 각覺도 없다 운운한 것은, 초문에 두 가지 해석이 있나니 역부존(亦不存: 고본 29장, 上2행, 영인본 화엄 2책, p.445, 2행) 이상은 적寂과 조照를 함께 거두는 것을 잡아 말한 것이고, 그 이하는 전전히 자취를 떨쳐버리는 것을 잡아 말한 것이니, 위에서는 각이 없음을 말하고 지금에는 불각의 모습조차 없음을 나타내기에 그런 까닭으로 자취를 떨쳐버리는 것이다. 역시 『잡화기』의 말이다.

앞의 모든 학설을[251] 섭수하여 보면 다 일승에서 나타낸 바이다.

鈔

若依此經下는 第五에 圓敎라 言以十佛法界之身雲者는 卽成正覺等十佛義니 並如前言하니라 念念初初에 爲物而現者는 卽體之應으로 應無盡時하야 生感卽成하니 念念機感하면 念念成矣니라 成旣不已일새 故曰初初라하니라 一成一切成者는 事事無礙故라 故出現品云호대 如來成正覺時에 於其身中에 普見一切衆生이 成正覺이라하니 故如來成이 卽衆生成矣니라 況佛佛平等하야 一切成佛가 又於一處成이 卽一切處成이라 故十地中에 第十願云호대 願於一切世界에 成阿耨多羅三藐三菩提호대 不離一毛端處하고 於一切毛端處에 皆悉示現等이라하며 又云호대 如於此處見佛坐하야 一切塵中亦如是니 佛身無去亦無來로대 所有國土皆明現等이라하니라 無成不成은 義不異前하니라 一覺一切覺者는 若覺一法인댄 一法之中에 一切具足하니라 無覺者는 遠離覺所覺故니라 無不覺者는 朗鑑在懷로대 亦不存於不覺相故니라

만약 이 『화엄경』을 의지한다고 한 아래는 제 다섯 번째 일승 원교

---

251 앞의 모든 학설이라고 한 등은, 위에서 이 『화엄경』을 바로 취함에는 곧 방편을 가려 진실을 나타내었기에 지금에 앞의 네 가지를 겸하여 섭수함에는 곧 방편을 융합하여 진실을 나타내는 것이다. 만약 이 말이 없다면 사람들이 한결같이 방편을 버린다 할까 염려하는 까닭이다. 역시 『잡화기』의 말이다.

이다.
열 부처님 법계의 몸 구름이라고 말한 것은 곧 정각불등 십불十佛의 뜻을 성립한 것이니,
아울러 앞에서 말한[252] 것과 같다.

염념초초에 중생을 위하여 나타낸다고 한 것은 곧 자체의 응함으로 끝없는 시간에 응하여 감동을 일으키면 곧 이루어지나니,
생각 생각에 근기가 감동하면 생각 생각에 이루어지는 것이다.
이루어지는 것이 이미 끝나지 않았기에 그런 까닭으로 말하기를 초초初初라 하였다.

한 부처님이 성불함에 일체중생이 성불한다고 한 것은 사사무애事事無碍인 까닭이다.
그런 까닭으로 출현품에 말하기를 여래가 정각을 성취할 때에 그 몸 가운데서 일체중생이 정각을 성취함을 널리 본다 하였으니,
그런 까닭으로 여래가 정각을 성취하는 것이 곧 중생이 정각을 성취하는 것이다.
하물며 부처와 부처가 평등하여 일체가 성불함이겠는가.
또 한 처소에서 정각을 성취하는 것이 곧 일체 처소에서 정각을 성취하는 것이다.
그런 까닭으로 십지 가운데 제 십원十願에 말하기를 원컨대 일체

---

252 앞에서 말한 것이라고 한 것은 『현담』 현자권玄字卷 9장, 하9행이다.

세계에서 더 이상 없는 최고가는 깨달음을 성취하지만, 한 털끝 처소를 떠나지 않고 일체 털끝 처소에 다 시현하는 등이라 하였으며, 또 말하기를

이곳에서 부처님이 앉아 계심을 보는 것과 같아서
일체 티끌 세계 가운데서도 또한 이와 같이 보나니,
부처님의 몸은 감도 없고 또한 옴도 없지만
있는 바 국토에 다 분명히 나타난다 한 등이라 하였다.

성成도 없고 불성不成도 없다고 한 것은 그 뜻이 앞에서 말한 것과 다르지 않은[253] 것이다.

하나를 깨달음에 일체를 깨닫는다고 한 것은, 만약 한 법을 깨닫는다면 한 법 가운데 일체법을 구족하는 것이다.

각覺도 없다고 한 것은 능각과 소각所覺을 멀리 떠난 까닭이다. 불각不覺도 없다고 한 것은 밝게 비추는 것이 마음에 있지만[254] 또한 마음에 불각의 모습을 두지 않는 까닭이다.

---

253 앞에서 말한 것과 다르지 않다고 한 것은, 영인본 화엄 2책, p.442, 9행에 돈교의 뜻과 같다는 것이다.

254 『잡화기』에는 재회在懷며 吐이니, 역亦 자가 제 두 번째 뜻인 까닭이다. 불각이라 한 것은 곧 위에 무각無覺을 말한 것일지언정 무명無明을 말한 것은 아니다 하였으나, 나는 재회在懷로대 吐를 달았다.

疏

第四에 別顯處嚴者는 然此下는 處主及衆은 卽三世間嚴이니 三中前二는 卽如來依正이요 衆卽淨土에 輔翼不空이라

제 네 번째 따로 처소의 장엄을 나타낸다고 한 것은, 그러나 이 아래는 처處와 주主와 그리고 중衆은 곧 삼세간 장엄[255]이니, 세 가지 가운데 앞의 두 가지는 곧 여래의 의보와 정보요, 중衆은 곧 정토淨土에 도우는 대중(輔翼)이 없지(空) 않다는 것이다.[256]

鈔

第四에 別顯處嚴中에 卽如來依正者는 別顯處嚴은 是依요 敎主難思는 是正이요 衆海雲集은 是衆이라 輔翼不空者는 菩薩은 卽十八圓滿中에 輔翼圓滿이요 不空은 卽眷屬圓滿이니 謂淨土中엔 無有四趣와 龍鬼等衆이나 是佛이 欲示淨土不空故니라

제 네 번째 따로 처소의 장엄을 나타내는 가운데[257] 곧 여래의 의보와

---

255 삼세간 장엄이라고 한 것은, 처處는 기세간 장엄이고, 주主는 지정각세간 장엄이고, 중衆은 중생세간 장엄이다.

256 도우는 대중이 없지 않다고 한 것은, 정토淨土에 보처대중補處大衆이 없지 않다는 것이다.

257 다른 본에는 제 네 번째 따로 처소의 장엄을 나타내는 가운데라는 말 아래에 "문장에 또한 두 가지가 있나니 첫 번째는 전후를 통석하고, 두 번째는 기세계를 따로 해석한 것이니 앞의 가운데"라는 말이 더 있다. 곧 여래의

정보라고 한 것은 따로 처소의 장엄을 나타낸 것은 이 의보요,
교주의 사의하기 어려운 것은[258] 이 정보요,
중해衆海가 구름같이 모인 것은 이 중衆이다.

도우는 대중이 없지 않다고 한 것은 보살은 곧 십팔원만十八圓滿[259]
가운데 보익이 원만(輔翼圓滿)한 것이요,
없지 않다고 한 것은 곧 권속이 원만(眷屬圓滿)한 것이니,
말하자면 정토 가운데는 사취四趣와 용과 귀신 등 대중이 없지만
이 부처님이 정토가 없지 아니함을 보이고자 한 까닭이다.

疏

今初器界嚴者는 卽廣於前場之嚴하야 顯成前覺之妙하야 異於餘經之處니라 於中四事가 各十種嚴이니 明卽染顯淨이라 卽爲四別하리니 第一은 地嚴이요 第二는 樹嚴이요 第三은 宮殿嚴이요 第四는 師子座嚴이라 然此諸嚴이 各具三釋하니 一은 約事니 可知라 二는 表法이니 謂地는 表心地法身이요 樹는 表菩提요 宮殿은 表無住涅槃이요 座는 表法空等이라 三은 就因行이니 謂一은 以窮心地法身之因으로 報得增上金剛之地요 二는 以般若爲因이요

의보 운운하여 이하는 여기와 같다.

258 교주의 사의하기 어려운 것이라고 한 것은 『청량소초』 一의 二권이니, 영인본 화엄 2책, p.469, 6행에 있는 과목이다.

259 십팔원만十八圓滿이란, 한자권寒字卷 상권 37장, 下5행을 볼 것이다.

三은 以悲智相導爲因이요 四는 亦以法空爲因이라 然或一因行이 成一切嚴하며 或一切行이 成一嚴하며 或一行이 成一嚴하며 或一切行이 成一切嚴하나니 以通融別하면 純雜無礙어니와 今但明一行一嚴은 顯所表故니라

지금은 처음으로 기계器界 장엄이라고 한 것은 곧 앞에 보리도량[260]의 장엄을 넓혀서 앞에 깨달음의 묘함[261]을 성립하여[262] 다른 경전의 처소와 다름을 나타낸 것이다.
그 가운데 사사四事가 각각 열 가지 장엄이 있나니,
염토(染)에 즉하여 정토(淨)를 나타냄[263]을 밝힌 것이다.

---

260 앞에 보리도량은 아란야 법보리장이다.

261 앞에 깨달음의 묘함은 시성정각을 말한다.

262 앞에 깨달음의 묘함을 성립한다고 한 등은, 대개 이미 의지하는 바 국토가 예토에 즉하여 정토를 밝혔다면 곧 스스로 능히 의지하는 부처님이 응신에 즉하여 진실을 나타내는 까닭이다. 역시 『잡화기』의 말이다.

263 염토(染)에 즉하여 정토(淨)를 나타낸다고 한 것은, 이것은 다른 경에서 말하는 처소와는 다른 까닭이니, 대개 다른 경의 처소는 곧 다 오직 염토뿐이거나 혹은 오직 정토뿐이거늘, 이 『화엄경』은 경 가운데 말한 바가 이미 사사무애를 종 삼는 까닭으로 그 의지하는 바 처소도 또한 염토에 즉하여 정토를 나타내는 것이다. 말하자면 그 사사四事는 곧 이것은 염토이니 땅과 나무 등이 다 사바세계 가운데 물건인 까닭이요, 각각 열 가지 장엄은 곧 이것은 정토를 나타낸 것이니 금강으로 이룬 바이며 높이 나타나 수특하다 한 등이 다 정토의 모습인 까닭이다. 그렇다면 곧 오직 설한 바 법만이 사법계를 갖추었을 뿐만 아니라 혹 처소와 혹 시간과 혹 사람도 다 그러한 것이다. 또 지금 처소 가운데는 이에 오직 염토와 정토만이 걸림이 없거니와,

곧 네 가지 다름을 나타내리니,
첫 번째는 땅 장엄(土嚴)이요,
두 번째는 나무 장엄(樹嚴)이요,
세 번째는 궁전 장엄(宮殿嚴)이요,
네 번째는 사자자리 장엄(師子座嚴)이다.
그러나 이 모든 장엄이 각각 세 가지 해석을 갖추었나니,
첫 번째는 사실(事)을 잡은 것이니 가히 알 수가 있을 것이다.[264]
두 번째는 법法을 표한 것이니, 말하자면 땅은 심지心地의 법신을 표한 것이고,
나무는 보리를 표한 것이고,
궁전은 무주無住의 열반을 표한 것이고,
자리는 법공法空 등을 표한 것이다.
세 번째는 인행因行에 나아간 것이니,[265] 말하자면 첫 번째는 심지의 법신을 궁구한 인행으로써 금강의 땅에 증상增上[266]함을 과보로 얻은

다시 통과 국과 의보와 정보 등이 걸림이 없음을 갖추었다면 곧 아래 바른 삼매 가운데 나타낸 바 걸림이 없는 법이 이것을 넘지 않는 것이다. 이상 역시 『잡화기』의 말이다.

264 첫 번째는 사실(事)을 잡은 것이니 가히 알 수가 있을 것이라고 한 것은, 위에서 말한 네 가지 장엄을 사실 그대로 보라는 것이다. 즉 땅 장엄은 땅 장엄 그대로, 나무 장엄은 나무 장엄 그대로 보라는 것이다. 궁전도 사자도 역시 그렇다.

265 인행因行에 나아간 것이라고 한 것은, 소가의 뜻은 사람들이 과보를 사모하여 인행을 닦기를 요망하는 까닭이다.

266 증상이라고 한 것은, 감득한 바 사사四事가 다 저기 저 왕석에 인행을 인유하여

것이요,

두 번째는 반야로써 인행을 삼은 것이요,[267]

세 번째는 자비와 지혜가 서로 인도함으로써 인행을 삼은 것이요,

네 번째는 또한 법공法空으로써 인행을 삼은 것이다.

그러나 혹 한 인행이 일체 장엄을 이루며,

혹 일체 인행이 한 장엄을 이루며,

혹 한 인행이 한 장엄을 이루며,

혹 일체 인행이 일체 장엄을 이루나니

통通으로써 별別을 융합하면[268] 순일(純)하고 잡다(雜)한 것이 걸림이 없거니와, 지금에 다만 한 행에 한 장엄만 밝힌 것은 표하는 바(所表)

이루어지는 것이니, 곧 말한 바 증상과인 까닭이다. 역시 『잡화기』의 말이다.

267 반야로써 인행을 삼는다고 한 것은, 그 뜻이 반야로 인연하여 금강의 땅에 증상함을 果報로 얻었다는 것이다. 아래 두 가지도 또한 그렇다.

268 통通으로써 별別을 융합하면이라고 한 등은, 四句 가운데 처음에 三句는 이 별이고 이 순純이요, 두 번째 四句는 이 통이고 이 잡雜이니, 이 가운데는 이미 인행에 나아가 해석한 까닭으로 그 순·잡·통·별이 오직 인행의 분상에서 설한 바에 합하는 것이니, 그 뜻은 측자권昃字卷 하권 초8행을 볼 것이다. 또 만약 인과를 모두 잡아 순·잡·통·별을 설한다면 곧 원인 가운데 한 행과 과보 위에 한 장엄은 이 별이고 이 순이요, 원인 가운데 일체 행과 과보 위에 일체 장엄은 이 통이고 이 잡이요, 한 인행이 일체 장엄을 이루는 것은 별로써 통을 융합하는 것이며 순이 잡에 걸리지 않는 것이요, 일체 인행이 한 장엄을 이루는 것은 통으로써 별을 융합하는 것이며 잡이 순에 걸리지 않는 것이니, 한 과보가 일체 인행을 인유하는 것과 일체 과보가 한 인행을 인유하는 것도 또한 그러한 것이다. 이 뜻은 의리분제義理分齊를 볼 것이다. 역시 『잡화기』의 말이다.

를 나타낸 까닭이다.

鈔

然或一因下는 通難이니 謂有問言호대 因果圓融거늘 何以就因하야 各別所表고할새 故今釋云호대 實具四句나 爲約所表故로 別屬因耳니라 然이나 通別無礙니라

그러나 혹 한 행이 일체 장엄을 이룬다고 한 아래는 비난을 통석한 것이니,
말하자면 어떤 사람이 물어 말하기를 인과가 원융하거늘 어찌하여 인행에 나아가 각각 표하는 바가 다른가 하기에, 그런 까닭으로 지금에 통석하여 말하기를 진실로 사구四句를 갖추었지만 표하는 바를 잡은 까닭으로 따로 인행에 배속하였을 뿐이다.
그러나 통通과 별別이 걸림이 없는 것이다.

疏

然이나 各攝無盡之德故로 四事가 皆有十句하니 初總後別이라 今且就文하야 各分爲四하리라

그러나 각각 끝없는 공덕을 섭수하는 까닭으로 사사四事가 다 열 구절이 있나니,
처음에는 한꺼번에 나타낸 것이요,

뒤에는 따로 해석한 것이다.

지금에 또한 문장에 나아가 각각 분류하여 네 가지로 하겠다.

經

其地堅固하야 金剛所成이요

그 땅이 견고하여 금강으로 이루어진 바이고

疏

今初心地에 十句分四者는 初一은 總顯地體요 二에 四는 地相具德이요 三에 四는 地上具嚴이요 四에 一은 擧因結用이라 今初標以堅固하고 釋以金剛거니와 諸教엔 或云호대 木樹草座라하며 多云호대 座是金剛이라하니라 今에 全地金剛인댄 則權實斯顯이니 徹華藏故니라 廣如彼品하니라

지금은 처음으로 심지心地에 열 구절을 네 가지로 분류한다고 한 것은 처음에 한 구절은 땅의 자체를 한꺼번에 나타낸 것이요,
두 번째 네 구절은 땅의 모습이 덕을 갖춘 것이요,
세 번째 네 구절은 땅 위에 장엄을 갖춘 것이요,
네 번째 한 구절은 원인을 들어 작용을 맺는 것이다.
지금은 처음으로 견고함으로써 표하고 금강으로써 해석하였거니와,
모든 교에서는 혹 말하기를 목수초木樹草로 자리가 되었다 하였으며,
다분히들 말하기를 자리는 이 금강으로 되었다 하였다.
지금에 모든 땅이 금강이라 하였다면 곧 방편과 진실이 이에 나타난 것이니,

화장세계에 사무치는 까닭이다.
널리 말한 것은 저 화장세계품과 같다.

鈔

徹華藏者는 以華藏世界에 大蓮華地가 金剛所成故라 此依本經이어니와 若依觀佛三昧海經第二인댄 亦異常說이나 而未盡源이라 彼云호대 爾時道場이 化以金剛하야 滿八十里하니 其色正白하야 不可具見이라 此相現時에 菩薩眉間에 白毫相光이 端潔正直하야 矗然東向한대 長一丈五尺이요 有十楞現이라하니 釋曰 旣有里數하며 又言化以故라하니 非極說이니라

화장세계에 사무친다고 한 것은 화장세계에 큰 연꽃 땅이 금강으로 이루어진 바인 까닭이다.
이것은 본『화엄경』을 의지한 것이거니와, 만약『관불삼매해경』제이권을 의지한다면 또한 보통학설과 다르지만 아직 그 근원을 다 살펴보지 못하였다.
저 경에 말하기를 그때에 도량이 금강으로 변화하여 팔십 리에 가득 차니 그 색상이 정백색正白色으로 가히 갖추어 볼 수가 없었다. 이 색상이 나타날 때에 보살의 눈썹 사이에 백호상광白豪相光이 단엄하고 순결하고 바르고 곧아 촉연矗然하게 동쪽으로 향한데 길이가 일장一丈에 오척五尺이고, 십릉十楞[269]으로 나타남이 있다 하였

269 십릉十楞이라고 한 것은 열 모이다. 楞은 모, 모서리 릉 자이다.

으니,

해석하여 말하면 이미 거리의 수(里數)가 있었으며 또 금강으로 변화하였다고 말하였으니,

그런 까닭으로 극진한 말(極說)[270]이 아니다.

---

270 극진한 말(極說)이라고 한 것은 완벽한 말을 말한다.

經

上妙寶輪과 及衆寶華와 淸淨摩尼로 以爲嚴飾하야 諸色相海가 無邊顯現하며

최상의 묘한 보배 바퀴와 그리고 수많은 보배 꽃과 청정한 마니보배로 장엄되고 꾸며져 모든 색상의 바다가 끝없이 나타났으며

疏

次에 上妙下는 地相具德이라 約因釋者인댄 一에 寶輪者는 一攝一切니 圓行致故요 二에 及衆寶華는 開覺悅他故요 三에 淸淨摩尼는 圓淨明徹故니라 以上三行으로 用嚴心地일새 故結云호대 以爲嚴飾이라하니 上皆形色이라 四는 卽顯色이니 謂靑黃等殊를 名諸色相이요 種種重疊하야 深廣如海하며 互相映發이 等彼波瀾하며 或諸色俱生하며 或更相攝入하야 含虛瑩徹하야 現勢多端을 名無邊顯現이니 此는 由隱顯自在하고 定散無礙하야 隨機利行之所致也니라

다음에 최상의 묘한 보배 바퀴라고 한 아래는 땅의 모습이 공덕을 갖춘 것이다.
인행을 잡아 해석한다면 첫 번째 보배 바퀴라고 한 것은 한 행이 일체 행을 섭수하는 것이니 원만한 행이 이루어지는 까닭이요, 두 번째 그리고 수많은 보배 꽃이라고 한 것은 깨달음을 열어 다른

사람을 기쁘게 하는 까닭이요,

세 번째 청정한 마니보배라고 한 것은 원만하고 청정하고 밝게 사무치는 까닭이다.

이상의 세 가지 인행으로써 심지를 장엄하기에 그런 까닭으로 맺어 말하기를 장엄되고 꾸며졌다 하였으니

이 위에는 다 형색形色이다.

네 번째는 곧 현색顯色이니[271]

말하자면 청·황·적·백 등 다른 색을 이름하여 모든 색상(形色)이라 하고,

가지가지 색이 중첩되어 깊고 넓기가 바다와 같으며,

서로서로 비치어 일어나는 것이 저기 저 파도와 같으며,

혹 모든 색이 함께 일어나며,

혹 다시 서로 섭입하여 허공을 머금어 비추어 사무쳐 나타나는 세력이 다단함을 이름하여 끝없는 현색顯色이라 하나니,

이것은 숨고 나타남(隱·顯)이 자재하고 선정과 산란(定·散)이 걸림이 없음을 인유하여 근기를 따라 이익을 행함으로 이루어진 바이다.

271 현색顯色은 배색이고, 형색形色은 원색이다.

經

摩尼爲幢하야 常放光明하며 恒出妙音하며 衆寶羅網과 妙香華纓이 周匝垂布하며 摩尼寶王이 變現自在하야 雨無盡寶하고 及衆妙華를 分散於地하며 寶樹行列하고 枝葉光茂하나니

마니보배로 당기가 되어 항상 광명을 놓으며,
항상 묘한 음성을 내며,
수많은 보배 그물과 묘한 향기 나는 꽃 영락[272]이 두루 돌아 내려 펼쳐져 있으며,
마니보배왕이 변화하여 나타냄이 자재하여 끝없는 보배를 비 내리고, 그리고 수많은 묘한 꽃을 땅에 나누어져 흩으며,
보배 나무가 줄 서 있고 가지와 잎은 빛나고 무성하나니

疏

三에 摩尼下는 明地上嚴者는 一에 寶幢은 曲有五句하니 一에 摩尼는 爲體요 二三에 光音은 明用이요 四五에 網纓은 辯飾이라 就因行者는 降魔伏外가 爲幢이며 智光常照하며 慈音外悅하며 願行交羅하며 戒香芬馥하며 四攝周垂故라 二에 摩尼雨寶는 表神通如意하야 隨機變現하야 雨法寶故라 三에 妙華散地는 亦多因行으로 遍嚴

---

272 영纓 자는 대만본에는 영瓔 자이니 영락을 말한다. 纓은 끈, 줄을 말한다. 근본적으로 뜻은 다르지 않지만 말은 다르다.

心故라 四에 寶樹行列者는 德行建立故라

세 번째 마니보배라고 한 아래는, 땅 위에 장엄을 밝힌다고[273] 한 것은 첫 번째 보배당기는 자세히 다섯 구절이 있나니,
첫 번째 마니보배는 자체가 되는 것이요,
두 번째와 세 번째 광명과 묘한 음성은 작용을 밝힌 것이요,
네 번째와 다섯 번째 그물과 영락은 꾸민 것을 말한 것이다.
인행에 나아간다고 한 것은 마군을 항복받고 외도를 항복받는 것이 당기가 되며,
지혜의 광명이 안으로 항상 비치며,
자비의 음성이 밖으로 기쁘게 하며,
서원과 행이 서로 섞이어 펼쳐졌으며,
계의 향이 향기를 풍기며,
사섭四攝이 두루 아래로 내려진 까닭이다.

두 번째 마니가 끝없는 보배를 비 내린다고 한 것은 신통이 여의如意하여 근기를 따라 변현하여 법보를 비 내림을 표한 까닭이다.
세 번째 묘한 꽃을 땅에 나누어 흩었다고 한 것은 또한 수많은 인행으로 두루 마음을 장엄하는 까닭이다.
네 번째 보배 나무가 줄지어 서 있다고 한 것은 덕행이 건립되어 있는 까닭이다.

---

273 땅 위에 장엄을 밝힌다(明地上嚴)고 한 것은, 영인본 화엄 2책, p.447, 8행에는 땅 위에 장엄을 갖춘다(地上具嚴)고 하였다.

經

佛神力故로 令此道場에 一切莊嚴으로 於中影現케하니라

부처님의 위신력인 까닭으로 이 도량에 일체 장엄으로 하여금 그 가운데 그림자처럼 나타나게 하였습니다.

疏

四에 佛神力下는 擧因結用이라 佛力者는 出所因也라 嚴具多門을 別說難盡일새 故로 總云호대 一切悉現이라하니 或於樹中現하며 或於上諸嚴具와 及地中現하니 明一一行中에 皆道場故니라

네 번째 부처님의 위신력이라고 한 아래는 원인을 들어 작용을 맺는 것이다.
부처님의 위신력이라는 것은 원인하는 바를 설출한 것이다.
장엄한 기구의 수많은 문을 따로 설할지라도 다 설하기 어렵기에 그런 까닭으로 한꺼번에 말하기를 일체 장엄으로 다 나타나게 한다 하였으니,
혹 나무 가운데 나타나며,
혹 위의 모든 장엄기구와 그리고 땅 가운데에 나타나나니,
낱낱 행 가운데[274] 다 도량을 밝힌 까닭이다.

274 낱낱 행 가운데라고 한 등은, 이것은 곧 경에 이 도량에 일체 장엄이라는

鈔

或於樹中現者는 以上別中에 第四에 寶樹行列故라 言或諸嚴具와 及地中現者는 以是歎地尊勝故라

初地嚴竟이라

혹 나무 가운데 나타났다고 한 것은 위의 따로 말한 가운데[275] 제 네 번째 보배 나무가 줄지어 서 있다 한 까닭이다.

혹 모든 장엄기구와 그리고 땅 가운데 나타났다고 말한 것은 이 장엄으로써 지위가 높고 수승함을 찬탄한 까닭이다.

초지의 장엄은 마친다.

말을 따로 해석한 것이다. 역시 『잡화기』의 말이다.

275 위의 따로 말한 가운데라고 한 등은, 사람들이 이 소문에 나무 가운데서 나타났다 한 것으로서 아래(바로 아래 경문) 깨달음의 나무가 장엄했다고 한 가운데 나무를 삼을까 염려한 까닭으로 여기에 헤아려 가리는 것이다. 역시 『잡화기』의 말이다.

經

其菩提樹가 高顯殊特하나니

그 보리수가 높이 나타나 수승하고 특출하나니

疏

第二에 覺樹嚴者는 卽大智因感이라 有十一句하니 分四하리라 初一은 總顯高勝이니 長聳逈露하며 圓妙獨出故니라 約因인댄 卽智超數表를 爲高요 本性不昧를 爲顯이요 成物具德을 曰殊요 更無二眞을 爲特이라 約果인댄 樹卽菩提니라

제 두 번째 각수覺樹의 장엄이라고 한 것은 곧 큰 지혜의 원인으로 감득한 것이다.
열한 구절이 있나니[276] 네 가지로 분류하겠다.
처음에 한 구절은 한꺼번에 높고 수승함을 나타낸 것이니,
길게 솟아 멀리 드러났으며 원만하고 묘하여 홀로 뛰어난 까닭이다.
원인을 잡는다면 곧 지혜가 수數의 표현을 벗어난 것을 고高라고 하고
본성이 매하지 않는 것을 현顯이라 하고

---

276 열한 구절이 있다고 한 것은 증수십增數十이니, 위의 총표(영인본 화엄 2책, p.447, 4행)에는 사사四事가 다 十句가 있다고 한 것은 증수십으로 말한 것이다.

인물이 되었으나 공덕을 갖춘 것을 수殊라 말하고,
다시 두 가지 진짜가 없는 것을 특特이라 하는 것이다.
과보를 잡는다면[277] 수樹는 곧 보리이다.

鈔

長聳等者는 謂長聳은 爲高요 迥露는 釋顯이요 圓妙는 釋殊요 獨出은 爲特이라 然이나 案西域記호니 長一百尺이라하니 卽畢鉢羅樹라

길게 솟았다는 등은 말하자면 길게 솟았다는 것은 고高가 되고,
멀리 드러났다는 것은 현顯을 해석한 것이고,
원만하고 묘하다는 것은 수殊를 해석한 것이고,
홀로 뛰어났다는 것은 특特이 되는 것이다.
그러나 『서역기西域記』를 살펴보니 길이가 일백척一百尺이라 하였으니
곧 필발라수畢鉢羅樹를 말한 것이다.

277 과보를 잡는다면이라 운운한 것은, 원인을 잡은즉 나무는 반야가 되는 까닭이라고 『잡화기』는 말한다.

經

金剛爲身하며 瑠璃爲幹하며 衆雜妙寶로 以爲枝條하며 寶葉扶踈하야 垂蔭如雲하며 寶華雜色이 分枝布影하며 復以摩尼로 而爲其果하야 含輝發焰하야 與華間列하니라

금강으로 몸이 되었으며,
유리로 줄기가 되었으며,
수많은 묘한 보배로 가지가 되었으며,
보배 잎은 무성하여 내려 덮은 것이 구름과 같으며,
보배 꽃은 수많은 색깔이 가지마다 나누어져 그림자처럼 펼쳐져 있으며,
다시 마니로써 그 열매가 되어 빛을 머금고 빛을 일으켜 꽃으로 더불어 사이에 나열되어 있었습니다.

疏

二에 金剛下六句는 明體攝衆德이라 一에 身是金剛은 金剛三昧가 本智因故니 正行成立으로 爲樹身也라 二에 幹是瑠璃는 本智發解하야 內外明徹故라 三에 雜寶枝條는 解隨境差故라 四에 條假葉以爲嚴은 智資定而深照하니 寶葉雖異나 共成一蔭하고 百千定門이나 同歸一寂하야 自蔭蔭他也라 五에 寶華異色은 在樹分枝나 承光則色同하야 於地布影하나니 表神通等法이 依定有差나 俱

承智光하면 影現心地니라

두 번째 금강으로 몸이 되었다고 한 아래에 여섯 구절은 보리수 자체가 수많은 공덕을 함섭하고 있음을 밝힌 것이다.
첫 번째 몸이 금강으로 되었다는 것은 금강삼매가 근본지의 원인(因)인 까닭이니,
정행正行이 성립함으로[278] 수신樹身을 삼은 것이다.
두 번째 줄기가 유리로 되었다는 것은 근본지가 지해(解)를 일으켜 안과 밖을 밝게 사무치는 까닭이다.
세 번째 수많은 보배로 가지가 되었다는 것은 지해(解)가 경계를 따라 차별하는 까닭이다.
네 번째 가지가 잎을 가자하여 장엄이 되었다는 것은 지혜가 선정(定)을 의지하여 깊이 비추나니,
보배 잎이 비록 다르지만 함께 하나의 덮음을 이루고, 선정의 문이 백천이지만 함께 하나의 고요함에 돌아가 자기도 덮고[279] 다른 사람도 덮어주는 것이다.
다섯 번째 보배 꽃은 색깔이 다르다는 것은 색깔이 나뭇가지마다 나누어져 있으나 빛을 받으면[280] 곧 색깔이 같아져 땅에 그림자처럼 펼쳐지나니,

---

278 정행正行이 성립한다고 한 것은, 마치 나무가 곧게 서 있는 것과 같은 까닭이라고 『잡화기』는 말한다.

279 蔭은 덮다, 가린다는 뜻이다.

280 빛을 받는다고 한 것은 햇빛을 받는다는 것이다.

신통 등의 법이 선정을 의지하여 차별이 있으나 함께 지혜의 광명을 받으면 그림자처럼 심지心地에 나타남을 표한 것이다.

鈔

表神通等法者는 卽淨行品에 若見華開인댄 當願衆生의 神通等法도 如華開敷라하니라

신통 등의 법이라고 한 것은, 곧 정행품에[281] 만약 꽃이 핀 것을 본다면 마땅히 중생의 신통 등의 법도 마땅히 꽃이 핀 것과 같기를 서원한다 하였다.

疏

六은 華雖不同이나 果皆如意니 無邊行海가 同趣菩提니라 若自利果成인댄 內則含輝는 若身心湛寂이요 外便發焰은 若觸境斯明이라 若利他果立인댄 未熟則含輝하야 解生佛相이요 已熟則發焰하야 還流教光이라 體如之行所成은 果無異因之果일새 故로 與華間列이라하니라 故로 下經云호대 菩薩妙法樹가 生於直心地等이라하니라

281 정행품 운운은, 『화엄경』 제십사권, 정행품 제십일권에 문수보살이 지수보살에게 자연을 보았을 때 마음 쓰는 법을 말한 것이다. 영인본 화엄 2책, p.462, 9행에도 나온다.

여섯 번째는 보배 꽃이 비록 같지 않지만 열매는 다 여의보배니, 끝없는 행의 바다가 다 보리에 나아가는 것이다.
만약 자리의 과보(果)를 성립한다면 안으로 곧 빛을 머금은 것은 몸과 마음이 담적한 것과 같고,
밖으로 문득 빛을 일으킨 것은 경계에 부딪힘에 이에 밝아지는 것과 같다.
만약 이타의 과보(果)를 성립한다면 근기가 아직 익지 아니한 사람은 곧 빛을 머금어 부처님의 모습을 능히 알아 출생하는[282] 것이요, 근기가 이미 익은 사람은 곧 빛을 일으켜 도리어 가르침의 광명을 유출하는 것이다.
진여를 체달한 행으로 이루어진 바는 그 과보(果)가 원인(因)과 다른 과보가 없기에 그런 까닭으로 꽃으로 더불어 사이에 나열되어 있었다 하였다.
그런 까닭으로 아래[283] 오십구경에 말하기를

---

282 원문에 해생불상解生佛相이라고 한 것은, 解자는 能자의 뜻이고 生자는 출생의 뜻이다. 대개 위에 자리를 잡아 성립하였다고 한 등은 안으로 공덕의 근본을 갖추었다면 곧 빛이 반드시 밖으로 나타나는 까닭이요, 지금에 이타를 잡아 성립하였다고 한 등은 근기가 아직 미처 익지 아니한 사람이면 곧 다만 스스로 부처님의 모습만 있을 뿐이고, 만약 익은 사람이면 곧 광명을 유출하여 연설하는 것이다. 혹은 가히 익고 익지 아니한 것이 자기에게 속하는 것이니, 부처님의 모습을 능히 알아 출생한다고 한 것은 곧 그 자체를 갖추어 미소 짓는 것이다. 이상 역시 『잡화기』의 말이다.

283 원문에 下經은 화엄 59경으로 이세간품 게송이다. 교림출판사 『화엄경』 4책, p.291, 12행에서 p.292, 2행까지이다.

보살의 묘한 법의 나무가
직심直心의 땅에 탄생한다 한 등이라 하였다.

鈔

故下經云호대 菩薩妙法等者는 等取下文云호대 信種慈悲根이며 智慧以爲身이며 方便爲枝幹이며 五度爲繁密이며 定葉神通華며 一切智爲果며 最上力爲鳥며 垂陰覆三界라하니라 釋曰 此는 五十九經이니 所以引者는 意明表法은 皆有文據요 非是臆說이라

그런 까닭으로 아래 오십구경에 말하기를 보살의 묘한 법이라고 한 등은, 아래 경문[284]에 말하기를
믿음은 종자이고 자비는 뿌리며,
지혜는 몸이 되며,
방편은 가지와 줄기가 되며,
오도五度는 번밀繁密[285]이 되며,
선정(定)은 잎이고, 신통은 꽃이며,
일체 지혜는 열매가 되며,
최상의 힘은 새[286]가 되며,

284 아래 경문이라고 한 것은, 소문에 인용한 경문 생어직심지生於直心地라 한 아래 경문이다. 즉 59경 이세간품 게송이다. 소문 주석에서 이미 말하였다.
285 번밀이란 무성하다, 번다하고 조밀하다는 뜻이다.
286 조鳥 자는 고본에는 초蔦 자이니 '노홍' 초이다. 노홍은 매꽃과에 속하는 일년생 만초(덩굴이 뻗는 풀이다)라 하였다. 생각해볼 것이다.

내려 덮은 것은 삼계이다 한 것을 등취等取한 것이다.

해석하여 말하면 이것은 화엄 제오십구권경이니,

인용한 까닭은 그 뜻이 법이 표하는 것은 다 문장의 근거根據가 있고, 억측으로 설하는 것이 아님을 밝힌 것이다.

經

其樹周圓하야 咸放光明하며 於光明中에 雨摩尼寶하며 摩尼寶內에 有諸菩薩하니 其衆如雲히 俱時出現하니라

그 나무가 두루 원만하여 다 광명을 놓으며,
저 광명 가운데 마니보배를 비 내리며,
마니보배 안에 모든 보살이 있나니 그 대중들이 구름같이 동시(俱時)에 출현하였습니다.

疏

三에 其樹下三句는 明妙用自在하야 展轉成益이라 初는 依菩提智하야 放教智光이요 次는 依智光하야 雨圓明法寶요 後는 教成悲智니 卽菩薩現前에 無心行成일새 故如雲出이라하니라

세 번째 그 나무가 두루 원만하다고 한 아래에 세 구절은 묘용이 자재하여 전전히 이익을 이룸을 밝힌 것이다.
처음에는 보리의 지혜를 의지하여 교教의 지혜 광명을 놓은 것이요,
다음에는 지혜의 광명을 의지하여 원명한 법보를 비 내린 것이요,
뒤에는 교教가 자비와 지혜를 이루는 것이니
곧 보살이 앞에 나타남에 무심으로 행이 이루어지기에 그런 까닭으로 구름같이 출현한다[287] 하였다.

鈔

依菩提智等者는 菩提는 卽是證智요 敎는 謂差別之用으로 乃至言敎니 卽敎證二道라 十地廣明하니라 無心成行者는 陶隱君云호대 雲無心而出岫하고 鳥倦飛以知還이라하니 凡擧雲義는 雖有多種이나 多明無心이라

보리의 지혜를 의지하였다고 한 등은, 보리는 곧 증득한 지혜요 교敎는 차별의 작용으로[288] 내지 언교言敎를 말하는 것이니,
곧 교敎와 증證의 이도二道이다. 십지에 널리 밝혔다.
무심으로 행이 이루어진다고 한 것은, 도은군(도연명)이 말하기를 구름은 무심코 산봉우리[289]에서 나오고 새는 천천히 날아[290] 돌아갈 줄 안다 하였으니,
무릇 구름을 거론한 뜻은 비록 여러 가지가 있으나 다분히 무심을 밝힘에 있다 하겠다.

---

287 구름같이 출현한다고 한 것은, 경문에 그 대중이 구름같이(其衆如雲) 동시에 출현한다(俱時出現) 한 말을 줄인 말이다.

288 교敎는 차별의 작용이라 한 등은, 교敎는 교화敎化와 언교言敎의 두 가지 뜻을 포함하고 있는 까닭이다.

289 岫는 산봉우리 수 자이다.

290 권비倦飛는 천천히 난다는 뜻이다.

經

又以如來威神力故로 其菩提樹가 恒出妙音하야 說種種法이나 無有盡極하니라

또 여래의 위신력을 사용한 까닭으로 그 보리수가 항상 묘한 음성을 내어 가지가지 법을 설하지만 다함도 궁극도 없었습니다.

疏

四에 又以下一句는 擧因結用이니 謂佛力爲因하야 流音演法에 以如如力인댄 則智演法音에 音還如性일새 故無盡極이라하니 廣多故로 無盡이요 豎長故로 無窮이요 無間故로 稱恒也니라

네 번째 또 여래의 위신력이라고 한 아래에 한 구절은 원인을 들어 작용을 맺는 것이니,
말하자면 부처님의 위신력이 원인이 되어 보리수가 음성을 유출하여 법을 연설함에 여여如如[291]의 위신력이라고 한다면 곧 지혜로 법음을 연설함에 법음이 도리어 진여의 자성에 돌아가기에 그런 까닭으로 다함이 없다 하였으니,
넓이가 많이 넓은 까닭으로 다함이 없다(無盡) 하는 것이요,
길이가 긴 까닭으로 궁극이 없다(無窮)[292] 하는 것이요,

---

291 여여如如는 곧 여여불如如佛로서 여래如來를 말한다.

간단함이 없는 까닭으로 항상하다 이름하는 것이다.

292 궁극이 없다(無窮)고 한 것은, 경에 극極 자를 해석한 것이다.

經

如來所處인 宮殿樓閣이 廣博嚴麗하야 充遍十方하나니

여래가 거처하는 바 궁전과 누각이 넓고도 장엄이 화려하여 시방에 충만하고 두루하나니

疏

第三에 如來所處下는 明佛宮殿嚴이라 十句分四하리니 初一은 總明分量이라 宮可覆育이니 卽是慈悲요 殿可朝宗이니 所謂圓寂이라 悲智相導는 若樓閣相依라 廣者는 無邊이니 法無外故요 博者는 不隘이니 法內空故요 嚴者는 莊飾이니 具衆相故요 麗者는 華美니 法義備故요 充十方者는 稱法性故니라

제 세 번째 여래가 거처하는 바라고 한 아래는 부처님의 궁전 장엄을 밝힌 것이다.
열 구절을 네 가지로 분류하리니,
첫 번째 구절은 분량을 한꺼번에 밝힌 것이다.
궁宮이라는 것은 가히 덮어 교육하는 곳이니
곧 자비의 처소요,
전殿이라는 것은 가히 조종朝宗하는 곳이니
말하자면 원적圓寂한 처소이다.
자비와 지혜가 서로 인도하는 것은 누각이 서로 의지하는 것과

같다.

넓다(廣)는 것은 끝이 없다는 것이니

법이 더 이상 밖이 없는 까닭이요,

넓다(博)는 것은 넘쳐남이 없다는 것이니

법이 안으로 공허한 까닭이요,

장엄이라(嚴)는 것은 장엄하여 꾸미는 것이니

수많은 모습을 갖춘 까닭이요,

화려하다(麗)는 것은 화려하고 아름다운 것이니

법의法義를 갖춘 까닭이요,

시방에 충만하고 두루하다는 것은 법성에 칭합한 까닭이다.

經

衆色摩尼로 之所集成이며 種種寶華로 以爲莊校하니라

수많은 색깔의 마니보배로 모아 이룬 바이며,
가지가지 보배 꽃으로 장엄한 바입니다.

疏

二에 衆色下二句는 體相圓備라
一은 體是摩尼니 積德鎔融之所成故요 二는 相嚴多種이니 神通等法과 悲寂用故니라

두 번째 수많은 색깔의 마니보배라고 한 아래의 두 구절은 자체와 모습이 원만하게 갖추어진 것이다.
첫 번째는 자체가 마니보배이니
공덕을 쌓아 녹여 융합하여 이룬 바인 까닭이요,
두 번째는 모습의 장엄이 여러 가지이니
신통 등의 법과 자비와 원적과 묘용인 까닭이다.

經

諸莊嚴具가 流光如雲하며 從宮殿間으로 萃影成幢하며 無邊菩薩과 道場衆會가 咸集其所하며 以能出現諸佛光明과 不思議音하는 摩尼寶王으로 而爲其網하며 如來自在한 神通之力으로 所有境界가 皆從中出하며 一切衆生과 居處屋宅도 皆於此中에 現其影像하니라

모든 장엄기구가 광명을 유출하되 구름같이 하며,
궁전 사이로 좇아 그림자가 모여 당기를 이루며,
끝없는 보살과 도량에 모인 대중들이 다 그곳에 모이며,
능히 모든 부처님의 광명과 사의할 수 없는 음성을 나타내는 마니보배왕으로 그 그물이 되었으며,
여래의 자재한 신통의 힘으로 있는 바 경계가 다 그 가운데로 좇아 나오며,
일체중생과 거처하는 집들도 다 이 가운데서 그 영상처럼 나타났습니다.

疏

三에 諸莊嚴下六句는 妙用自在라 一은 衆行發光하야 灑法如雲이라 雲更多義니 至下當辯하리라 二는 光幢獨出이니 萃者는 聚也라 卽承光聚影而成이니 謂悲寂交際하야 承智起應하고 降魔超出故

라 三은 內容衆海이니 無邊菩薩은 卽道場外者이나 亦在其中이라 卽依中有正하며 亦果中有因하니 卽明涅槃에 衆聖冥會니라

세 번째 모든 장엄기구라고 한 아래의 여섯 구절은 묘용이 자재한 것이다.
첫 번째는 수많은 행이 광명을 일으켜 법비를 뿌리되 구름같이 하는 것이다.
구름에 다시 뜻이 많나니[293]
아래에 이르러 마땅히 말하겠다.
두 번째는 광명의 당기가 홀로 솟아난 것이니,
췌萃라는 것은 모을 취聚 자의 뜻이다.
곧 광명을 받아 그림자를 모아서 이루는 것이니,
말하자면 자비와 원적이 서로 사귀어(交際)[294] 지혜를 받아[295] 응함을 일으키고[296] 마군을 항복받아 뛰어나는 까닭이다.
세 번째는 안으로 대중의 바다를 용납하는 것이니,
끝없는 보살은 곧 도량 밖에 사람이지만 또한 그 가운데 있는 것이다.
곧 의보 가운데 정보가 있으며, 또한 결과 가운데 원인이 있나니

293 구름에 다시 뜻이 많다고 운운한 것은, 이 위에는 무심의 뜻을 인용하였거니와, 여기는 구름이 능히 비 내리는 뜻을 인용한 것이다. 역시 『잡화기』의 뜻이다.
294 자비와 원적이 서로 사귄다고 한 것은, 『잡화기』에 궁전이 서로 의지하는 것과 같다 하였다.
295 지혜를 받는다고 한 것은, 『잡화기』에 광명을 받는 것과 같다 하였다.
296 응함을 일으킨다고 한 것은, 『잡화기』에 그림자가 모여 당기를 이루는 것과 같다 운운하였다.

곧 열반을 증득함에 수많은 성인이 그윽이 모이는 것을 밝힌 것이다.

鈔

卽明涅槃等者는 無有一聖도 不證涅槃이니 猶如百川이 皆歸大海라 故肇公云호대 恬然而夷하고 怕然而泰하나니 九流가 於是乎交歸하고 衆聖이 於是乎冥會矣라하니라

곧 열반을 증득함에라고 한 등은 한 성인도 열반을 증득하지 아니함이 없나니,
비유하자면 백천百川의 물이 다 큰 바다로 돌아가는 것과 같다.
그런 까닭으로 승조법사가 말하기를 염언恬焉하여 평이하고, 파언怕焉[297]하여 크나니,
구류九流[298]가 여기에 사귀어 돌아가고 수많은 성인이 여기에 그윽이 모인다 하였다.

---

297 恬焉은 편안한 모습이다. 恬은 편안할 염 자이다. 怕焉은 두려운 모습이다. 怕는 두려워할 파 자이다. 따라서 恬焉而夷는 대大 자를 해석한 것이고, 怕焉而泰는 해海 자를 해석한 것이니 바다가 커서 두렵다는 것이다. 怕은 『잡화기』에는 音을 박이라 하고 담박憺怕이라 하였다. 그러나 차라리 담박澹泊이라 할 것이다. 담박은 담백의 뜻이다.

298 구류九流는 漢代의 구류학파九流學派이니 儒·道·陰陽·法·名·墨·縱橫·雜·農家이다.

疏

四는 聲光寶網이라 網者는 爲防禽穢하고 以益殿嚴이니 猶大教網이 外防惡見하고 內益悲寂이라 教는 皆圓妙하야 以寶而成일새 故能出佛智光과 圓音妙說이니라 言不思議音은 略有四義하니 一은 音聲繁廣이요 二는 所說難量이요 三은 聲卽無聲이요 四는 一具一切라 五는 出生果用이니 卽正報大用이 在此依中일새 依正混融하야 參而不雜이라 明依大涅槃하야 能建大義일새 故曰出生이라하니라 六은 無染現染이니 衆生是正이요 居處是依이니 染違性淨일새 不言出生이라하고 妄無自體일새 還依眞現이니라

네 번째는 음성과 광명의 보배 그물이다.
그물이라는 것은 새들의 더럽힘을 막고 궁전의 장엄을 도우는 것이니,
비유하자면 대교大教의 그물이 밖으로 악한 소견을 막고 안으로 자비와 원적을 도우는 것과 같다.
교教는 다 원만하고 묘하여 보배로 이루어졌기에[299] 그런 까닭으로 능히 부처님의 지혜 광명과 원음圓音의 묘한 말씀을 내는 것이다.
사의할 수 없는 음성이라고 말한 것은 간략하게 네 가지 뜻이 있나니
첫 번째는 음성이 번성하고 넓은 것이요,

299 보배로 이루어졌다고 한 것은, 오히려 이것은 비유를 잡은 것이니 보배는 곧 위에 원만하고 묘하다는 말을 해석한 것이다. 이상 역시 『잡화기』의 말이다.

두 번째는 말하는 바를 사량하기 어려운 것이요,
세 번째는 음성이 곧 소리가 없는 것이요,
네 번째는 한 음성이 일체 음성을 갖추는 것이다.

다섯 번째는 과보의 작용(果用)을 출생出生하는 것이니
곧 정보의 큰 작용이 이 의보 가운데 있기에 의보와 정보가 혼융混融하여 섞이지만 번잡하지 않은 것이다.
큰 열반을 의지하여 능히 큰 뜻을 건립함을 밝히기에 그런 까닭으로 말하기를 출생한다 하였다.
여섯 번째는 더러움이 없지만 더러움을 나타내는 것이니,
중생은 이 정보요 거처는 이 의보니, 더러움에 자성의 깨끗함을 어기기에 출생한다 말하지 않고, 허망함에 자체가 없기에 도리어 진실을 의지하여 나타낸 것이다.

鈔

染違性淨者는 卽通外難이니 謂有問言호대 涅槃이 旣無不包인댄 染淨이 同在其內어늘 何以果用은 卽言出生이라하고 居處屋宅은 不言出生고할새 故今釋云호대 染淨之法을 涅槃實包나 淨則順體하고 染則違體니 證會涅槃하야사 方有大用일새 故曰出生이라하고 染旣違淨일새 非此出矣나 而體不離일새 故云依現耳라하니라

더러움에 자성의 깨끗함을 어긴다고 한 것은 곧 외도의 비난을

통석한 것이니,

말하자면 어떤 사람이 물어 말하기를 열반이 이미 포함하지 아니함이 없다면 더러움과 깨끗함이 다 그 안에 있어야 하거늘 어찌하여 과보의 작용(果用)은 곧 출생한다 말하고, 거처하는 집들은 출생한다 말하지 않는가 하기에 그런 까닭으로 지금에 통석하여 말하기를 더럽고 깨끗한 법을 열반이 진실로 포함하고 있지만 깨끗함에 곧 자체를 따르고 더러움에 곧 자체를 어기나니,

열반을 증득하여 알아야 바야흐로 큰 작용이 있기에 그런 까닭으로 말하기를 출생한다 하고,

더러움에 이미 깨끗함을 어기기에 이에 출생한다 말하지 않지만 그러나 자체가 떠나지 않기에 그런 까닭으로 말하기를 진실을 의지하여 나타낸다 하였다.

經

又以諸佛의 神力所加로 一念之間에 悉包法界하니라

또 모든 부처님 위신력의 가피한 바로써 한 생각 사이에 다 법계를 포함하였습니다.

疏

四에 又以下는 擧因顯廣이니 謂德廣難陳일새 故今總結호대 由佛力故라하니라 一念에도 頓包事理染淨의 一切法界어든 況多念耶아 然上에 充遍十方은 卽通局無礙요 集菩薩衆하고 出佛神通은 卽攝入無礙요 現生舍宅은 卽染淨無礙요 悉包法界는 廣陜無礙요 一念卽能은 延促無礙니라 又集菩薩은 因果無礙요 出佛神通은 依正無礙니 十種宮殿을 此應說之니라

네 번째 또 모든 부처님 위신력의 가피한 바로써라고 한 아래는 원인을 들어 공덕이 넓은 것을 나타낸 것이니,
말하자면 공덕이 넓어 진술하기가 어렵기에 그런 까닭으로 지금에 한꺼번에 맺어 말하기를 부처님의 위신력을 인유한 까닭이라[300] 하였다.

---

300 부처님의 위신력을 인유한 까닭이라고 한 것은, 경문에 모든 부처님 위신력의 가피한 바라 한 것을 뜻으로 요약하여 인용한 것이다.

한 생각에도 사실과 진리와 더럽고 깨끗한 일체 법계를 문득 포함하거든 하물며 많은 생각에서이겠는가.

그러나 위에서[301] 시방에 충만하여 두루한다고 한 것은 곧 통하고 국한한 것이 걸림이 없는 것이요,

보살대중[302]이 모이고 부처님의 신통력으로 나왔다고 한 것은 곧 섭수하고 들어가는 것이[303] 걸림이 없는 것이요,

중생과 집[304]들을 나타낸다고 한 것은 곧 더럽고 깨끗한 것이 걸림이 없는 것이요,

여기에 법계를 다 포함한다고 한 것은 넓고 좁은 것이 걸림이 없는 것이요,

한 생각에 곧 능히 한다고[305] 한 것은 더디고 빠른 것이 걸림이 없는 것이다.

---

301 위에서라고 한 것은 영인본 화엄 2책, p.455, 6행이다.

302 보살대중 등은 영인본 화엄 2책, p.456, 5행과 6행이다.

303 섭수하고 들어가는 것이라고 한 것은, 『잡화기』에 말하기를 능히 섭수하는 것이 들어가는 바가 되고 능히 들어가는 것이 섭수하는 바가 되는 것이니, 이것은 곧 섭수하는 것과 들어가는 것이 이미 이 걸림이 없는 것이 되는 것이다.
또 통과 국과 광廣과 협狹이 다른 것은, 통과 국은 이 국이 저 세계에 통하는 것이니 두루하다는 뜻을 잡아 말한 것이고, 광과 협은 곧 광을 이 협에 포함시켜 두는 것이니 포함한다는 뜻을 잡아 말한 것이다 하였다.

304 중생과 집 등이라고 한 것은 영인본 화엄 2책, p.456, 8행이다.

305 한 생각에 곧 능히 한다고 한 것은, 경문에 한 생각 사이라는 말을 뜻으로 인용한 것이다.

또 보살대중이 모인다고 한 것은 원인과 과보가 걸림이 없는 것이요,
부처님의 신통력으로 나왔다고 한 것은 의보와 정보가 걸림이 없는 것이니,
열 가지 궁전을 여기에 응당 다 설하였다.

鈔

然上에 充遍者는 上은 直消經文하고 此下는 會成無礙라 十種宮殿者는 亦約表法之宮殿耳니 亦同上文에 妙法樹矣이라 卽五十四經이니 經云호대 佛子야 菩薩이 有十種宮殿하니 何等爲十고 所謂菩提心이 是菩薩宮殿이니 恒不忘失故요 十善業道와 福德智慧가 是菩薩宮殿이니 敎化欲界衆生故요 四梵住가 是菩薩宮殿이니 敎化色界衆生故요 生淨居天이 是菩薩宮殿이니 一切煩惱가 不能染故요 生無色界가 是菩薩宮殿이니 令諸衆生으로 離難處故요 生雜染世界가 是菩薩宮殿이니 令諸衆生으로 斷煩惱故요 現處內宮의 妻子眷屬이 是菩薩宮殿이니 成就往昔의 同行衆生故요 現居輪王과 護世釋梵이 是菩薩宮殿이니 爲調伏自在로 心衆生故요 一切菩薩行으로 遊戲神通이 皆得自在가 是菩薩宮殿이니 善遊戲諸禪定解脫과 三昧智慧故요 一切佛의 所授無上自在한 一切智王의 灌頂記가 是菩薩宮殿이니 住十力莊嚴하야 作一切法自在故니라 是爲十이니 若諸菩薩이 安住其中하면 則得灌頂一切世間神力自在라하니라

그러나 위에서 시방에 충만하여 두루한다고 한 것이라는 것은,

이 위에서는 바로 경문을 소석消釋하였고 이 아래는 걸림이 없음을 회통하여 성립한 것이다.

열 가지 궁전이라고 한 것은 또한 법을 표(表法)하는 궁전을 잡은 것이니,
역시 위의 문장[306]에 보살의 묘한 법의 나무라고 한 것과 같다.
곧 오십사권경[307]이니, 경에 말하기를 불자야, 보살이 열 가지 궁전이 있나니
어떤 등이 열 가지가 되는가.
말하자면 보리심이 이 보살의 궁전이니
항상 잃지 않는 까닭이요,
십선업도十善業道와 복덕과 지혜가 이 보살의 궁전이니
욕계의 중생을 교화하는 까닭이요,
사범四梵[308]에 머무는 것이 이 보살의 궁전이니
색계 중생을 교화하는 까닭이요,
정거천淨居天[309]에 태어나는 것이 이 보살의 궁전이니

---

306 상문上文이란, 위에서 인용하기를 상경上經이라 하였기에 上文이지 이 경의 上文은 아니다.

307 오십사경이란, 곧 함자권鹹字卷 하권 36장이다.

308 사범四梵이란 곧 사무량심四無量心이니, 서자권暑字卷 상권 초 9장을 볼 것이다. 이상은 『잡화기』의 말이다. 사범복四梵福이라는 말이 있나니, 색계의 범천에 태어나는 복행이니 불탑을 세우고, 스님께 공양하고, 스님의 화합을 도모하고, 만물에 四無量心을 내는 것이다.

309 정거천이란, 오불환천五不還天이니 색계의 마지막 오천五天이다.

일체 번뇌가 능히 물들게 하지 못하는 까닭이요,
무색계에 태어나는 것이 이 보살의 궁전이니
모든 중생으로 하여금 어려운 곳에서 벗어나게 하는 까닭이요,
잡염세계에 태어나는 것이 이 보살의 궁전이니
모든 중생으로 하여금 번뇌를 끊게 하는 까닭이요,
내궁內宮의 처자와 권속에게 거처함을 나타내는 것이 이 보살의 궁전이니
옛날에 동행同行한 중생을 성취케 하는 까닭이요,
전륜왕과 호세천護世天[310]과 제석천과 범천에 거처함을 나타내는 것이 이 보살의 궁전이니
자재로 마음에 중생을 조복하기 위한 까닭이요,
일체 보살의 행으로 유희하는 신통이 다 자재함을 얻는 것이 이 보살의 궁전이니
모든 선정과 해탈과 삼매와 지혜에 잘 유희하는 까닭이요,
일체 부처님께서 수기한 바 더 이상 없는 자재한 일체 지혜왕의 관정위에 오를 것이라는 수기가 이 보살의 궁전이니
십력의 장엄에 머물러 일체법에 자재함을 짓는 까닭이다.
이것이 열 가지가 되나니,
만약 모든 보살이 그 가운데 머문다면 곧 일체 세간을 관정하는 신력이 자재함을 얻을 것이다 하였다.

---

310 호세천이란, 호세사천왕·호천이라고도 하나니 사왕천이다.

經

其師子座가 高廣妙好하나니

그 사자의 자리가 높고 넓고 묘하고 아름답나니.

疏

第四에 其師子下는 師子座嚴이니 十句分四하리라 初一은 總顯形勝이니 師子座者는 人中師子處之며 又說無畏之法故니 得法空者가 何所畏哉아 空은 乃高而無上하야 深不可測이요 廣而無外하야 邊不可窮이라 妙는 乃卽事而眞이요 好는 謂具德無缺이니라

제 네 번째 그 사자의 자리라고 한 아래는 사자자리의 장엄이니 열 구절을 네 가지로 분류하겠다.
처음에 한 구절은 자리의 형상이 수승함을 한꺼번에 나타낸 것이니, 사자의 자리라고 한 것은 사람 가운데 사자가 그 자리에 거처하며 또 두려움이 없는 법을 설하는 까닭이니
법이 공함을 얻은 사람이 어찌 두려워할 바가 있겠는가.
공空이라고 한 것은 이에 높아서 위가 없음으로 그 깊이를 가히 측량할 수 없고, 넓어서 밖이 없으므로 그 끝을 가히 궁구할 수 없는 것이다.
묘하다(妙)고 한 것은 이에 사실(事)에 즉한 진실(眞)을 말하는 것이요,

아름답다(好)고 한 것은 공덕을 갖추어 모자람이 없음을 말하는 것이다.

鈔

空乃高而無上者는 疏有三義로 釋師子座어니와 今唯約表法하야 釋高廣妙好하니 事則可知라 下多就表하리라

공이라고 한 것은 이에 높아서 위가 없다고 한 것은, 이 위의 소문에서는 세 가지 뜻으로 사자의 자리를 해석함이 있었거니와,[311] 지금에는 오직 법을 표함만을 잡아서 높고 넓고 묘하고 아름다움을 해석하였나니,
그 사실은 곧 가히 알 수가 있을 것이다.
이 아래에도 다분히 법을 표함(表法)에 나아가 말할 것이다.

311 이 위의 소문에서는 세 가지 뜻으로 사자의 자리를 해석한 것이 있다고 한 것은, 『잡화기』에 말하기를 세 가지 뜻 가운데 처음에 한 가지는 사실을 잡은 것이고, 뒤에 두 가지는 법을 표한 것이다. 그 가운데 처음에는 설할 바 법을 잡은 것이니 곧 이타이고, 뒤에는 얻을 바 법을 잡은 것이니 곧 자리이다 하였다.

經

摩尼爲臺하며 蓮華爲網하며 清淨妙寶로 以爲其輪하며 衆色雜華로 而作瓔珞하며 堂榭와 樓閣과 階砌와 戶牖와 凡諸物像이 備體莊嚴하며 寶樹枝果가 周迴間列하며

마니로 좌대가 되었으며,
연꽃으로 그물이 되었으며,
청정하고 묘한 보배로 그 바퀴가 되었으며,
수많은 색깔의 여러 가지 꽃으로 영락을 지었으며,
전당과 정자와 누각과 층계와 섬돌[312]과 문과 창과 무릇 모든 물상物像이 형체를 갖추어 장엄되었으며,
보배 나무의 가지와 열매가 두루 돌아 사이에 나열되었으며

疏

二에 摩尼下六句는 體德圓備라 一에 座臺摩尼는 卽處中正이니 正可依處라 摩尼는 隨映有差하고 法空은 隨緣成異니 中道妙理가 正是可依라 二에 周座華網은 卽外相無染하야 交映本空이라 三에 淨寶爲輪은 輪謂臺之處中에 周匝輪圍니 卽具德周遍이라 四에 華纓周垂는 諸覺諸通으로 垂化周攝이라

312 원문에 사榭는 정자 사이다. 체砌는 섬돌 체이다.

두 번째 마니로 좌대가 되었다고 한 아래에 여섯 구절은 자체의 공덕을 원만하게 갖춘 것이다.

첫 번째 좌대가 마니보배로 되었다고 한 것은 곧 정중앙에 자리한 것이니 바로 가히 의지할 곳이다.

마니보배는 비춤을 따라 차별이 있고, 법공法空은 인연을 따라 다름을 이루나니

중도의 묘한 도리가 바로 가히 의지할 곳이다.[313]

두 번째 두루 자리가 연꽃으로 그물이 되었다고 한 것은 곧 외상外相에 물듦이 없어서 서로 사귀어 비추지만 본래 공한 것이다.

세 번째 청정한 보배로 바퀴가 되었다고 한 것은 바퀴는 좌대가 자리(處)한 가운데 두루 돌아 윤위輪圍함을 말하는 것이니,

곧 공덕을 갖추어 두루한 것이다.

네 번째 꽃으로 영락이 되어 두루 내렸다고 한 것은 모든 깨달음[314]과 모든 신통으로 교화를 내려 두루 섭수하는 것이다.

鈔

諸覺諸通者는 淨名云호대 覺意淨妙華라하며 淨行品云호대 神通等

313 법공은 진제이고, 인연을 따른다고 한 것은 속제이고, 중도라고 한 것은 진제와 속제가 걸림이 없는 것이다. 그런 까닭으로 중도는 묘한 도리가 의지할 곳이다. 역시 『잡화기』의 말이다.

314 모든 깨달음(覺)이라고 한 것은, 『잡화기』에 말하기를 삼십칠조도품을 모두 이름하여 각이라 하였으니, 호자권號字卷 16장을 참고하여 볼 것이다.

法은 如華開敷라하니라

모든 깨달음과 모든 신통이라고 한 것은, 『정명경淨名經』에[315] 말하기를 깨달음의 뜻은 청정하고 묘한 꽃이라 하였으며,
정행품에[316] 말하기를 신통 등의 법은 꽃이 피는 것과 같다 하였다.

疏

五에 寶嚴塡飾은 堂等은 略擧요 凡諸는 總包라 無處不嚴일새 故云備體라하니 顯於法空이 全收萬像하야 無事非理故라 六에 寶樹間飾은 間上物像也니 卽菩薩妙法樹가 隨化分枝하고 隨因感果나 並依無相일새 義曰周迴라하며 凡聖相資일새 名爲間列이라하니라

다섯 번째 보배[317]로 장엄하여 채우고[318] 꾸몄다는 것은, 전당 등이라고 한 것은 간략하게 열거한 것이요,

---

315 『정명경淨名經』 운운은, 구체적으로 말하면 총지는 동산(總持之園苑)이고, 무루법은 수림(無漏法林樹)이고, 깨달음의 뜻은 청정하고 묘한 꽃(覺意淨妙華)이고, 해탈지혜는 열매(解脫智慧果)이다. 『정명경』 제5 문수사리문질품에 있다.

316 정행품 운운은, 정행품 십일권에 문수보살이 지수보살에게 자연을 보았을 때 마음 쓰는 법을 말한 것이니, 이 앞에 두 구절이 더 있다. 영인본 화엄 2책, p.452, 말행에 이미 나온 바 있다.

317 보배 운운은 뜻으로 인용한 것이다.

318 塡은 채울 전, 메울 전 자이다.

무릇 모든 물상이라고 한 것은 모두 포함하여 말한 것이다.
처소마다 장엄하지 아니함이 없기에 그런 까닭으로 말하기를 형체를 갖추었다 하였으니,
법공이 만상을 온전히 거두어 사실(事)마다 진리(理)가 아님이 없음을 나타내는 까닭이다.
여섯 번째 보배 나무가 사이에 꾸며졌다고 한 것은 위에서 말한 물상의 사이에 꾸며졌다는 것이니,
곧 보살의 묘한 법의 나무가 교화함을 따라 가지를 나누고 원인을 따라 결과를 감득케 하지만[319] 아울러 무상無相을 의지하기에 그 뜻을 두루 돌았다고 말하였으며,
범부와 성인이 서로 도우기에 그 이름을 사이에 나열되었다고 한 것이다.

鈔

卽菩薩等者는 釋寶樹枝果가 周迴間列이니 菩薩妙法樹는 卽前文所引이라 前云호대 方便爲枝幹이라하고 今엔 以權實爲枝하니 隨樹不同하야 分枝差別하며 隨枝有華하여 各各成果하며 隨因有異하야 感果不同이라 並依無相은 不離法空之座니라

---

319 원인을 따라 결과를 감득한다고 한 것은, 보살이 근기를 따라 여러 가르침을 설립하여 하여금 각각 원인을 따라 결과를 감득케 하는 것이니, 그 교화가 이와 같이 크지만 그러나 아울러 무상無相을 의지함을 말하는 것이다. 역시 『잡화기』의 말이다.

곧 보살이라고 한 등은 보배 나무의 가지와 열매가 두루 돌아 사이에 나열된 것을 해석한 것이니,

보살의 묘한 법의 나무는 곧 앞의 문장에서 인용한 바이다.

앞에서 말하기를[320] 방편은 가지와 줄기가 된다 하였고, 지금에는 방편과 진실로써 가지를 삼았으니

나무를 따라 같지 아니하여[321] 가지가 나누어져 차별하며,

가지를 따라 꽃이 있어 각각 열매를 이루며,

원인을 따라 다름이 있어 결과를 감득하는 것이 같지 않은 것이다.

아울러 무상을 의지한다고 한 것은 법공의 자리를 떠나지 않는 것이다.

---

320 앞의 문장이라고 한 것은 영인본 화엄 2책, p.459, 8행이다. 앞에서 말하였다고 한 것은 영인본 화엄 2책, p.453, 8행이다.

321 나무를 따라 같지 않다고 한 것은, 『잡화기』에 말하기를 당시에 강사가 말하되 앞에 말한 나무는 깨달음의 나무(菩提樹)이고, 여기 나무는 보배 나무인 까닭이다. 혹은 다만 지금에 보배 나무를 잡아 말한 것이니, 보배 나무가 한 가지가 아닌 까닭이다 하였다고 하였다.

經

摩尼光雲이 互相照耀하며 十方諸佛의 化現珠王과 一切菩薩의 髻中妙寶가 悉放光明하야 而來瑩燭하며

마니보배의 광명 구름이 서로 서로 비추며,
시방의 모든 부처님께서 화현한 구슬 왕과 일체 보살의 상투 가운데 묘한 보배가 다 광명을 놓아 와서 밝게 비추며

疏

三에 摩尼光下二句는 妙用廣大라 一은 淨寶出光이 如雲涉入하니 法空亦爾하야 一一智中에 知一切法하며 一一法體에 顯一切智하야 爲互照也니라

세 번째 마니보배의 광명 구름이라고 한 아래에 두 구절은 묘한 작용이 광대한 것이다.
첫 번째는 청정한 보배에서 광명을 내는 것이 구름이 섭입涉入하는 것과 같나니,
법공도 또한 그러하여 낱낱 지혜 가운데 일체법을 알며 낱낱 법체에 일체 지혜를 나타내어 서로 비추는 것이다.

鈔

一一智中等者는 如一實智로 知遍法界理하며 如一權智로 窮事無邊하야 法界別事를 無不知也니라 一一法體等者는 如於一塵에 能顯實智와 權智中道智와 證智教智와 無邊智門하니라

낱낱 지혜 가운데라고 한 등은 하나의 진실(眞)한 지혜로 법계에 두루한 진리(理)를 아는 것과 같으며,
하나의 방편(權)의 지혜로 사실(事)의 끝이 없음을 궁구함과 같아서 법계의 차별한 일을 알지 못함이 없는 것이다.

낱낱 법체라고 한 등은 저 한 티끌에[322] 능히 진실한 지혜(實智)와 방편의 지혜(權智)와 중도의 지혜(中道智)와 증득한 지혜(證智)와 가르침의 지혜(教智)[323]와 끝없는 지혜(無邊智)의 문을 나타내는 것과 같은 것이다.

---

322 저 한 티끌이라고 한 등은, 말하자면 저 한 티끌이 인연으로 생기하는 측면으로는 사람으로 하여금 여량지如量智를 일으키게 하고, 자성이 없는 측면으로는 여리지如理智를 일으키게 하나니 인연으로 생기하는 것은 곧 자성이 없고, 자성이 없는 것은 곧 인연으로 생기하는 까닭으로 사람으로 하여금 중도지中道智를 일으키게 하는 것이다. 한 티끌이 이미 그렇다면 모든 법도 다 그런 것이라고 『잡화기』는 말한다.

323 증득한 지혜(證智)는 오직 지상地上에만 국한하고, 가르침의 지혜(教智)는 지상과 지전地前에 통하는 것이라고 『잡화기』는 말한다.

疏

二는 主伴寶用이 互相發揮니 謂佛化摩尼가 能作佛事니라 智論云호대 輪王寶珠는 但隨人意하야 能雨寶物하고 天寶는 堪能隨天使令하고 佛寶는 十方能作佛事하고 菩薩寶珠도 亦能分作이라하니라

두 번째는 주主·반伴의[324] 보배 작용이 서로서로 발휘하는 것이니, 말하자면 부처님께서 화현한 마니보배가 능히 불사를 짓는 것이다. 『지도론』에 말하기를 전륜왕의 보배 구슬은 다만 사람의 뜻을 따라 능히 보물을 비 내리고,

하늘의 보배는 능히 하늘을 따라 사령使令[325]함을 감당하고,

---

324 두 번째는 주主·반伴이라고 한 등은, 소문에 두 가지가 있나니 첫 번째는 바로 장엄의 모습을 밝힌 것이 두 가지가 있나니, 처음에는 주主 보배의 작용을 밝힌 것이니 그 가운데 먼저는 바로 밝힌 것이요, 뒤에는 『지도론』을 인용하여 비례한 것이다. 보살의 보배 구슬이라 한 등의 두 구절은 문장이 연속하여 고리한 까닭으로 모두 아울러 인용하였다. 그렇다면 곧 부처님의 보배라 한 등의 두 구절을 취해서는 앞에 주 보배를 증거하고, 보살의 보배 구슬이라 한 등의 두 구절을 겸하여 취해서는 뒤에 반 보배를 증거한 것이다. 두 번째 문수사리보살이라 한 아래는 반 보배의 작용을 밝힌 것이니, 그 가운데 먼저는 『문수니원경』을 인용하여 비례하고, 뒤에는 바로 밝힌 것이다. 역시 『잡화기』의 말이다.

325 사령使令: 하늘이 부리는 사람이라는 뜻이다. 그러나 뒤에는 天王이 부리는 사람이 되었다. 즉 천왕이 이리 오너라 하면 이리 오너라 하신다 하고 대신 명령하는 것이다. 그 뒤에 이것이 모든 관청에서 심부름하는 사람이라는

부처님의 보배는 시방에 능히 불사를 짓고,
보살의 보배 구슬도 또한 능히 불사를 나누어서 짓는다 하였다.

鈔

智論者는 卽第十二論說호대 寶有三種하니 人寶天寶菩薩寶라 人寶力少하야 唯有淸淨光色이 除毒除鬼除闇하고 亦除饑渴寒熱의 種種苦事하며 天寶는 亦大亦勝하야 常隨逐天身하야 可使令可共語호대 輕而不重하며 菩薩寶는 勝於天寶하야 兼能有人天寶用하며 又能令一切衆生으로 知死此生彼하는 因緣本末이 譬如明鏡에 見其面像이라하니라

『지도론』이라고 한 것은, 곧 제십이론에 말하기를 보배에 세 가지가 있나니[326]
사람의 보배와 하늘의 보배와 보살의 보배이다.
사람의 보배는 힘이 적어서 오직 청정한 광명의 색깔이 독을 제거하고 귀신을 제거하고 어둠을 제거하고, 또한 주리고 목마르고 차고

使令의 벼슬이 생겨났다.
『잡화기』에는 사령은 보배의 공능을 나타낸 것이니, 저 보배를 가히 사령으로 더불어 같이 말하게 하는 것이라 하였다.

326 보배에 세 가지가 있다고 한 것은,『지도론』 제십이권에는 곧 다만 보살의 보배만 있거늘, 소문에 부처님의 보배를 밝힌 것은 대개 보살의 보배가 이미 그러하다면 부처님의 보배도 거연히 가히 알 수 있는 까닭으로 소문에는 두 가지 뜻을 취한 것이라고 『잡화기』는 말한다.

더운 가지가지 괴로운 일만을 제거함이 있을 뿐이며,
하늘의 보배는 또한 크고 또한 수승하여 항상 천신天身을 따라 가히 사령하고 가히 함께 말하되 가벼운 듯 무겁게 하지 아니하며,
보살의 보배는 하늘의 보배보다 수승하여 겸하여 능히 사람과 하늘의 보배 작용까지 가지고 있으며,
또 능히 일체중생으로 하여금 여기에서 죽어 저기에 태어나는 인연의 근본과 지말을 알게 하는 것이, 비유하자면 밝은 거울에 그 면상面像을 보는 것과 같이 한다 하였다.

疏

如文殊師利冠中에 毘楞伽寶珠에 十方諸佛이 於中顯現하나니 今에 菩薩髻珠가 卽是其類라 下文에 雲集한 菩薩髻珠도 亦爾하니라

문수사리보살의 보관 가운데 비릉가 보배 구슬[327]에 시방의 모든 부처님이 그 가운데 나타나는 것과 같나니,
지금에 보살의 머리에 구슬이 곧 그 유형이다.
아래 경문에 운집한 보살의 머리에 구슬도 또한 그렇다.

---

327 비릉가 보배 구슬이란, 석가비릉가마니보釋迦毘楞伽摩尼寶라는 보석 이름이니, 능히 가지가지를 나타내는 여의주(能種種現如意珠)라 번역한다. 천상에 있는 여의주다.

鈔

如文殊師利者는 卽文殊般泥洹經說호대 文殊身이 如紫金山等이라 하니라 其文殊冠은 毘楞伽寶之所嚴飾이라 有五百種色하니 一一色中에 日月星辰과 諸天龍宮과 世間衆生의 所希見事가 皆於中現이라 하니라

문수사리보살이라고 한 것은, 곧『문수반니원경』에 말하기를 문수보살은 몸이 자금산紫金山과 같다고 한 등이다 하였다.

그 문수의 보관이라고 한 것은 비릉가 보배로 장엄하여 꾸민 바이다. 오백 가지 색깔이 있나니
낱낱 색깔 가운데 해와 달과[328] 별과 모든 하늘과 용궁과 세간에 중생들이 희망하고 보고자 하는 바 일들이 다 그 가운데 나타난다 하였다.

疏

用此嚴座者는 凡初成佛에 皆一切諸佛이 現形灌頂하며 一切菩薩이 親授敬養일새 故因果寶珠가 俱來瑩燭하니라 如來는 從果起用일새 故云化現이라하며 理圓解滿일새 義曰珠王이라하며 菩薩心

328 해와 달이라 한 등은,『잡화기』에 그러한즉 오직 부처님만이 그 보배 색 가운데 나타나는 것이 아니다 하였다.

頂에 智照圓淨일새 故曰髻中妙寶라하니 寂照照寂이 皆瑩淨照燭하니라

이것으로써 자리를 장엄하였다고 한 것은 무릇 처음 성불함에 다 일체 모든 부처님이 모습을 나타내어 관정하여 주시며, 일체 보살이 친히 공경하고 공양을 드리기에 그런 까닭으로 인과의 보배 구슬이 함께 와서 비추는 것이다.
여래는 과보(果)로 좇아 원인(因)을 일으키기에 그런 까닭으로 말하기를 화현이라 하였으며,
진리(理)가 원만하고 지해(解)가 만족하기에 그 뜻을 말하기를 구슬의 왕(珠王)이라 하였으며,
보살의 마음의 정상頂上에 지혜가 비춰 원만하고 청정하기에 그런 까닭으로 말하기를 상투 가운데 묘한 보배라 하였으니,
적조寂照와 조적照寂이 다 밝고도 맑게 비추는 것이다.

鈔

用此嚴座下는 出嚴所以라 言寂照照寂者는 準瓔珞經인댄 妙覺을 方稱寂照요 等覺을 照寂이라하니 今菩薩寶는 義同照寂하고 如來寶珠는 卽當寂照하니라

이것으로써 자리를 장엄하였다고 한 아래는 장엄한 까닭을 설출한 것이다.

적조와 조적이라고 말한 것은 『영락경』을 기준한다면 묘각妙覺을 바야흐로 이름하여 적조라 하고 등각等覺을 조적이라 하였으니, 지금에 보살의 보배는 그 뜻이 조적과 같고, 여래의 보배 구슬은 곧 적조에 해당한다 하겠다.

經

復以諸佛의 威神所持로 演說如來의 廣大境界하니 妙音遐暢하야 無處不及하니라

다시 모든 부처님의 위신력의 가피한 바로써 여래의 광대한 경계를 연설하시니,
묘한 음성이 멀리까지 퍼져 곳곳마다 미치지 아니함이 없었습니다.[329]

疏

四에 復以下一句는 佛加廣演이라 佛境如空일새 故云廣大요 有感斯至일새 爲無不及이라 顯敎가 皆從法空所流일새 是故所流가 還周法界요 非智不顯일새 故云佛力이라하니라

네 번째 다시 모든 부처님의 위신력이라고 한 아래에 한 구절은 부처님의 가피로 널리 연설한 것이다.

---

329 경문에 곳곳마다 미치지 아니함이 없다고 한 것은, 사실을 잡은즉 세계의 처소이고, 법을 표한즉 법계의 진리이다. 상래의 사사四事에 유독 보리수 자리에서만 능히 설법함을 밝힌 것은 표하는 바가 있음을 잡은 까닭이거니와, 진실인즉 전지殿地에서도 또한 능히 설법하지 아니함이 없나니, 그런 까닭으로 아래에 국토에서 설하고 궁전에서 설한다는 등의 경문이 있는 것이다. 역시 『잡화기』의 말이다.

부처님의 경계가 허공과 같기에 그런 까닭으로 말하기를 광대하다 하고, 감동케 함이 있으면 이에 어느 곳이든 가기에 미치지 아니함이 없다 하였다.
현교顯教가 다 법공을 좇아 유출하는 바이기에 이런 까닭으로 유출하는 바가 도리어 법계에 두루하고, 지혜가 나타나지 아니함이 없기에 그런 까닭으로 말하기를 부처님의 위신력이라 하였다.

鈔

佛境如空者는 卽問明品云호대 如來深境界는 其量等虛空하야 一切衆生入호대 而實無所入이라하니라 顯教가 皆從法空下는 上就事說이요 此下約表이니 無有一法도 不從法界流이며 無有一法도 不歸於法界일새 故從座流하야 還周法界니라
顯處嚴은 竟이라

부처님의 경계가 허공과 같다고 한 것은, 곧 보살문명품에 말하기를
여래의 깊은 경계는
그 양이 허공과 같아서
일체중생이 들어가지만
진실로 들어간 바와 없다 하였다.

현교가 다 법공으로 좇아 유출한 바라고 한 아래는 이 위에는 사실(事)에 나아가 설한 것이요,

이 아래는 표법表法을 잡아 설한 것이니
한 법도 법계로 좇아 유출하지 아니함이 없으며, 한 법도 법계에 돌아가지 아니함이 없기에 그런 까닭으로 사자의 자리로 좇아 유출하여 도리어 법계에 두루하는 것이다.

처소의 장엄을 나타내는 것은 마친다.

영인본 2책 日字卷之二

대방광불화엄경수소연의초 제일권의 이권

大方廣佛華嚴經隨疏演義鈔 第一卷之二卷

우진국 삼장사문 실차난타 번역

청량산 대화엄사 사문 징관 찬술

대한민국 조계종 사문 수진 현토역주

세주묘엄품 제일의 일권

世主妙嚴品 第一之一卷

經

爾時에 **世尊**이 **處于此座**하사 **於一切法**에 **成最正覺**하시니

그때에 세존이 이 자리에 거처하여 일체법에 최상의 바른 깨달음(最正覺)을 성취하시니

疏

第五에 爾時世尊下는 明教主難思라 前但云佛이라하니 未顯是何身佛이며 又但云始成正覺이라하니 未知成相云何고할새 故今顯之니라

제 다섯 번째 그때에 세존이라고 한 아래는 교주敎主의 사의하기 어려운 것을 밝힌 것이다.
앞에서는 다만 말하기를 부처님이라고만 하였으니[330]
아직 어떤 몸의 부처님인지를 나타내지 아니하였으며,

또 다만 말하기를 비로소 정각을 성취하였다[331]고만 하였으니 아직 성취한 모습이 어떠한지를 알지 못하겠다 하기에 그런 까닭으로 지금에 그것을 나타내는[332] 것이다.

明教主難思는 疏文有二하니 先彰大意라 亦二하니 先은 躡前徵起호대 對前二文하니 一은 對標主요 二는 對別明時分이라

교주의 사의하기 어려움을 밝힌다고 한 것은 소문에 두 가지가 있나니,
먼저는 대의大意를 밝힌 것이다.
대의를 밝힘에 또한 두 가지가 있나니,
먼저는 앞에 말을 밟아 물음을 일으키되 앞의 두 문장을 상대하였으니
첫 번째는 교주를 표함을 상대하였고,[333]

---

330 앞에서는 다만 부처님이라고만 하였다고 한 것은, 영인본 화엄 2책, p.426, 6행에 한때에 부처님이(一時佛在) 운운한 것이다.

331 비로소 정각을 성취하였다고 한 것은, 영인본 화엄 2책, p.430, 8행에 시성정각始成正覺이라 한 것이다.

332 그런 까닭으로 지금에 그것을 나타내었다고 한 것은, 佛이 아닌 世尊이라고, 正覺이 아닌 最正覺이라고 나타내었다는 것이다.

333 교주를 표함을 상대하였다고 한 것은, 영인본 화엄 2책, p.426, 6행의 소문에 교주를 표한다(標主) 한 것이다.

두 번째는 따로 시분을 밝힘을 상대하였다.[334]

疏

謂具十種深廣功德하니 卽是遮那의 十種無盡法界身雲이 遍於法界하야 成正覺也라 非權應身이니라

말하자면 열 가지 깊고도 넓은 공덕을 구족하나니,
곧 비로자나의 열 가지 끝없는 법계의 몸 구름이 법계에 두루하여 정각을 성취한 것이다.
방편으로 응하는 몸(應身)이 아니다.

鈔

謂具十種深廣下는 總答이니 初는 答前佛이요 後에 遍於法界하야 成正覺者는 答其成相이라

말하자면 열 가지 깊고도 넓은 공덕을 구족하였다고 한 아래는 한꺼번에 답한 것이니,
처음에는 앞에서 부처님이라고 한 것을 답한 것이요,
뒤에 법계에 두루하여 정각을 성취한 것이라고 한 것은 그 성취한 모습을 답한 것이다.

---

334 따로 시분을 밝힘을 상대하였다고 한 것은, 영인본 화엄 2책, p.430, 9행의 소문에 따로 시분을 밝힌다(別明時分) 한 것이다.

疏

文分爲二하리니 先總後別이라 今初總辯이니 卽菩提身이 具無盡德하야 爲世所尊이요 座相現時에 身卽安處하시니 智處엔 諸法이 無前後故니라 於一切法은 示所覺境이니 卽二諦三諦와 無盡法也요 成最正覺은 示能覺智라 開悟稱覺이요 離倒爲正이요 至極名最요 獲得名成이니 此當相解니라

문장을 나누어 두 가지로 하리니
먼저는 총總이요, 뒤에는 별別이다.
지금은 처음으로 한꺼번에 말한 것이니[335]
곧 보리의 몸[336]이 끝없는 공덕을 구족하여 세간에 존귀한 바가 되는 것이요,
자리의 모습이 나타날 때에 그 몸이 곧 편안히 거처하시니
지혜의 처소에는 모든 법이 앞·뒤가 없는 까닭이다.[337]

335 원문에 총변總辯이라 한 변辯 자를 말한다. 분별한다, 변설한다 등 다양한 뜻이 있다.

336 곧 보리의 몸이라고 한 것은, 이름은 비록 별과 같지만 뜻은 총에 해당하나니, 아래 삼업이 두루한 몸(영인본 화엄 2책, p.476, 5행)이라 한 것이 곧 별신別身에 해당하는 까닭이다. 이상 역시 『잡화기』의 말이다.

337 지혜의 처소라 운운한 것은, 이 위에는 사실을 잡은 것이고 여기는 법을 표한 것이니, 말하자면 자리는 공의 진리를 표한 것이고 부처는 깨달음의 지혜를 표한 것인즉, 진리가 나타날 때에 지혜가 계합하여 진리가 먼저이고 지혜가 뒤에라는 것은 없다. 경문을 안찰하건대 처음에 정각을 성취하였다

일체법이라고 한 것은 소각所覺의 경계를 보인 것이니,
곧 이제二諦와 삼제三諦와 끝없는 법이요,
최상의 바른 깨달음을 성취하였다고 한 것은 능각能覺의 지혜를 보인 것이다.
열어서 깨닫는 것을 각覺이라 이름하고,
전도를 떠나는 것을 정正이라 하고,
지극한 것을 최最라 이름하고,
획득하는 것을 성成이라 이름하나니,
이것은 모습(相)에 당하여 해석한 것이다.

今初總辯은 疏文有三하니 初는 當相以辯이라 卽菩提身은 總示所屬이요 具無盡下는 釋世尊이요 次에 座相現時下는 釋爾時요 次에 於一

말하고, 다음에 자리의 모습이 나타났다 말해야 할 것이어늘, 지금에는 자리의 모습이 나타날 때에 정각을 성취하였다고 밝혔으니, 다만 경문을 반연하여 연결하여 쓰지 않았을지언정 사실은 동시에 있는 것이다. 어떤 사람이 말하기를 그 몸이 곧 편안히 거처한다고 한 것은 경문의 이 자리에 거처한다(處于此座) 한 구절을 해석한 것이고, 지혜의 처소에 모든 법이라고 한 것은 경문의 끝에 저 일체법에 최상의 바른 깨달음을 성취한다(於一切法成最正覺) 한 구절을 해석한 것이고, 앞·뒤가 없다고 한 것은 그 몸이 편안히 거처하는 것과 지혜의 처소가 동시이다 하니, 그 뜻을 상실한 것이 심하다 하겠다. 이상은 『잡화기』의 말이다.

그 지혜의 처소는 최정각最正覺의 처소이니, 능히 깨달(能覺)은 지혜의 처소이다.

切下는 牒釋餘文이라 開悟稱覺者는 二諦中道가 理本湛然이나 妄惑所翳로 久迷不見이러니 今에 二障旣寂하야 若雲卷長空일새 故名爲開요 了了分明이 若晴天廓徹일새 故稱爲悟니라 悟卽覺悟이니 如睡夢覺이요 開卽開發이니 如蓮華開니라

지금은 처음으로 한꺼번에 말한다고 한 것은 소문에 세 가지가 있나니,
처음에는 모습에 당하여 말한 것이다.[338]
곧 보리의 몸이라고 한 것은 소속을 한꺼번에 보인 것이요,
그 몸이 끝없는 공덕을 구족하였다고 한 아래는 세존을 해석한 것이요,
다음에 자리의 모습이 나타날 때라고 한 아래는 그때(爾時)를 해석한 것이요,
다음에 일체법이라고 한 아래는 나머지 문장을 첩석한 것이다.

338 처음에는 모습에 당하여 말한다(혹은 당상으로 말한 것이라고도 해석한다)고 한 것은, 이것은 이미 아래 상대를 의지하여 해석한 것으로 더불어 상대하여 말한 것이어니와, 곧 만약 그 모습(相)을 나누고자 한다면 응당 처음으로 한꺼번에 말한다고 한 소문을 말함에 세 가지가 있나니 첫 번째는 세존을 해석하고, 두 번째는 그때를 해석하고, 세 번째는 나머지 경문을 중첩하여 해석한 것이다. 그 가운데 두 가지가 있나니 처음에는 일체법이라 한 것을 섭수하고, 뒤에는 최상의 바른 깨달음을 성취한다 한 것을 해석한 것이다. 여기에 세 가지가 있나니 처음에는 모습에 당하여 말한다 운운할 것이어늘, 세소細小함을 번거롭게 하고자 않기에 그런 까닭으로 종합적으로 설함(汎說은 總說)이 있는 것이다. 이상은 역시 『잡화기』의 말이다.

열어서 깨닫는 것을 각이라 이름한다고 한 것은 이제二諦와 중도中道의 진리가 본래 담연하지만 망혹妄惑의 덮인 바로 오랫동안 미迷하여 보지 못하더니, 지금에 두 가지 장애(二障)가 이미 고요하여 마치 구름이 사라진 긴 허공과 같기에 그런 까닭으로 이름을 연(開)다고 하고,

요요了了하여 분명한 것이 마치 맑은 하늘이 확연하게 사무치는 것과 같기에 그런 까닭으로 이름을 깨달음(悟)이라 하는 것이다. 깨달음(悟)이라고 한 것은 곧 각오覺悟이니 마치 잠 꿈을 깬 것과 같고,

연다(開)고 한 것은 개발開發이니 마치 연꽃이 피는 것과 같다.[339]

疏

若揀別者인댄 凡夫倒惑이나 佛覺重昏하며 二乘雖覺이나 不名爲正이니 但知法有하고 未知法空하며 但悟我空하고 未知我有라 有厭生死요 空該涅槃이라 顚倒未除어니 豈得稱正이리요 設許稱正이라도 亦未名最하며 菩薩雖正이나 有上有修일새 不得稱最요 設

339 잠 꿈을 깬 것과 같다고 한 것은, 이 말을 의지한다면 곧 잠 꿈을 깬다고 한 것은 진여를 증득하는 것이고, 연꽃이 핀다고 한 것은 장애를 끊는 것이다. 혹 잠 꿈을 깬다고 한 것은 스스로 깨달은 것이고, 연꽃이 핀다고 한 것은 다른 사람을 깨닫게 하는 것이니 곧 둘 다 진리를 깨닫는 것이다. 혹 잠 꿈을 깬다고 한 것은 일체 지혜로 번뇌장을 끊는 것이고, 연꽃이 핀다고 한 것은 일체종지로 소지장을 끊는 것이니 곧 둘 다 장애를 끊는 것이다. 『회현기』 39권 30장, 上9행을 볼 것이다. 이상은 역시 『잡화기』의 말이다.

位極稱最라도 亦未得名成이니라

만약 따로 분간分揀한다면[340] 범부는 전도되어 미혹하지만 부처는 중첩된 혼미昏迷에서 깨어났으며,
이승二乘은 비록 깨달았으나 바른 깨달음이라 이름할 수 없나니,

---

340 만약 따로 분간分揀한다고 한 등의 소문은 상대를 의지하여 해석한 것이니, 이 소문에 오히려 양중兩重의 사대四對가 있나니 처음에 깨달음을 상대하여 범부라 이름하는 일대一對는 양중이 다 같고, 뒤에 삼대三對 가운데 나아가서는 함께 양중을 포함하고 있는 것이다. 그 가운데 이승二乘이라고 한 아래는 처음에 거듭 소승을 상대하여 正이라 이름한 것과 뒤에 거듭 소승을 상대하여 最라 이름한 것을 함께 포함하고 있나니, 처음 이승이라 한 것으로 좇아 어찌 바른 깨달음이라 이름함을 얻겠는가 함에 이르기까지는 곧 소승을 상대하여 正이라 이름한 것이요, 설사 바른 깨달음이라 한 등의 두 구절은 곧 소승을 상대하여 最라 이름한 것이다. 그러한즉 그 뒤에 거듭 상대한 가운데 사邪를 상대하여 正이라 이름한 것은 뜻이 그 가운데 있다. 보살이라고 한 아래는 처음 거듭 상대한 가운데 인행을 상대하여 最라 이름한 것과 지위의 지극함을 상대하여 成이라 이름한 양대兩對와 뒤에 거듭 상대한 가운데 인행을 상대하여 成이라 이름한 일대一對를 함께 포함하고 있나니, 말하자면 처음 보살이라 한 등 세 구절은 곧 처음에 거듭 인행을 상대하여 最라 이름한 것이요, 뒤에 설사 지위의 지극함이라 한 등의 두 구절은 처음에 거듭 지위의 지극함을 상대하여 成이라 이름한 것과 뒤에 거듭 인행을 상대하여 成이라 이름한 것에 통하는 것이다. 그러나 이미 지위의 지극한 등을 말하였다면 곧 다만 지위의 지극함을 상대하여 成이라 이름한 것과 같은 까닭으로 특별히 인행을 상대하여 成이라 이름함을 밝힌 것이다. 그러한즉 만약 인행을 상대하여 成이라 이름함이 있을지라도 인위를 상대함에 통하고, 반드시 유독 지위의 지극함(果位)만 상대한 것이 아니다. 역시 『잡화기』의 말이다.

다만 법유法有만 알고 아직 법공法空은 알지 못하였으며,
다만 아공我空만 깨닫고 아직 아유我有는 알지 못하였다.
유有라는 것은 생사를 싫어하는 것이요,[341]
공空이라는 것은 열반을 갖추는 것이다.
전도된 생각도 아직 제거하지 못하였거니 어찌 바른 깨달음(正覺)이라 이름함을 얻겠는가.
설사 바른 깨달음이라는 이름을 허락한다 하더라도 또한 아직은 최상의 바른 깨달음(最正覺)이라 이름하지 못하며,
보살은 비록 바른 깨달음(正覺)이라 이름할 수 있지만 그 위(上)의 깨달음[342]이 있고 수행할 것이 있기에 최상의 바른 깨달음(最正覺)이라 이름함을 얻을 수 없고, 설사 지위가 지극하여 최상의 바른 깨달음이라 이름하더라도 또한 아직은 최상의 바른 깨달음을 성취(成)하였다고 이름함을 얻을 수는 없는 것이다.

鈔

若揀別者下는 第二에 寄對以釋이라 仍含二意니 一은 對凡名覺하고 對小名正하고 對因名最하고 對位極名成이라 二는 對凡名覺하고 對邪名正하고 對小名最하고 對因名成이라 一時雙牒하니 如文思之니라

---

341 유有라는 것은 생사를 싫어하는 것이다 운운한 것은, 이승은 생사가 있음을 싫어하고 열반의 공함을 좋아한다는 것이다. 그러나 『잡화기』는 유有는 유법有法의 유有 자로 토吐를 유有라 하야라고 한다 하였으니 참고할 것이다.
342 그 위(上)의 깨달음이란, 佛·最正覺을 말한다.

但悟我空하고 未知我有者는 謂敵體가 與菩薩相反이니 二乘은 知我空法有하고 菩薩은 知法空我有하니라 然이나 二乘所空之我는 菩薩亦空이니 謂是我執이라 若無我法中에 有眞我인댄 菩薩知有어니와 二乘不知니라 若但約二空인댄 了我空은 與菩薩同거니와 不了法空은 與菩薩異니라 有厭生死하고 空該涅槃者는 此出上空有之過니 由謂法有故로 厭生死니 不如菩薩의 了生死之本空하야 無可厭故니라 淨名에 善意菩薩曰호대 生死涅槃이 爲二나 若見生死性하면 則無生死하야 無縛無解하며 不生不滅하나니 如是解者는 是爲入不二法門이라하며 又寶印手菩薩曰호대 樂涅槃하고 不樂世間이 爲二나 若不樂涅槃하고 不厭世間하면 則無有二니라 所以者何요 若有縛하면 則有解어니와 若本無縛하면 其誰求解리요 無縛無解하면 則無樂厭이니 是爲入不二法門이라하니 二乘은 不能如是解故로 厭生死니라 空該涅槃者는 卽涅槃經意라 涅槃云호대 空者는 所謂生死요 不空者는 謂大涅槃이라하니 今二乘은 謂生死로 却爲不空하고 以涅槃無餘永寂으로 却是於空이라할새 故云空該涅槃이라하니라

만약 따로 분간한다면이라고 한 아래는 제 두 번째 상대를 의지하여 해석한 것이다.
이에 두 가지 뜻을 포함하고 있나니,
첫 번째는 범부를 상대하여 각覺이라 이름하고, 소승을 상대하여 정正이라 이름하고, 인행因行을 상대하여 최最라 이름하고, 지위가 지극함을 상대하여 성成이라 이름하는 것이다.
두 번째는 범부를 상대하여 각이라 이름하고, 삿된 것을 상대하여

정이라 이름하고, 소승을 상대하여 최最라 이름하고, 인행을 상대하여[343] 성成이라 이름하는 것이다.
일시에 함께 첩석하였으니 문장과 같이 생각할 것이다.

다만 아공만 깨닫고 아직 아유는 알지 못했다고 한 것은, 말하자면 이승은 대적하는 자체가 보살로 더불어 상반되나니
이승二乘은 아공법유我空法有만 알고 보살은 법공아유法空我有까지 안다.
그러나 이승의 공한 바 아我라고 하는 것은 보살도 역시 공한 것이니, 말하자면 아집我執이다.
만약 무아의 법 가운데 진아眞我가 있다고 한다면 보살은 있는 줄 알거니와 이승은 알지 못하는 것이다.
만약 다만 이공二空만을 잡는다면[344] 아공을 아는 것은 보살로 더불어 같거니와 법공을 알지 못하는 것은 보살로 더불어 다른 것이다.

유라는 것은 생사를 싫어하는 것이고, 공이라는 것은 열반을 갖추는 것이라고 한 것은 이것은 위에 공과 유에 대한 허물을 설출한 것이니, 법이 있다고 말함을 인유한 까닭으로 생사를 싫어하나니, 보살이 생사가 본래 공하여 가히 싫어할 것이 없는 줄 아는 것과는 같지

---

343 인행을 상대한다고 한 因은 처음에 뜻 가운데 인행과 그리고 지위의 지극함을 모두 포함하고 있는 것이다. 역시 『잡화기』의 말이다.

344 만약 다만 이공二空만을 잡는다면이라 운운한 것은, 미리 뒤에 소승을 상대하여 最라 이름한 뜻을 응대한 까닭이라고 『잡화기』는 말하고 있다.

않은 까닭이다.

『정명경』에 선의보살善意菩薩이 말하기를 생사와 열반이 둘이 되지만, 만약 생사의 자성을 보면 곧 생사가 없어서 속박도 없고 해탈도 없으며 생겨남도 없고 소멸함도 없나니,

이와 같이 아는 사람은 이 불이법문에 들어가는 것이 된다 하였으며, 또 보인수寶印手 보살이 말하기를 열반을 좋아하고 세간을 좋아하지 않는 것이 둘이 되지만, 만약 열반을 좋아하지도 않고 세간을 싫어하지도 않으면 곧 둘이 없는 것이다.

무슨 까닭인가.

만약 속박이 있다면 곧 해탈이 있어야 하거니와 만약 본래부터 속박이 없다면 그 누가 해탈을 구하겠는가.

속박도 없고 해탈도 없으면 곧 좋아하고 싫어함이 없나니 이것이 불이법문에 들어가는 것이 된다 하였으니,

이승二乘은 능히 이와 같이 알지 못하는 까닭으로 생사를 싫어하는 것이다.

공이라는 것은 열반을 갖추는 것이라고 한 것은 곧 『열반경』의 뜻이다.

『열반경』에 말하기를 공이라는 것은 말하자면 생사요, 불공不空이라는 것은 말하자면 대열반이라 하였으니,

지금에 이승二乘은 말하기를 생사로써 도리어 불공不空이라 하고, 무여열반의 영원한 적멸로써 도리어 공이라 하기에 그런 까닭으로 공이라는 것은 열반을 갖추는 것이다 하였다.

顚倒未除者는 倒有八種하니 外道는 謂世間으로 爲常樂我淨이라하니 爲四顚倒요 二乘은 永寂을 計爲涅槃하니 則無常樂我淨이라 復爲四顚倒니라 若謂世間은 無常樂我淨하고 涅槃은 乃有常樂我淨하면 則名八行이요 皆非顚倒라 是則二乘은 但有無常樂我淨之四倒니 此約與之니라 若奪二乘인댄 二乘은 旣不能知涅槃의 常樂我淨일새 則於無常樂我淨에도 亦不如實知니 以其漫該가 如蟲食木에 偶成字故라 況不了生死實性이 卽是涅槃이리요 要離八倒일새 故云顚倒未除어니 豈得稱正이리요하니라 餘如涅槃四倒品說하니라 設許稱正이라도 亦未名最者는 此對邪名正하고 對小名最라 以上與之니 能知我空이 異乎外道일새 故得名正이나 不能雙覺二空과 及不空義일새 故不名最니라 菩薩雖正下는 亦有二意니 初對二乘은 不名正義어니와 今對菩薩이라야 方得名正이라 有上者는 上有佛故요 有修者는 未絶學故니라 設位極下는 對上二乘得名正義인댄 則菩薩許得最名이나 但未成故로 佛方成耳니라

전도를 아직 제거하지 못했다고 한 것은 전도에 여덟 가지가 있나니,
외도는 말하기를 세간으로 상常·락樂·아我·정淨을 삼는다 하니 네 가지 전도가 되고,
이승은 영원한 적멸을 계교하여 열반을 삼나니 곧 상·락·아·정이 없다. 이것도 다시 네 가지 전도가 되는 것이다.
만약 말하기를 세간은 상·락·아·정이 없고 열반은 이에 상·락·아·정이 있다고 한다면 곧 이름이 팔정행八正行[345]이요, 다 전도가 아니다.

이러한즉 이승은 다만 상락아정이 없다는 네 가지 전도만 있을 뿐이니,
이것은 이승의 말을 허락하여 주는 것(與)을 잡은 것이다.
만약 이승의 말을 허락하여 주지 아니함(奪)을 잡는다면 이승은 이미[346] 열반의 상락아정을 능히 알지 못하였기에 곧 상락아정이 없다는 것에도 또한 여실하게 알지 못하는 것이니,
그 이승이[347] 부질없이 갖추어 연구한 것이 마치 벌레가[348] 나뭇잎을

345 팔행八行이란 팔정행八正行이니 인위에 있어 이름한 것이고, 과위에 있다면 곧 팔덕八德이라 이름할 것이다. 역시 『잡화기』의 말이다.

346 이승은 이미라고 한 등은, 말하자면 이승이 이미 상常 등의 사덕四德을 알지 못한 까닭으로 그 이승이 알아야 할 바 무상·무락 등의 네 가지에도 또한 여실하게 알지 못하는 것이니, 그 이승이 부질없이 열반을 갖추어 연구하여 다 상常 등의 사덕이 없다고 말하는 까닭이다.
이것은 곧 반드시 대승이 오직 세간으로써 무상을 삼은 연후에야 바야흐로 비로소 무상 등을 여실하게 안 것과 같나니, 이미 진상眞相 등의 네 가지도 알지 못하고, 또 무상 등의 네 가지도 알지 못하였다면 곧 이것은 아래에서 말한 여덟 가지 전도이니, 알지 못한다고 한 것이 곧 전도의 뜻이다. 그렇다면 유독 이 여덟 가지 전도만이 저 상常이라 말하는 것과는 다른 것이다. 역시 『잡화기』의 말이다.

347 원문에 기만해其漫該라고 한 것은, 기其는 이승을 말하고, 만漫은 부질없다 또는 마음대로, 넓다는 뜻이다. 해該는 해구該究이니 갖추어 연구한다는 뜻이다. 따라서 이승이 자기 마음대로 아는 것이 또는 이승이 널리 아는 것이라고도 번역할 수 있다 하겠다.

348 마치 벌레라고 운운한 것은, 글자는 있으나 뜻이 없음을 말하는 것이니, 저 이승이 우연히 무상함을 얻었으나 여실하게 알지 못하는 것과 같다. 역시 『잡화기』의 말이다.

먹음에 우연히 글자를 이루는 것과 같은 까닭이다.
하물며 생사의 진실한 자성이 곧 이 열반임을 알지 못하는 것이겠는가.
중요한 것은 여덟 가지 전도를 떠나는 것이기에 그런 까닭으로 아직 전도된 생각도 제거하지 못하였거니 어찌 바른 깨달음이라 이름함을 얻겠는가 하였다.
나머지는 『열반경』의 사도품四倒品에서 설한 것과 같다.

설사 바른 깨달음이라는 이름을 허락한다 하더라도 또한 아직은 최상의 바른 깨달음이라 이름하지 못한다고 한 것은, 이것은 삿된 것을 상대하여 정이라 이름하고 소승을 상대하여 최最라 이름한 것이다.
이상은 허락하여 준 것이니 능히 아공我空이 외도와 다른 줄 알기에 그런 까닭으로 바른 깨달음이라 이름함을 얻지만, 능히 이공二空과 그리고 불공不空의 뜻을 함께 깨닫지 못하였기에 그런 까닭으로 최상의 바른 깨달음(最正覺)이라 이름할 수는 없는 것이다.

보살은 비록 바른 깨달음이라 이름할 수 있다고 한 아래는 또한 두 가지 뜻이 있나니,
처음에는 이승은 바른 깨달음이라 이름할 수 없다는 뜻을 상대하였거니와, 지금에는 보살이라야 바야흐로 바른 깨달음이라 이름함을 얻는다는 것을 상대한 것이다.[349]

그 위(上)의 깨달음이 있다고 한 것은 위에 부처님이 있는 까닭이요, 닦을 것이 있다고 한 것은 아직 배움이 끊어지지 아니한 까닭이다.

설사 지위가 지극하다고 한 아래는, 위에 이승을 바른 깨달음이라 이름함을 얻는다고 한 뜻을 상대한다면 곧 보살을 최상의 바른 깨달음이라 이름함을 얻는다 허락하더라도 다만 아직 성취하지는 못한 까닭으로 부처님이라야 바야흐로 성취함을 말하는 것뿐이다.

疏

我佛獨能일새 故云成最正覺이라하니 謂如量如理로 了了究竟이니 已出微細所知障故니라

우리 부처님이 홀로 능하기에 그런 까닭으로 말하기를 최상의 바른 깨달음을 성취하셨다[350] 하였으니,
여량지如量智와 여리지如理智[351]로 구경까지 분명하게 아는 것을 말

---

349 금대보살今對菩薩이라 한 대對 자는 『잡화기』에 衍인 듯하다 하였다.

350 최상의 바른 깨달음을 성취하셨다고 한 것은 영인본 화엄 2책, p.469, 5행에 이시세존 운운하여 성최정각成最正覺이라 한 것이다. 고본은 日字 하권 1장, 5행이다.

351 여리지如理智와 여량지如量智라고 한 것은, 이 아래 영인본 화엄 2책, p.477, 7행에 있다. 여리지는 진제의 지혜로 절대 평등한 진리에 계합한 부처님의 지혜이고, 여량지는 속제의 지혜로 현상의 차별한 모습을 분명히 아는 부처님의 지혜이다.

한 것이니 이미 미세한 소지장所知障을 벗어난 까닭이다.

鈔

我佛獨能下는 第三에 結歸就佛이니 具有成最正覺四字之義라 謂如量下는 對上所覺境中하야 亦釋覺義니 如量覺俗하고 如理覺眞이라 三諦中道도 亦如理攝이니 亦是合上二智하야 覺於中道니라 了了究竟은 揀異菩薩이니 故涅槃云호대 十住菩薩은 見不了了요 唯佛世尊이라야 名爲了了라 故闍王云호대 了了見佛性이 猶如文殊等이라 하니라 已出微細下는 釋上了了究竟之言이라 二障에 有三種하니 一은 現行이요 二는 種子요 三은 習氣니 習氣種子를 名爲微細니 佛已盡故라 然이나 二障習氣가 通障菩提와 及大涅槃이니 若就別說인댄 斷煩惱障하고 顯於涅槃거니와 今成正覺일새 略言所知耳니라

우리 부처님이 홀로 능하다고 한 아래는 제 세 번째 부처님이 정각을 성취함에 귀결하는 것이니,
성최정각成最正覺이라는 네 글자의 뜻을 갖추고 있다.

여량지라고 말한 아래는 위에 깨달은 바 경계 가운데를 상대하여[352]

---

352 위에 깨달은 바 경계 가운데를 상대한다 운운한 것은, 위에 일체시를 해석할 때 삼제三諦가 있었기에 여기에 각覺을 해석할 때도 또한 삼제가 있나니, 중도中道의 두 가지 해석에 뒤에 이제를 포함하여 중도의 뜻을 삼은 것이다. 역시 『잡화기』의 말이다.

또한 깨달음(覺)의 뜻을 해석한 것이니,
여량지로는 속제를 깨닫고 여리지로는 진제를 깨닫는 것이다.
삼제에 중도도 또한 여리지에 섭수되나니,
역시 위에 두 지혜를 합하여 중도를 깨닫는 것이다.

구경까지 분명하게 안다고 한 것은 보살과 다름을 분간한 것이니,
그런 까닭으로 『열반경』에 말하기를 십주[353]보살은 보는 것이 분명하지 못하고, 오직 부처님 세존이라야 이름을 분명하게 본다 하는 것이다.
그런 까닭으로 아사세왕이 말하기를 분명하게 불성을 보는 것이 비유하자면 문수와 같다[354] 한 등이라 하였다.

이미 미세한 소지장을 벗어났다고 한 아래는 위에 구경까지 분명하게 안다는 말을 해석한 것이다.
이장二障에 세 가지가 있나니
첫 번째는 현행現行이요,
두 번째는 종자種子요,
세 번째는 습기習氣이니,
습기와 종자를 이름하여 미세라 하나니 부처님은 이미 미세한 번뇌가 다한 까닭이다.

---

353 십주란, 『잡화기』에 十地의 다른 이름이다 하였다.

354 문수와 같다 운운한 것은, 문수는 이 고불古佛의 영향자影響者이니, 지금에는 그 본문本門에 나아가 말한 까닭이라고 『잡화기』는 말한다.

그러나 이장의 습기가 보리와 그리고 대열반을 모두 장애하나니, 만약 따로 설함(別說)에 나아간다면[355] 번뇌장을 끊고 열반을 나타내려니와, 지금에는 정각을 성취하였기에 간략하게 소지장만을 말하였을 뿐이다.

---

355 만약 따로 설함(別說)에 나아간다면 운운한 것은, 이것은 곧 또한 별장別障이며 또한 통장通障이라고 『잡화기』는 말하고 있다.

經

智入三世하사 悉皆平等하시며

지혜가 삼세에 들어가[356] 모두 다 평등하시며

疏

後에 智入下는 第二에 別이라 於中分二리니 初는 總科요 二는 別釋

356 경문에 지혜가 삼세에 들어간다고 한 등은, 이미 위(영인본 화엄 2책, p.469, 고본 日字卷 하권 1장, 5행)에는 총이고 지금은 별이라고 한다면 곧 의업意業의 경문은 위의 총 가운데 저 일체법이라 한 등 두 구절을 해석하고, 신업身業의 경문은 위의 총 가운데 이 자리에 거처한다 한 한 구절을 해석하고, 그 구업口業의 경문은 총 가운데 경문이 없으나 뜻은 반드시 포함하고 있다. 말하자면 부분(口業)이 원만(身業)을 떠나지 않는다면 곧 저 제 두 번째 구절에 포함함을 입는 것이요, 별(구업·신업)이 총(의업)을 떠나지 않는다면 곧 저 끝에 두 구절에 포함함을 입는다 할 것이다. 또 지금의 별 가운데 신업과 어업語業의 두 업과 그리고 나머지 아홉 가지 몸이 다 이 지혜 가운데서 나타난 바라 한다면 곧 이 지혜가 앞을 상대함에 별이 되고, 뒤를 바라봄에 총이 되는 것이다. 지혜가 삼세에 들어간다 운운한 것을 두 가지 지혜를 잡아 해석한다면 처음에 뜻은 삼세와 吐이고, 뒤에 뜻은 삼세가 吐이다.

만약 세 가지 지혜를 잡아 해석한다면 두 가지 뜻이 다 앞에 두 가지 지혜(진지·속지)로 해석한 것이니 곧 삼세와 吐이고, 다 중도의 지혜로 해석한다면 곧 삼세가 吐이고, 무애를 잡아 해석한다면 삼세가 吐이고, 네 가지 지혜를 잡아 해석한다면 삼세하야 吐이다. 역시 『잡화기』의 말이다. 나는 하야 吐로 해석하였다.

이니 卽約十德하야 別顯十身이라 文卽分十하리니 一은 三業普周요 二는 威勢超勝이요 三은 福德深廣이요 四는 隨意受生이요 五는 相好周圓이요 六은 願身演法이요 七은 化身自在요 八은 法身彌綸이요 九는 智身이 窮性相之源이요 十은 力持이 身持自他依正이라 今初는 卽別顯菩提身之相也니 以成菩提時에 得無量淸淨三輪故라 文中分二리니 先法後喩라 法中三이니 先意次身後語라

뒤에 지혜가 삼세에 들어갔다고 한 아래는 제 두 번째 따로 밝힌 것이다.
그 가운데 두 가지로 분류하리니
처음에는 한꺼번에 과판한 것이요,
두 번째는 따로 해석한 것이니
곧 열 가지 공덕을 잡아서 따로 십신을 나타낸 것이다.
문장을 곧 열 가지로 분류하리니
첫 번째는 삼업이 널리 두루한 것이요,
두 번째는 위세가 뛰어나 수승한 것이요,
세 번째는 복덕이 깊고도 넓은 것이요,
네 번째는 뜻을 따라 생을 받는 것이요,
다섯 번째는 상호가 두루 원만한 것이요,
여섯 번째는 원신願身이 법을 연설한 것이요,
일곱 번째는 화신이 자재한 것이요,
여덟 번째는 법신이 가득 싸고 있는[357] 것이요,
아홉 번째는 지신智身이 자성(性)과 모습(相)의 근원을 다한 것이요,

열 번째는 역지신力持身이 자自·타他의 의보와 정보를 가지는 것이다.

지금은 처음으로 곧 보리신의 모습(相)을 따로 나타낸 것이니
보리를 성취할 때에 한량없는 청정한 삼륜三輪을 얻는 까닭이다.
문장 가운데 두 가지로 분류하리니
먼저는 법이요, 뒤에는 비유이다.
법 가운데 세 가지가 있나니
먼저는 의意요, 다음은 신身이요, 뒤에는 어語이다.

鈔

一에 三業普周等者는 十中後五는 全十身名이요 前五는 無有身言이나 而義具之니 一은 卽菩提身이니 前總中已示라 二는 卽威勢身이요 三은 福德身이요 四는 意生身이요 五는 相好莊嚴身이라

첫 번째 삼업이 널리 두루한 것이라고 한 등은 열 가지 가운데 뒤에 다섯 가지는 십신의 이름이 완전하고, 앞에 다섯 가지는 신身이라는 말은 없으나 뜻은 다 갖추었나니,
첫 번째는 곧 보리신이니 앞의 총변總辯 가운데 이미 시현하였다.[358]

---

357 가득 싸고 있다고 한 것은, 경에 말하기를 천지의 도를 가득 싸고 있다(彌綸天地之道) 하였다.

358 앞의 총변總辯 가운데 이미 시현하였다고 한 것은, 영인본 화엄 2책, p.470, 4행에 지금은 처음으로 곧 보리신이다 하였다.

두 번째는 곧 위세신威勢身이요,
세 번째는 복덕신이요,
네 번째는 의생신이요,
다섯 번째는 상호장엄신이다.

疏

今初意業이니 卽釋上成正覺이라 前云於一切法이라하고 此云三世라하니 乃橫竪影略耳니라
智入平等은 是正覺成也라 智卽二智와 三智四智와 無障礙智라

지금은 처음으로 의업意業이니
곧 위의 정각正覺을[359] 성취했다 한 것을 해석한 것이다.
앞[360]에서는 말하기를 일체법이라 하고, 여기에서는 말하기를 삼세라 하였으니
이에 횡橫과 수竪로[361] 영략影略[362]하였을 뿐이다.

---

359 곧 위의 정각正覺 운운이라 한 것은, 아래 신업 가운데 위에 이 자리에 거처했다고 하는 것을 해석하는 것이라고 말하지 아니한 것은 그윽이 생략된 것이다. 또 신업과 어업과 그리고 나머지 아홉 가지 몸이 다 지혜로 나타난 바라고 한다면 곧 낱낱이 위에 최상의 바른 깨달음(最正覺)을 성취한 것이라고 한 것을 해석한 것이니, 그런 까닭으로 지금 총의 뜻 가운데 유독 이 말이 있고, 뒤에는 곧 이 말이 없는 것이다. 역시 『잡화기』의 말이다.
360 앞이란, 영인본 화엄 2책, p.469, 5행이다.
361 횡橫과 수竪라고 한 것은, 일체법은 횡이고, 삼세는 수이다. 횡은 공간이고,

지혜가 들어가 평등하다고 한 것은 이것은 정각을 성취한 것이다.
지혜라는 것은 곧 이지二智와 삼지三智와 사지四智와 무장애지無障碍智이다.

疏

二智者는 卽如理如量也라 此復有二하니 一은 以如量智達俗이 名入三世요 以如理智證眞이 名悉平等이라 故佛地論云호대 以二智覺二諦라하니 是也니라 二者는 證差別性이 卽無差別故로 三世卽平等이니 瑜伽云호대 如其勝義하야 覺諸法故로 名等正覺이라하니라

이지二智라고 한 것은 곧 여리지와 여량지이다.
여기에 다시 두 가지가 있나니,
첫 번째는 여량지로써 속제를 통달하는 것이 이름이 삼세에 들어감이 되는 것이요,
여리지로써 진제를 증득하는 것이 이름이 다 평등함이 되는 것이다.
그런 까닭으로 『불지론』에 말하기를 이지二智로써 이제二諦를 깨닫는다 하였으니, 이것이다.
두 번째는 차별의 자성이[363] 곧 무차별임을 증득하는 까닭으로 삼세가

수는 시간이다.

362 영략影略이라고 한 것은, 그림자처럼 살짝 가려 생략하였다는 뜻. 그윽이(影) 생략하였다는 뜻이다.

곧 평등한 것이니,

『유가론』에 말하기를 그 승의제勝義諦와 같이 모든 법을 깨달은 까닭으로 이름을 평등한 바른 깨달음(等正覺)이라[364] 한다 하였다.

鈔

二智者下는 一은 釋二智요 二는 釋三智요 三은 釋無障礙智요 四는 釋四智라 以無障礙智는 約義即圓일새 故列在後하고 因三諦成일새 故釋居前이라 一에 以如量智者는 然이나 入有二義하니 一達二證이라 故以達入俗하고 以證入眞이라 然이나 二智相者는 攝論云호대 如人初開目은 是名加行智요 如人正閉目은 是無分別智요 即彼復開眼은 後得智亦爾니라 應知如虛空은 是無分別智요 於中現色像은 後得智亦爾라하니라 如其勝義者는 證第二義니 上則二智로 別覺二境일새 則三世爲俗이요 平等爲眞거니와 今覺俗即眞일새 是故三世가 即是平等이라하니라 勝義是眞이요 諸法是俗이어니와 今以眞智로 而覺於俗일새 故令諸法으로 即眞勝義케하나니 以其性相은 非一異故니라

363 두 번째는 차별의 자성이라 운운한 것은, 만약 이 해석을 의지한다면 다만 하나의 여리지로 속제가 곧 진제임을 깨닫는 것이다. 이것은 두 가지 지혜(여리지·여량지)가 아니지만 그러나 그 뜻은 반드시 여량지로 진제가 곧 속제임을 깨닫는 것이 있는 것과 같은 까닭이다. 역시 『잡화기』의 말이다.

364 평등한 바른 깨달음이라 한 아래는, 만약 아래 예를 기준한다면 곧 응당이 두 가지 지혜로 이제二諦의 경계를 깨닫는 것이라 말해야 할 것이다. 그러나 반드시 문장이 생략되었을 뿐이라고 『잡화기』는 말하고 있다.

이지二智라고 한 아래는 첫 번째는 이지를 해석한 것이요,
두 번째는 삼지를 해석한 것이요,
세 번째는 무장애지를 해석한 것이요,
네 번째는 사지를 해석한 것이다.
무장애지는 뜻을 잡는다면 곧 원교이기에 그런 까닭으로 열거할 때에는 뒤에 두고, 삼제를 인하여 이루어지기에 그런 까닭으로 해석할 때에는 앞에 있는 것이다.

첫 번째 여량지로써 속제를 통달하는 것이 이름이 삼세에 들어감이 된다고 한 것은, 그러나 들어감에 두 가지 뜻이 있나니
첫 번째는 통달하는 것이요,
두 번째는 증득하는 것이다.
그런 까닭으로 속제에 통달하여 들어가고
진제에 증득하여 들어가는 것이다.
그러나 두 지혜의 모습이라는 것은, 『섭론』에 말하기를 어떤 사람이 처음 눈을 뜨는 것과 같은 것은 이것은 이름이 가행지加行智요,
어떤 사람이 바로 눈을 감는 것과 같은 것은 이것은 무분별지無分別智요,
곧 저 사람이 다시 눈을 뜨는 것은 후득지後得智가 또한 그러한 것이다.
응당 알아라. 허공과 같은 것은 이것은 무분별지요
그 가운데 색상이 나타나는 것은 후득지가 또한 그러한 것이다 하였다.

그 승의제와 같다고 한 것은 제 두 번째 뜻을 증거한 것이니,
이 위에[365]는 곧 두 가지 지혜로 두 가지 경계를 따로 깨닫기에 곧 삼세가 속제가 되고 평등이 진제가 된다 하였거니와, 지금에는 속제가 곧 진제임을 깨닫기에 이런 까닭으로 삼세가 곧 평등하다 하였다.
승의勝義라고 한 것은 이 진제요, 모든 법(諸法)이라고 한 것은 이 속제거니와 지금에는 진지眞智로써 속제를 깨닫기에 그런 까닭으로 모든 법으로 하여금 곧 진승의眞勝義이게 하는 것이니,
그 자성(性)과 모습(相)은 하나도 아니고 다르지도 아니한 까닭이다.

疏

言三智者는 卽俗智眞智와 中道智也라 此亦二義니 一은 眞俗互泯하야 雙遮辯中이니 則三世平等의 二相兩亡하야사 方爲智入이요 二는 眞俗雖卽이나 而不壞相이니 卽雙照明中이라 此二는 覺三諦之境이니라

삼지三智라고 말한 것은 곧 속지와 진지와 중도지이다.
여기에 또한 두 가지 뜻이 있나니
첫 번째는 진제와 속제가 서로 사라져 함께 막아(雙遮) 중도를 분별하는 것이니,
곧 삼세와 평등의 두 가지 모습이 함께 사라져야 바야흐로 지혜가

365 이 위에라고 한 것은 제일의第一義이다.

들어가는 것이 되는[366] 것이요,
두 번째는 진제와 속제가 비록 즉卽하지만 그 모습을 무너뜨리지 않는 것이니,
곧 함께 비추어(雙照) 중도를 밝히는 것이다.
이 두 가지는 삼제의 경계를 깨달은 것이다.

鈔

一에 眞俗互泯者는 俗卽眞故로 非俗이요 眞卽俗故로 非眞이니 非眞非俗이 卽是中道니라 三世卽平等일새 故非三世요 平等卽三世일새 故非平等이니 爲兩亡也니라 二에 眞俗雖卽이나 而不壞相者는 謂卽有之空이라야 方是眞空이요 卽空之有라야 方爲妙有니라 空有不二나 兩相歷然이 如波卽水나 而恒動이요 水卽波나 而恒濕일새 故云雙照라하니라 此二는 覺三諦之境者는 結成也라 在境하야는 爲一諦가 而三諦요 在心하야는 爲一觀이 而三觀이요 在果하야는 爲一智가 而三智니 如一圓珠하야 珠相喩有하고 珠淨喩空하고 圓明喩中이니 三無前後라 此는 喩一諦而三諦니라 若以明鏡照之인댄 珠上三義가 一時頓現이니 卽喩一觀而三觀이니라 若觀珠之與鏡이 非一非異인댄 則喩心境二나 而不二니 爲眞覺也니라

첫 번째 진제와 속제가 서로 사라졌다고 한 것은 속제가 곧 진제인

366 지혜가 들어가는 것이 된다고 한 것은, 경문에 지혜가 삼세에 들어가는 것(智入三世)이 된다는 것이니, 영인본 화엄 2책, p.476, 3행에 있다.

까닭으로 속제가 아니요, 진제가 곧 속제인 까닭으로 진제가 아니니 진제도 아니고 속제도 아닌 것이 곧 이 중도제이다.
삼세가 곧 평등하기에 그런 까닭으로 삼세가 아니요, 평등이 곧 삼세이기에 그런 까닭으로 평등이 아니니 둘 다 함께 사라지는 것이 되는 것이다.
두 번째 진제와 속제가 비록 즉하지만 그 모습을 무너뜨리지 않는다고 한 것은 말하자면 유有에 즉한 공空이라야 바야흐로 진공이요, 공에 즉한 유라야 바야흐로 묘유가 되는 것이다.
공과 유가 둘이 아니지만 두 가지 모습이 역연한 것이 마치 파도가 곧 물이지만 항상 움직이고, 물이 곧 파도이지만 항상 습한 것과 같기에 그런 까닭으로 함께 비춘다(雙照) 하였다.

이 두 가지는 삼제의 경계를 깨달은 것이라고 한 것은 맺어서 성립한 것이다.
경계에 있어서는 일제一諦가 삼제가 되고,[367]
마음에 있어서는 일관一觀이 삼관이 되고,
과보(果)에 있어서는 일지一智가 삼지가 되나니,
마치 하나의 둥근 구슬과 같아서 구슬의 모습은 유有에 비유하고, 구슬의 맑은 것은 공에 비유하고, 원만하게 밝은 것은 중도에 비유하

367 일제一諦가 삼제가 된다고 한 등은, 『잡화기』에 말하기를 이 아래는 다 소문에 발기하지 아니한 바이니, 그 관觀과 지智는 다만 심心과 과果를 바라보고 나눈 것일지언정 기실은 곧 하나다 하였다. 즉 마음에 있어서는 관이고, 과에 있어서는 지智라는 것이다.

나니 이 세 가지가 전후가 없는 것이다.
이것은 일제가 삼제가 됨에 비유한 것이다.
만약 밝은 거울로써 그 구슬을 비춘다면 구슬 위에 세 가지 뜻이 일시에 문득 나타나리니,
곧 일관이 삼관이 됨에 비유한 것이다.
만약 구슬과 더불어 거울이 하나도 아니고 다르지도 아니함을 관찰한다면 곧 마음과 경계가 둘이지만 둘이 아님에 비유하나니,
진각眞覺이 되는 것이다.

疏

境旣雙泯이나 而雙現일새 智亦寂照가 而雙流니 謂無障礙智로 覺無障礙境이 爲正覺也니라

경계가 이미 함께 사라졌지만 함께 나타나기에 지혜도 또한 고요하고 비추는 것이 함께 유출하나니,
말하자면 무장애 지혜로 무장애 경계를 깨닫는 것이 정각正覺이 되는 것이다.

鈔

境旣雙泯下는 第三에 仍前三智하야 釋無障礙智니 謂合前二種中道하야 爲無障礙니라 然이나 前三智圓融이 已爲無礙나 而未明遮照無礙일새 故復雙融하야 明無障礙니라 然이나 雙泯은 卽前雙遮요 雙

現은 卽前雙照니라 若境雙泯인댄 則無心於眞俗이 爲寂也요 若境雙現인댄 則心權實雙鑑이 爲照니 故云智亦寂照가 而雙流라하니라 二種中道가 旣無障礙인댄 二種二諦가 居然相融하리라

경계가 이미 함께 사라졌다고 한 아래는 제 세 번째 앞의 삼지를 인하여 무장애 지혜를 해석한 것이니,
말하자면 앞의 두 가지 중도를 합하여 무장애 지혜를 삼은 것이다.
그러나 앞의 삼지가 원융한 것이[368] 이미 무장애 지혜가 되지만,
아직 무장애 지혜를 막아 비춤을 밝히지(遮照) 아니하였기에 그런 까닭으로 다시 함께 원융하게 하여 무장애 지혜를 밝힌 것이다.
그러나 함께 사라졌다(雙泯)고 한 것은 곧 앞에 함께 막은(雙遮) 것이요,
함께 나타내었다고 한 것은 곧 앞에 함께 비춘(雙照) 것이다.
만약 경계가 함께 사라졌다면 곧 마음에 진제와 속제가 없는 것이 고요함(寂)이 되는 것이요,
만약 경계가 함께 나타난다면 곧 마음에 방편(權)과 진실(實)이 함께 비치는 것이 비춤(照)이 되는 것이니,
그런 까닭으로 지혜도 또한 고요하고 비추는(寂照) 것이 함께 유출한다 하였다.
두 가지 중도가 이미 무장애 지혜라면 두 가지 이제二諦가[369] 거연居

---

368 삼지가 원융한 것이라고 한 것은, 이미 진제와 속제를 합하여 중도를 삼은 까닭이라고 『잡화기』는 말하고 있다.

369 두 가지 이제라고 한 등은, 『잡화기』에 말하기를 이 가운데 이미 세 가지

然[370]히 서로 융합할 것이다.

疏

言四智者는 卽圓鏡等四智也니 通緣三世境故로 並入三世니라

사지四智라고 말한 것은 곧 대원경지 등 사지四智이니,
삼세의 경계를 모두 반연하는 까닭으로 아울러 삼세에 들어가는 것이다.

鈔

通緣三世下는 二에 會釋이라 然이나 四智廣義는 次下喩中에 廣引論釋거니와 今此는 但取其中同義니라 言通緣三世者는 四智가 皆緣三世之境이라 果位에 八識相應之智가 皆緣三世일새 故云並入三世라하니라 下釋平等이라

삼세의 경계를 모두 반연한다고 한 아래는 두 번째 회통하여 해석한

지혜를 잡아 장애가 없음을 밝혔지만, 그러나 이 위에는 곧 다만 두 가지 중도만 잡아 융합한 까닭으로 여기에 나머지 두 가지 이제二諦를 비유한 것이니, 두 가지 이제라고 한 것은 말하자면 중도의 나머지 이제를 막는 것과 중도의 나머지 이제를 비추는 것이다 하였다. 두 가지 중도란 영인본 화엄 2책, p.477, 2행에 있다.

370 居然이란, 편안한 모습, 동하지 않는 모습이다.

것이다.[371]

그러나 사지四智의 넓은 뜻은 이 다음 아래[372]의 비유 가운데서 폭넓게 『유식론』을 인용하여 해석할 것이어니와, 지금 여기에서는 다만 그 가운데 같은 뜻만 취하여[373] 해석하였을 뿐이다.

삼세의 경계를 모두 반연한다고 말한 것은 사지四智가 다 삼세의 경계를 반연하는 것이다.

과위果位에[374] 팔식八識의 상응하는 지혜가 다 삼세를 반연하기에 그런 까닭으로 말하기를 아울러 삼세에 들어간다 하였다.

이 아래는 평등을 해석한 것이다.

---

371 두 번째 회통하여 해석한 것이라고 한 것은, 첫 번째는 총표이니 소문에 사지라고 말한 것이라 한 등의 문장이다. 그리고 여기는 그 두 번째이다.

372 이 다음 아래란, 바로 다음 세 줄 뒤 초문을 말한다.

373 다만 그 가운데 같은 뜻만 취하였다고 한 것은, 삼세의 경계를 모두 반연한다고 한 것과 삼세가 다 평등하다고 한 것이 이것이 그 가운데 같다는 뜻이니, 대개 저 『유식론』의 인용한 바 가운데 혹 여기에 삼세의 경계를 모두 반연한다고 한 것과 삼세가 다 평등하다고 한 뜻이 다름이 있는 것은 곧 지금에 취하여 오지 아니한 까닭이다. 역시 『잡화기』의 말이다.

374 과위果位라고 한 등은, 『잡화기』에 말하기를 말하자면 과위의 분상에 있어서는 지혜가 강하고 식識이 하열한 까닭으로 그 청정한 식의 심왕이 네 가지 지혜의 심소로 더불어 상응하는 것이다. 강자권薑字卷 상권 25장, 26장을 보라 하였다.

사지四智는 과위이고, 팔식八識은 인위因位이다.

疏

言平等者는 鏡智는 離分別故로 依持平等이니라

평등이라고 말한 것은 대원경지는 분별을 떠난 까닭으로 의依·지持가 평등한 것이다.

鈔

言鏡智離分別等者는 論云호대 此智心品은 離諸分別하야 所緣行相이 微細難知라할새 故云離諸分別이라하며 又云호대 純淨圓德은 現種依持라할새 故云依持平等이라하니 意云호대 雖言現行功德之依와 種子功德之持나 由無分別일새 故得平等이니라

대원경지는 분별을 떠났다고 말한 등은, 『유식론』에 말하기를[375] 이 지혜의 심품心品은 모든 분별을 떠나 반연하는 바 행상行相이 미세하여 알기 어렵다 하였기에 그런 까닭으로 말하기를 모든 분별을 떠났다고 하였으며,

또 『유식론』에 말하기를[376] 순수하고 청정하고 원만한 공덕은[377] 현행

375 원문에 논운論云이라 한 것은 『유식론』 제십권이니, 이 아래 영인본 화엄 2책, p.496, 4행에 구체적으로 말하고 있다.

376 원문에 우운又云이라 한 것도 역시 『유식론』 제십권이니, 이 아래 영인본 화엄 2책, p.496, 4행에 있다.

377 순수하고 청정하고 원만한 공덕이라고 한 등은, 『잡화기』에 말하기를 이

現行과 종자種子의 의依·지持라 하였기에 그런 까닭으로 말하기를 의·지가 평등하다고 하였으니,
그 뜻에 말하기를 비록 현행공덕의 의依와 종자공덕의 지持를 말하였지만 무분별을 인유하기에 그런 까닭으로 평등이라고 함을 얻는 것이다.

疏

平等性智는 證平等性故니라

평등성지는 평등한 성품을 증득한 까닭이다.

鈔

平等性智等者는 論云호대 謂此心品은 觀一切法과 自他有情이 皆悉平等이라하니 卽是所觀平等일새 故云證平等性이라하니라

평등성지라고 한 등은, 『유식론』[378]에 이르기를 말하자면 이 심품心品은 일체법과 자타의 유정이 다 평등한 줄을 관찰한다 하였으니, 곧 이것은 소관所觀의 평등이기에 그런 까닭으로 말하기를 평등한 성품을 증득한다 하였다.

순수하고 청정하고 원만한 공덕은 현행의 의依가 되고, 순수하고 청정하고 원만한 공덕은 종자의 지持가 된다 말하는 것이다 하였다.

378 『유식론』은 제십권이다. 영인본 화엄 2책, p.498, 2행에 있다.

疏

妙觀察智는 觀察平等이니라

묘관찰지는 관찰하기를 평등하게 하는 것이다.

鈔

妙觀察智等者는 論云호대 謂此心品은 善觀諸法의 自相共相이 無礙而轉이라하니 此卽明平等히 能遍觀一切諸法이라 故云觀察平等이라하니라

묘관찰지라고 한 등은, 『유식론』에 이르기를 말하자면 이 심품은 모든 법의 자상自相과 공상共相이 걸림 없이 전하여 감을 잘 관찰한다 하였으니,
이것은 곧 평등하게 능히 일체 모든 법을 두루 관찰함을 밝힌 것이다. 그런 까닭으로 말하기를 관찰하기를 평등하게 한다 하였다.

疏

成所作智는 普利平等이니라

성소작지는 널리 이익케 하기를 평등하게 하는 것이다.

鈔

成所作智等者는 論云호대 謂此心品은 爲欲利樂諸有情故로 普於十方에 示現種種變化三業이라하니 此卽普利之義라 不揀怨親거니 豈非平等이리요

성소작지라고 한 등은, 『유식론』에 이르기를 말하자면 이 심품은 모든 유정들을 이익되고 즐겁게 하고자 하기 위한 까닭으로 널리 시방에 가지가지 변화하는 삼업을 시현한다 하였으니,
이것은 곧 널리 이익케 한다는 뜻이다.
원수와 친한 이를 분간하지 않거니 어찌 평등이 아니겠는가.

疏

四智圓融하야 一句攝盡하니 下身語等은 皆是四智之所發現이니라

사지四智가 원융하여 한 구절[379]로 섭수하여 다하나니,
아래에 신身과 어語 등은 다 이 사지의 발현發現한 바이다.

鈔

四智圓融下는 歎勝也라 下身語等者는 明此中用四智之意니 以觀下文佛德인댄 與唯識論에 釋四智同일새 故云皆是四智之顯現이라

379 한 구절이란, 의구意句를 잡아 말한 것이라고 『잡화기』는 말한다.

하니 所以總中에 宜用四智釋也니라

사지가 원융하다고 한 아래는 곧 수승함을 찬탄한 것이다.
아래에 신과 어 등이라고 한 것은 이 가운데 사지를 인용한 뜻을 밝힌 것이니,
아래 문장에 부처님의 공덕을 관찰한다면 『유식론』에 사지를 해석한 것으로 더불어 같기에 그런 까닭으로 말하기를 다 이 사지의 현현이라 하였으니,
그런 까닭으로 총석總釋 가운데[380] 마땅히 사지를 인용하여 해석하였다.

疏

四智圓融하야 無二性故며 修生本有가 非一異故로 不失經宗하니라

사지가 원융하여 두 자성이 없는 까닭이며,
수생修生과 본유本有가 하나도 아니고 다르지도 아니한 까닭으로 이 경의 종지를 잃지 아니하였다.

380 총석總釋 가운데라 한 것은, 의업이 이 아래 신업 등의 총이 되는 까닭이다. 혹은 보리신의 총이라 한다면 곧 말이 점점 아득히 통하나니, 삼업의 경문이 다 보리신에 해당하는 까닭이다. 이상은 『잡화기』의 말이다.

鈔

四智圓融下는 第三에 解妨이니 謂有難云호대 四智菩提는 有爲無漏라 非我經宗이어늘 何得參雜하야 釋此玄旨고할새 故今通云호대 四智菩提는 性相二宗에 皆具有之나 但義小異耳니 用之無爽이니라 謂圓融無二는 是其一義라 故로 彼宗說四가 不得相雜거니와 今明一智가 便具四智일새 故下出現에 以四寶珠로 喩其四智하니라(補) 經云호대 復次佛子야 譬如大海에 有四寶珠로대 具無量德하야 能生海內에 一切珍寶하나니 若大海中에 無此寶珠하면 乃至一寶도 亦不可得이니라 何等爲四고 一은 名積集寶요 二는 名無盡藏이요 三은 名遠離熾然이요 四는 名具足莊嚴이라 佛子야 此四寶珠를 一切凡夫와 諸天龍神等이 悉不得見이니 何以故요 娑竭羅龍王이 以此寶珠가 端嚴方正하야 置於宮中의 深密處故니라 佛子야 如來應正等覺의 大智慧海도 亦復如是하야 於中有四大智寶珠하야 具足無量福智功德일새 由此로 能生一切衆生과 聲聞獨覺과 學無學位와 及諸菩薩智慧之寶하나니 何等爲四고 所謂無染著한 巧方便大智慧寶와 (一은 大圓鏡智니 離諸分別은 名無染著이요 所緣行相이 微細難知하고 不忘不愚一切境相은 名巧方便이라) 善分別有爲無爲法하는 大智慧寶와 (二는 平等性智니 觀一切法의 有爲無爲와 自他境相은 名巧方便이요 利他平等은 名善分別이라) 分別說無量法이나 而不壞法性하는 大智慧寶와 (三은 妙觀察智니 此智로 善觀察諸法의 自相共相이 無礙而轉故로 說無量法이나 而不壞法性이라 無量法者는 卽攝觀無盡總持定門이요 而言說者는 雨大法雨하야 斷一切疑라) 知時非時하야 未曾誤失하는 大智慧寶니라 (四는 成所作智니 知機知時하야

作所應作故라) 若諸如來의 大智海中에 無此四寶하면 有一衆生도 得入大乘은 終無是處니라 此四智寶는 薄福衆生이 所不能見이니 何以故요 置於如來深密藏故니라 (自經云으로 至此는 藏無나 方冊補하니 以有利益일새 故姑存之니라) 其一一智에 皆云호대 平均正直하며 端潔妙好라하니 卽具四智之德故라 況同一性으로 居然融通가 言修生本有者는 是第二意니 不同彼宗이라 彼宗四智는 修生이요 涅槃은 本有어니와 今卽四智는 是本覺智로 修生之四라 非別有體니 如金成像에 金像不殊故니라

사지가 원융하다고 한 아래는 제 세 번째 방해함을 해석한 것이니, 말하자면 어떤 사람이 비난하여 말하기를 사지보리四智菩提는 유위有爲의 무루無漏이다. 우리 경의 종지[381]가 아니거늘 어찌 섞어서 이 경의 현묘한 뜻으로 해석하는가 하기에, 그런 까닭으로 지금에 통석하여 말하기를 사지보리는 성종性宗과 상종相宗의 두 종에 다 갖추어 있지만 다만 뜻이 조금 다를 뿐이니 인용하는 것도 틀린 것은 없다.[382]

원융하여 두 가지 자성이 없다고 말한 것은 그 첫 번째 뜻이다.[383]

---

381 우리 경의 종지라고 한 것은, 곧 『화엄경』의 종지로 무루 가운데 무루라는 뜻이다.

382 원문에 상爽 자는 특忒 자의 뜻이니, 『시전』에 말하기를 사士의 말이여, 틀리지 않다 하였다.

383 그 첫 번째 뜻이라고 한 것은, 통석함에 두 가지 뜻이 있으되 지금에는 그 처음의 뜻이다. 당시에 강사가 말하기를 위에 두 가지 자성이 없다고

그런 까닭으로 저 상종에서는 사지四智가 서로 섞임을 얻을 수 없다고 말하거니와, 지금에는 일지一智가 문득 사지四智를 갖춤을 밝히기에 그런 까닭으로 아래 출현품에 네 가지 보배 구슬로써 그 사지에 비유하였다.

(補: 보증한다)[384] 경에 말하기를 다시 불자야, 비유하자면 큰 바다에 네 가지 보배 구슬이 있는데 한량없는 공덕을 구족하여 능히 바다 안에 일체 진귀한 보배를 출생하는 것과 같나니,

만약 큰 바다 가운데 이 보배 구슬이 없다면 내지 한 개의 보배도 또한 가히 얻을 수 없는 것이다.

어떤 등이 네 가지가 되는가.

첫 번째는 이름이 쌓아 모은 보배(積集寶)이고,

두 번째는 이름이 무진장無盡藏 보배이고,

세 번째는 이름이 멀리 떠난 치연한 보배(遠離熾然)이고,

네 번째는 이름이 구족하게 장엄한 보배(具足莊嚴)이다.

불자야, 이 네 가지 보배 구슬을 일체 범부와 모든 하늘과 용과 신神 등이 다 보지 못하나니,

한 것을 해석한 것이라고 한 것은 잘못된 해석이 아닐까 염려한다. 대개 저 상종은 인행시에 여덟 개의 식識이 각각 다른 까닭으로 비록 식을 돌이켜 지혜를 이룰지라도 지혜가 또한 각각 다르거니와, 이 성종은 다만 이 한 법계의 마음이 인연을 따라 모든 식을 이루는 까닭으로 그 지혜를 이룸에 미쳐서도 곧 네 가지 지혜가 다 같이 이 한 마음뿐이다. 역시 『잡화기』의 말이다.

384 보증한다(補)고 한 것은, 영인본 화엄 2책, p.396, 4행처럼 뒤에 사람이 보증한 것으로 본래 소초문에는 없는 것이다.

무슨 까닭인가.

사갈라 용왕이 이 보배 구슬이 단엄하고 방정方正하여 궁중의 깊고도 비밀한 곳에 숨겨둔 까닭이다.

불자야, 여래·응공·정등각의 큰 지혜 바다도 또한 다시 이와 같아서, 그 가운데 네 가지 큰 지혜의 보배 구슬이 있어서 한량없는 복덕과 지혜의 공덕을 구족하였기에 이것을 인유하여 능히 일체중생과 성문과 독각과 유학과 무학의 지위와 그리고 모든 보살의 지혜 보배를 출생하나니,

어떤 등이 네 가지가 되는가.

말하자면 염착이 없는 교묘한 방편의 큰 지혜의 보배와 (첫 번째는 대원경지니, 모든 분별을 떠난 것은 이름이 무염착이요, 반연하는 바 행상이 미세하여 알기 어렵고 일체 경계의 모습을 잊지도 않고 어리석지도 않은 것은 이름이 교묘한 방편이다.)

유위와 무위의 법을 잘 분별하는 큰 지혜의 보배와 (두 번째는 평등성지니, 일체법의 유위·무위와 자타[385]의 경계 모습을 관찰하는 것은 이름이 교묘한 방편이요, 이타利他가 평등한 것은 이름이 잘 분별하는 것이다.)

한량없는 법을 분별하여 설하지만 법의 자성을 무너뜨리지 않는 큰 지혜의 보배와 (세 번째는 묘관찰지니, 이 지혜로 모든 법의 자상과 공상이 걸림 없이 전하여 감을 잘 관찰하는 까닭으로 한량없

385 자타라 한 아래에 境相名巧方便 利他라는 여덟 자(八字)가 타본에 있어 넣었으나, 『잡화기』에는 이 여덟 자가 필요 없는 글자라 하고 강자권薑字卷 상권 36, 37장을 보라 하였다.

는 법을 설하지만 법의 자성을 무너뜨리지 않는 것이다. 한량없는 법이라는 것은 곧 끝없는 총지總持의 삼매문을 섭장攝藏[386]하여 관찰하는 것이요, 언설이라는〔而言說〕 것은 큰 진리의 비를 내려 일체 의심을 끊는 것이다.)

시時와 비시非時를 알아 일찍이 그릇 때를 잃지 않는 큰 지혜의 보배이다. (네 번째는 성소작지니, 근기를 알고 때를 알아 응당 지을 바를 짓는 까닭이다.)

만약 모든 여래의 큰 지혜의 바다 가운데 이 네 가지 보배가 없다면 어떤 한 중생도 대승에 들어감을 얻는다는 것은 마침내 옳을 곳이 없는 것이다.[387]

이 네 가지 지혜의 보배는 박복한 중생이 능히 볼 수 없는 바이니, 무슨 까닭인가.

여래의 깊고도 비밀한 창고에 감추어 둔 까닭이다. (경에 말하기를이라고 한 것으로부터 여기에 이르기까지는 장경에는 없지만 방책方冊[388]으로 보증하였으니, 이익이 있을 것이기에 그런 까닭으로 오직 두었을 뿐이다.)

그 낱낱 지혜에[389] 다 말하기를 평이하고 고르며 바르고 곧으며

---

386 섭攝은 영인본 화엄 2책, p.502, 3행의 『섭론』에서 섭攝은 장藏의 뜻이라 하였다.

387 종무시처終無是處라고 한 것은 끝내 당치 않은 소리라는 것이다.

388 방책方冊은 목판이나 대쪽에 쓴 글을 말한다.

389 그 낱낱 지혜라고 한 등은, 아래 소문에 이것을 해석함에 별別과 융融의 두 가지 뜻이 있나니, 지금에 낱낱 지혜에 다 말하기를이라 한 등은 이것은

단엄하고 청결하며 미묘하고 좋다 하였으니,
곧 사지四智의 공덕인 까닭이다. 하물며 동일한 성품으로 거연居然히 융통함이겠는가.

수생修生과 본유本有라고 말한 것은, 이것은 제 두 번째 뜻이니 저 법상종과는 같지 않은 것이다.
저 법상종에서는 사지는 수생이요 열반은 본유라 하였거니와, 지금에는 곧 사지는 이 본각지本覺智로 수생修生의 사지이다. 따로이 자체가 있는 것이 아니니,
마치 금으로 형상을 만듦에 금과 형상이 다르지 아니한 것과 같은 까닭이다.

疏

然上能覺은 卽成上菩提요 就其所覺인댄 卽法身也니 理智無二가 爲眞法身이니라

그러나 위에 능각能覺은 곧 위에 보리신을 성립한 것이요[390]
그 소각所覺에 나아간다면 곧 법신이니

저 융의 뜻이고, 곧 네 가지 지혜라고 한 것은 이것은 저 별의 뜻이다. 역시 『잡화기』의 말이다.

390 보리신을 성립한다고 한 것은 보신을 따로 가리킨 것이니, 초문 가운데 보리로 총을 삼는 것과는 같지 않은 것이다.

진리(理)와 지혜(智)가 둘이 없는 것이 진법신眞法身이 되는 것이다.

然上能覺下는 第三에 總結이라 所以結者는 欲明一菩提身에 已具法報二身이라 況具下九아

初에 意業은 竟이라

그러나 위에 능각이라고 한 아래는 제 세 번째 모두 맺는 것이다. 맺는 까닭은 처음의 보리신에[391] 이미 법法·보報의 이신二身을 갖추고 있음을 밝히고자 한 것이다. 하물며 아래의 아홉 가지 몸(九身)에 이신二身을 갖추고 있는 것이겠는가.

처음에 의업意業은 마친다.

---

391 처음의 보리신이라고 한 것은 영인본 화엄 2책, p.476, 8행에 잘 나타나 있다.

經

其身充滿一切世間하시며

그 몸이 일체 세간에 충만하시며[392]

疏

二에 其身下는 身業也라 通三世間일새 故云一切라하니라 此正覺身은 以是十身之總일새 故此其身이 通於三身十身하야 無不充滿하니라

두 번째 그 몸이라고 한 아래는 신업身業이다.
삼세간에 통하기에 그런 까닭으로 말하기를 일체라 하였다.
이 정각신은 이 십신의 총總이기에 그런 까닭으로 여기에 그 몸[393]이 삼신과 십신에 통하여 충만하지 아니함이 없는 것이다.

鈔

初는 總明身業이라 且寄三身以明은 下明攝十하야 以爲三故니라

392 경문에 그 몸이라 운운한 것은, 위의 총 가운데 다만 자리에 거처한다고 말한 것은 곧 항상 이 보리의 자리에 거처하는 까닭이요, 지금에 그 몸이 세간에 충만하다고 말한 것은 곧 인연 따라 다다라 감동케 함에 두루하지 아니함이 없는 까닭이다. 역시 『잡화기』의 말이다.

393 그 몸이란, 정각신이다.

처음에는 모두 신업을 밝힌 것이다.
또 삼신을 의지하여[394] 밝힌 것은 아래[395]에 십신을 섭수하여 삼신을 삼은 것을 밝힌 까닭이다.

疏

法身普遍이니 世所同依故며 智身證理니 如理遍故며 色身無礙니 亦同理遍이니라

법신은 널리 두루한 몸이니 세간이 함께 의지하는 바인 까닭이며,
지신智身[396]은 진리(理)를 증득한 몸이니 진리(理)와 같이 두루하는 까닭이며
색신[397]은 걸림이 없는 몸이니 또한 진리(理)와 같이 두루한 것이다.

---

394 또 삼신을 의지한다고 한 등은, 곧 지금 소문에 삼신과 십신에 통한다는 말을 인하여 곧 아래 소문에 오직 삼신만 의지한다는 뜻을 둔 것이어늘, 어떤 사람이 말하기를 여기에 또 삼신을 의지한다고 한 등의 문장이 마땅히 다음 9행(영인본 화엄 2책, p.487, 9행)에 색신은 마치 태양의 그림자가 두루함과 같다고 한 아래에 있어야 한다 하니, 초문의 뜻을 잃을까 염려한다. 아래 밝힌다(下明)고 한 것은 일자권日字卷 35장, 下면을 가리킨다. 이상 역시 『잡화기』의 말이다.

395 아래란, 영인본 화엄 2책, 538, 4행, 고본 日字卷 35장, 下4행에 있다.

396 지신은 곧 보신이다.

397 색신은 곧 화신이다.

鈔

法身下는 明法身은 本體遍하며 智身은 修成으로 如體而遍하며 色身은 卽體之用遍이니 法身은 如虛空遍하고 智身은 如日光遍하고 色身은 如日影遍하니라

법신이라고 한 아래는 법신은 본체가 두루하며
지신은 닦아 이룬 것으로 본체와 같이 두루하며
색신은 본체에 즉한 작용이 두루함을 밝힌 것이니,
법신은 마치 허공이 두루한 것과 같고
지신은 마치 태양의 광명이 두루한 것과 같고
색신은 마치 태양의 그림자가 두루한 것과 같은 것이다.

疏

並是圓遍하고 而非分遍이니 謂一切世間의 一一纖塵等處에 佛皆圓滿하사 總看亦現하며 別看亦現하니라

아울러 이것[398]은 원만하여 두루하고 나누어서 두루하게 한 것이 아니니,
말하자면 일체 세간의 낱낱 작은 티끌 등의 처소에 부처님이 다 원만하여 또한 나타나심을 한꺼번에 보기도 하며 또한 나타나심을

398 아울러 이것이라고 한 것은 부처님의 몸을 말하는 것이다.

따로 보기도 하는 것이다.

並是圓遍下는 別示遍相이라 三身은 皆如下說일새 故云並是라하니라 言並是圓遍者는 若大若小에 皆圓滿故니라 非分遍者는 非是分析하야 散布令遍이니라 謂一切下는 示圓遍相이니 纖塵亦圓인댄 麤則可了니라 總看亦現者는 遍法界內엔 唯是一佛이니 佛身充滿於法界故니라 別看亦現者는 則向一一國土의 一一塵中하야 皆見全身이니 故下經云호대 如於此處見佛坐하야 一切塵中亦如是하며 佛身無去亦無來나 所有國土皆明現이라하니 是也니라 又總別看者는 總則一身이 處處皆有요 別則支分인 眼耳鼻等이 各遍法界이니 故現相品云호대 佛眼云何無有量고하며 耳鼻舌身亦復然이라하니라

아울러 이것은 원만하여 두루하다고 한 아래는 두루하는 모습을 따로 보인 것이다.
삼신은 다 아래에 설한 것[399]과 같기에 그런 까닭으로 아울러 이것(並是)이라 하였다.

아울러 이것은 원만하여 두루하다고 말한 것은 혹 크고 혹 작은[400]

---

399 아래에 설한 것이란, 곧 소문에 원만하여 두루하다고 한 아래를 말하는 것이니, 초문에 아울러 이것이라 한 아래에 있는 까닭이다. 이 또한 『잡화기』의 말이다.

것에 다 원만하여 두루한 까닭이다.
나누어서 두루하게 한 것이 아니라고 한 것은 분석하여 흩어서 하여금 두루하게 한 것이 아니라는 것이다.
말하자면 일체 세간이라고 한 아래는 원만하여 두루한 모습을 보인 것이니,
작은 티끌에도 또한 원만하였다면 큰 티끌에도 곧 가히 원만한 것이 분명하다 하겠다.

또한 나타나심을 한꺼번에 보기도 한다고 한 것은 온 법계 안에는 오직 한 부처님뿐이니
부처님의 몸이 법계에 충만한 까닭이다.

또한 나타나심을 따로 보기도 한다고 한 것은 곧 낱낱 국토의 낱낱 티끌 가운데를 향하여 다 전신全身을 보는 것이니,
그런 까닭으로 아래의 경[401]에 말하기를
이곳에 부처님이 앉아 계심을 보는 것과 같아서
일체 티끌 가운데도 또한 이와 같이 보며,

---

400 혹 크고 혹 작다고 한 것은, 두루한 바 경계에 총과 별의 두 가지 뜻 가운데 처음에는 곧 총과 별이 두루한 바 의보에 속하고, 뒤에는 곧 총과 별이 능히 두루하는 정보에 속함을 말하는 것이라고 『잡화기』는 말하고 있다. 여기서 총이란 한꺼번에 두루하는 것이고, 별이란 따로 나누어서 두루하는 것을 말한다 하겠다.

401 아래의 경이란, 『화엄경수소연의초』 제7권이다.

부처님의 몸은 감도 없고 옴도 없지만
있는 바 국토에 다 분명히 나타난다 하였으니 이것이다.
또 한꺼번에 보기도 하고 따로 보기도 한다고 한 것은, 한꺼번에 본다는 것은 곧 한 몸이 곳곳에 다 있다는 것이요,
따로 본다는 것은 곧 사지四支의 부분인 눈과 귀와 코 등이 각각 법계에 두루하는 것이니,
그런 까닭으로 여래현상품에 말하기를 불안佛眼이 어떻게 한량이 없는가 하시며, 이·비·설·신도 또한 다시 그러하다[402] 하였다.

疏

又國土等이 卽是我身의 土等이니 體外無別我故며 我卽土等이니 我之體外에 無土等故니라 餘一一身이 互望融攝호미 猶多燈光이 各互相遍하니라

또 국토 등이 곧 이 내 몸의 국토 등이니
몸 밖에 따로이 내가 없는 까닭이며,
몸이 곧 국토 등이니
나의 몸 밖에 국토 등이 없는 까닭이다.
나머지 낱낱 몸이 서로 희망하여 융섭融攝하는 것이 비유하자면
수많은 등의 광명이 각각 서로서로 두루하는 것과 같다.

402 또한 다시 그러하다고 한 것은, 또한 다시 헤아릴 수 없다는 것이다.

鈔

又國土等下는 二에 圓融總攝遍이니 謂前明能遍三身이 非所遍土요 今明能遍이 卽是所遍이니 能所互融故니라 又明一一身相이 融和雜遍故니라 又上約佛身上十身이니 謂菩提願化力莊嚴等이요 今明三世間無礙之十身이니 謂國土衆生等이라 故十身相作거니 于何不融이리요 故云猶如燈光이라하니라 經云호대 譬如冥室百千燈에 一一燈光遍室內인달하야 諸佛身智亦復然이라하니라

二에 身業은 竟이라

또 국토 등이라고 한 아래는 두 번째 원융하게 모두 섭수하여 두루한 것이니,

말하자면 앞에서는 능변의 삼신이 소변의 국토가 아님을 밝힌 것이요,

지금에는 능변의 삼진이 곧 소변의 국토임을 밝힌 것이니

능·소가 서로 융합하는 까닭이다.

또 낱낱 신상身相이 융화하고 섞이어 두루함을 밝히는 까닭이다.

또 위에는 불신상佛身上의[403] 십신을 잡은 것이니,

---

403 또 위에는 불신상佛身上이라고 한 등은, 이것은 제 두 번째 뜻이니, 만약 위에 첫 번째 뜻이라고 한다면 곧 소문 가운데 처음에는 의보와 정보를 잡아 융섭함을 밝히고, 나머지 낱낱 몸이라고 한 아래는 또 정보상正報上에 나아가 모든 몸이 서로 융섭함을 밝힌 것이라 할 것이어니와, 지금 여기에 제 두 번째 뜻인즉 소문 가운데 처음에는 국토신으로써 여래신을 바라보아 융섭함을 밝히고, 나머지 낱낱 몸이라고 한 아래는 나머지 구신九身으로

말하자면 보리신과 원신과 화신과 역신과 장엄신 등이요,
지금에는 삼세간 무애無碍의 십신을 밝힌 것이니,
말하자면 국토신과 중생신 등이다.
그런 까닭으로 십신이 서로 작위作爲하거니 어디에 융합하지 않겠는가.
그런 까닭으로 말하기를 비유하자면 등의 광명과 같다 하였다.
경에 말하기를 비유하자면 어두운 방의 백천 등에
낱낱 등불의 광명이 어두운 방안에 두루하는 것과 같아서
모든 부처님의 몸과 지혜도 또한 다시 그러하다 하였다.

두 번째 신업은 마친다.

여래를 바라보아 융섭함을 비례한 것이라 할 것이다. 또 위에는 불신상의 십신을 잡았다고 말한 것은 대개 그 삼신이 십신을 융섭하여 거두는 까닭이다. 역시 『잡화기』의 말이다. 여기에 또 위에라고 한 위는 영인본 화엄 2책, p.476, 5행에 있다.

經

其音普順十方國土하시니

그 음성이 널리 시방의 국토에 순응하시니

疏

三에 其音下는 語業也라 順有三義하니 一은 順異類言音이니 經云호대 一切衆生語言法을 一言演說하야 盡無餘故라하니라 二는 順所宜說法이니 如來於一語言中에 演說無邊契經海故라하니라 三은 則順遍이니 佛以一妙音으로 周聞十方國故라하니라

세 번째 그 음성이라고 한 아래는 어업이다.
순응함에 세 가지 뜻이 있나니,
첫 번째는 다른 부류 중생의 음성을 순응하는 것이니,
경에 말하기를[404] 일체중생의 어언語言의 법을 일언一言에 연설하여 다하고 남음이 없게 하는 까닭이다 하였다.
두 번째는 마땅히 설할 바 법을 순응하는 것이니,
여래가 한 어언語言 가운데 끝없는 계경契經의 바다를 연설하는 까닭이다 하였다.
세 번째는 곧 순응하여 두루하게 하는 것이니,

404 경에 말하였다고 한 등은, 『화엄경』 십주품 법혜보살의 말이다.

부처님께서 하나의 묘한 음성으로써 시방국토에 두루 들리게 하는 까닭이다 하였다.

經

譬如虛空이 具含衆像호대 於諸境界에 無所分別하며 又如虛空이 普遍一切호대 於諸國土에 平等隨入하니라

비유하자면 허공이 수많은 형상을 갖추어 포함하고 있지만 모든 경계에 분별하는 바가 없는 것과 같으며,
또 허공이 널리 일체에 두루하지만 모든 국토에 평등하게 따라 들어가는 것과 같습니다.

疏

二에 譬如下는 喩顯이니 通喩三業이라 然佛三業은 非喩能喩요 唯虛空眞如라사 略可顯示어니와 更以餘喩인댄 便爲謗佛이니라

두 번째 비유하자면 허공이라고 한 아래는 비유로 나타낸 것이니 모두 삼업에 비유한 것이다.
그러나 부처님의 삼업은 다른 비유로는 능히 비유할 수 없고[405]

405 다른 비유로는 능히 비유할 수 없다고 한 등은, 강사가 말하기를 다른 비유로 능히 비유할 바가 아니라 오직 허공의 한 비유라야 가히 그 만에 하나라도 간략하게 비유할 수 있다 하고, 혹은 말하기를 이치는 원만하고 말은 치우친즉 여래의 삼업은 비유로 능히 비유할 바가 아니고 오직 허공의 한 비유라야 조금 가히 방불케 할 것(彷佛: 비슷하다)이다 하였으니, 초문에서 경(『화엄경』 등)을 인용하여 말한 뜻이 아닐까 염려한다. 역시 『잡화기』의 말이다.

오직 허공과 진여라야 간략하게 가히 현시할 수 있거니와, 다시 다른 비유로써 비유한다면 문득 부처님을 비방함이 되는 것이다.

鈔

二에 譬如下는 總明大意라 然佛三業은 非喩能喩者는 八十卷末云호대 三界有無一切法이 不能與佛爲譬喩가 譬如山林鳥獸等이 無有依空而住者라 虛空眞如及實際와 涅槃法性寂滅等도 唯有如是眞實法이라사 可以顯示於如來라하니 卽其文也니라 又佛地論第四云호대 如契經言호대 乃至所有施設譬喩로 喩諸如來의 所有功德인댄 一切皆是謗諸如來요 唯除一喩니 所謂虛空으로 可喩如來니 戒等無量功德이 同虛空故라하니라

두 번째 비유하자면 허공이라고 한 아래는 비유로 나타낸다고 한 것은 대의大意를 한꺼번에 밝힌[406] 것이다.
그러나 부처님의 삼업은 다른 비유로는 능히 비유할 수 없다고 한 것은, 『화엄경』 팔십권 말미에[407] 말하기를
삼계의 있고 없음의 일체법이
능히 부처님으로 더불어 비유가 될 수 없는 것이

406 대의大意를 한꺼번에 밝힌다고 한 것은, 이 소문에 두 가지가 있나니 먼저는 대의를 한꺼번에 밝힌 것(總明大意)이고, 뒤에 今有二喩(영인본 화엄 2책, p.494, 5행)라고 한 아래는 문장을 열어 따로 해석한 것(開章別釋)이다.
407 『화엄경』 팔십권 말미라고 한 것은 영인본 화엄 16책, p.447, 3행에 있는 게송이다.

비유하자면 산과 숲과 새와 짐승 등이
허공을 의지하여 머무는 이가 없는 것과 같다.

허공과 진여와[408] 그리고 실제實際와
열반과 법성과 적멸 등도
오직 이와 같은 진실한 법이 있어야
가히 여래를 현시한다 하였으니
곧 그 문장이다.

또『불지론』제사권에 이르기를 저 계경에 말하되 내지 있는 바 시설한 비유로 모든 여래의 소유한 공덕[409]을 비유한다면 일체가 다 모든 여래를 비방하는 것이요, 오직 한 비유만은 제외하나니 말하자면 허공으로 가히 여래를 비유하는 것이니 계戒 등 한량없는 공덕이 허공과 같은 까닭이다 하였다.

疏

然虛空喻가 有同不同이니 故下經云호대 解如來身은 非如虛空하야 一切妙法이 所圓滿等은 此顯不同이요 今分取同義니라 同義多種은 如下十忍品하니라

---

408 허공과 진여 운운은 영인본 화엄 16책, p.449, 9행에 있는 게송으로 바로 앞에 인용한 게송에 한 게송 뛰어넘어 나온다.

409 소유공덕所有功德이란,『불지론』제4권에는 계등공덕戒等功德이라 하였다.

그러나 허공의 비유가 같고 같지 아니함이 있나니,
그런 까닭으로 아래의 경[410]에 말하기를 여래의 몸은 허공과 같지 않아서 일체 묘한 법이 원만한 바인 줄 안다 한 등은 이것은 같지 아니한 뜻을 나타낸 것이요.
지금에는 부분적으로 같은 뜻을 취한 것이다.[411]
같은 뜻이 여러 가지인 것은 아래 십인품에 말한 것과 같다.

然虛空喩等者는 上兩句는 標요 下는 釋二相이라 先釋不同하니 卽第五回向之文이니 此는 明佛有自利之德이 不同虛空이 不能自利이라 而言等者는 等取次下經文云호대 於一切處에 令諸衆生으로 積集善根하야 悉充足故라하니 此는 明如來의 有利他之德이 不同虛空하니라 今分取同下는 二에 釋同義니 但是分同이라 同義多種은 如下十忍品者는 卽第十如空忍이니 經云호대 佛子야 此菩薩은 了一切法界가 猶如虛空하야 以無相故요 一切世界가 猶如虛空하야 以無起故요 一切法이 猶如虛空하야 以無二故요 一切衆生行이 猶如虛空하야 無所行故요 一切佛이 猶如虛空하야 無分別故요 一切佛力이 猶如虛空하

410 아래의 경이란, 십회향十回向 가운데 제오회향第五回向이다.

411 부분적으로 같은 뜻을 취한다고 한 것은, 저 비유가 이미 같고 같지 아니함이 있거늘, 지금에는 그 같지 않은 것은 차치하고 오직 그 같은 뜻만 취한 까닭이다. 혹은 말하기를 같은 뜻이 여러 가지이지만 지금에는 다만 네 가지 뜻만 취한 까닭으로 그렇게 말하는 것이다 하니, 그것은 아니다. 역시 『잡화기』의 말이다.

야 無差別故요 一切禪定이 猶如虛空하야 三際平等故요 所說一切法이 猶如虛空하야 不可言說故요 一切佛身이 猶如虛空하야 無著無礙故라하니 釋曰호대 上所引文에 若取總通인댄 無相無起等은 皆是虛空多義요 若取別相인댄 唯取無分別과 無差別과 無著無礙니 以喩於佛과 佛力佛身故니라 又彼忍下文云호대 譬如虛空이 一切法依나 不生不沒이라하며 又云호대 不可破壞라하며 又云호대 一切世間之所依止나 而無所依라하며 又云호대 無生無滅이나 能持一切世間生滅이라하며 又云호대 無方無隅나 而能顯現一切方隅라하며 又云호대 非行非住나 而能示現種種威儀라하며 又云호대 非色非非色이나 而能示現種種諸色이라하며 又云호대 非久非近이나 而能久住하야 現一切物이라하며 又云호대 非淨非穢나 不離淨穢라하며 又云호대 一切世間이 皆現其前이나 非現一切世間之前이라하며 又云호대 普入一切나 而無邊際等이라하니 皆喩菩薩이니라 經具有合이나 今略不引하니라 例喩於佛도 亦具上諸義하니 以十忍位는 是等覺故라 故可同佛이니라

그러나 허공의 비유라고 한 등은 위에 두 구절은 한꺼번에 표한 것이요,
아래는 두 가지 모습[412]을 해석한 것이다.
먼저는 같지 아니함을 해석한 것이니,
곧 제 다섯 번째 회향의 문장이니, 이것은 부처님이 스스로를 이롭게 하는 공덕이 있는 것이 허공이 능히 스스로를 이롭게 하지 못하는

412 두 가지 모습은 같고 같지 않은 두 가지 모습을 말한다.

것과는 같지 아니함을 밝힌 것이다.

등等이라고 말한 것은, 그 다음 아래의 경문에 말하기를 일체 처소에 모든 중생으로 하여금 선근을 쌓아 모아 다 충족케 하는 까닭이라고 한 것을 등취等取한 것이니,

이것은 여래가 다른 이를 이롭게 하는 공덕이 있는 것이 허공과는 같지 아니함을 밝힌 것이다.

지금에는 부분적으로 같은 뜻을 취하였다고 한 아래는 두 번째 같은 뜻을 해석한 것이니,

다만 부분적으로 같을 뿐이다.

같은 뜻이 여러 가지인 것은 아래 십인품과 같다고 한 것은 제 열 번째 허공과 같은 인忍[413]이니,

그 경에 말하기를 불자야, 이 보살은 일체 법계가 비유하자면 허공과 같아서 모습(相)이 없는 줄 아는 까닭이요,

일체 세계가 비유하자면 허공과 같아서 일어남이 없는 줄 아는 까닭이요,

일체법이 비유하자면 허공과 같아서 둘이 없는 줄 아는 까닭이요,

일체중생의 행이 비유하자면 허공과 같아서 행하는 바가 없는 줄 아는 까닭이요,

일체 부처님이 비유하자면 허공과 같아서 분별이 없는 줄 아는

413 인忍이라고 한 것은, 여기서는 십인十忍에 忍의 뜻으로 요인了忍, 즉 안다는 뜻이니 忍은 곧 了의 의미이다. 그 뜻은 알고 안주한다는 뜻이 포함되어 있다 하겠다. 따라서 허공과 같이 아는 것(如空忍)이라고 해석하는 것이 용이할 수도 있다.

까닭이요.

일체 부처님의 힘이 비유하자면 허공과 같아서 차별이 없는 줄 아는 까닭이요.

일체 선정이 비유하자면 허공과 같아서 삼제三際가 평등한 줄 아는 까닭이요.

설한 바 일체법이 비유하자면 허공과 같아서 가히 설할 수 없는 줄 아는 까닭이요.

일체 부처님의 몸이 비유하자면 허공과 같아서 집착도 없고 걸림도 없는 줄 아는 까닭이다 하였으니,

해석하여 말하면 위의 인용한 바 문장에 만약 총통總通[414]을 취한다면 모습이 없고 일어남이 없다는 등은 다 이 허공의 다양한 뜻을 취한 것이요,[415]

만약 별상別相을 취한다면 오직 분별이 없고 차별이 없고 집착도 없고 걸림도 없다는 뜻만 취한 것이니,

부처님과 부처님의 힘과 부처님의 몸에 비유한 까닭이다.

또 저 십인품 아래 문장에 말하기를 비유하자면 허공이 일체법을 의지하지만 일어난 적도 없고 사라진 적도 없는 것과 같다 하였으며,

또 말하기를 가히 파괴할 수 없다 하였으며,

또 말하기를 일체 세간이 의지하는 바이지만 의지하는 바가 없다 하였으며,

---

414 총통總通은 총상總相이 아닌가 한다. 뒤에 별상別相이 나오기에.

415 다 이 허공의 다양한 뜻이라고 한 것은, 『잡화기』에 말하기를 그 뜻에 말하되 다 이 허공의 다양한 뜻이 부처님과 같다는 것이다 한다 하였다.

또 말하기를 태어난 적도 없고 소멸한 적도 없지만 능히 일체 세간의 태어나고 소멸함을 부지한다 하였으며,
또 말하기를 모도 없고 모퉁이도 없지만 능히 일체 모와 모퉁이를 나타낸다 하였으며,
또 말하기를 간 적도 없고 머문 적도 없지만 능히 가지가지 위의를 시현한다 하였으며,
또 말하기를 색도 아니고 비색非色도 아니지만 능히 가지가지 모든 색을 시현한다 하였으며,
또 말하기를 오래지도 않고 가깝지도 않지만 능히 오래 머물러 일체 사물을 나타낸다 하였으며,
또 말하기를 깨끗하지도 않고 더럽지도 않지만 깨끗하고 더러움을 떠나지 않는다 하였으며,
또 말하기를 일체 세간이 다 그 허공 앞에 나타나지만 허공이 일체 세간의 앞에 나타나지는 않는다 하였으며,
또 말하기를 널리 일체에 들어가지만 끝이 없다 한 등이다 하였으니 다 보살[416]에 비유한 것이다.
본경에는 법합法合도 갖추어져 있지만 지금에는 생략하고 인용하지 아니하였다.
부처님께 비유함을 예한 것[417]도 또한 위의 모든 뜻[418]에 갖추어져

416 보살菩薩은 보리菩提로 된 本도 있으나 앞에서 불자佛子, 보살菩薩, 일체법계一切法界 운운하였으니 보살이 맞다.

417 부처님께 비유함을 예한 것이라고 한 것은 영인본 화엄 2책, p.492, 9행에 있다.

있나니,

십인十忍의 지위는 이 등각인 까닭이다.

그런 까닭으로 가히 부처님과 같다 할 수 있는 것이다.

疏

今有二喩하니 開成四義하리라 一은 含攝喩니 兼無分別義라 二는 普遍喩니 兼遍入義라 以此四喩로 喩意業者는 下經云호대 佛智廣大同虛空이라한 故니 此總喩也니라

지금에는 두 가지 비유가 있나니

열어서 네 가지 뜻으로 성립하겠다.

첫 번째[419]는 함섭含攝의 비유이니 무분별의 뜻도 겸하였다.

두 번째[420]는 보변普遍의 비유이니 변입遍入[421]의 뜻도 겸하였다.

이 네 가지 비유로써 의업意業에 비유한 것은, 아래의 경에 말하기를 부처님의 지혜는[422] 광대하여 허공과 같다 한 까닭이니

418 위의 모든 뜻이라고 한 것은, 위에 인용한 십인품의 뜻이다.

419 첫 번째 비유는 경문에 구함중상具含衆像이라 한 것이다.

420 두 번째 비유는 경문에 보변일체普遍一切라 한 것이다.

421 변입遍入은 본문에는 수입隨入이라 하였다.

422 아래의 경에 말하기를 부처님의 지혜 운운은, 입법계품 마지막 95송頌 가운데 첫 번째 게송으로 보현보살의 게송이다.
불지광대여허공佛智廣大如虛空 보변일체중생심普遍一切衆生心 실료세간제망상悉了世間諸妄想 불기종종이분별不起種種異分別. 부처님의 지혜는 광대하

이것은 총유總喩이다.

以此四喩下는 喩其所喩하야 別喩三業이니 卽爲三段이라 古人은 唯將前喩하야 喩於意業하고 後喩는 喩身語호대 普遍은 喩身하고 隨入은 喩語어니와 今엔 並喩三業하고 但引文證이니 居然可知니라 初는 引經總釋이니 下經等者는 通於二智四智라 然下三句云호대 普遍一切衆生心하고 悉了世間諸妄想호대 不起種種異分別이라하니 了世妄想은 卽是量智요 不起分別은 卽是理智라 而今但取廣大同空하니 則二四皆廣이라 故云總也라하니라

이 네 가지 비유라고 한 아래는 그 비유한 바에 비유하여 따로 삼업을 비유한 것이니
곧 삼단三段이 되는 것이다.
고인古人은 오직 앞의 비유[423]만을 가져 의업意業에 비유하고,
뒤에 비유[424]는 신업身業과 어업語業에 비유하되 보변[425]은 신업에

기 허공과 같아 / 널리 일체중생의 마음에 두루하고 / 세간의 모든 망상을 다 알지만 / 가지가지 다른 분별을 일으키지 않는다는 뜻이다.
영인본 화엄 16책, p.398, 1행에 있다. 영인본 화엄 2책, p.503, 7행에도 나온다.

423 앞의 비유란, 一에 함섭유含攝喩이다

424 뒤에 비유란, 二에 보변유普遍喩이다.

425 보변은 영인본 화엄 2책, p.490, 7행이다.

비유하고 수입隨入[426]은 어업에 비유하였거니와,
지금에는 아울러 삼업에 비유하고 다만 문장만을 인용하여[427] 증거하였을 뿐이니
거연居然히 가히 알 수가 있을 것이다.

처음에는 경을 인용하여 한꺼번에 해석한 것이니
아래의 경이라고 한 등은 이지二智[428]와 사지四智에 통하는 것이다.
그러나 아래 세 구절에 말하기를
널리 일체중생의 마음에 두루하고
세간의 모든 망상을 다 알지만
가지가지 다른 분별을 일으키지 않는다 하였으니
세간의 모든 망상을 안다고 한 것은 곧 이 여량지이고,
분별을 일으키지 않는다고 한 것은 곧 이 여리지이다.
그러나 지금에는 다만 광대하여 허공과 같다고 한 것만을 취하였으니,
곧 이지二智와 사지四智가 다 광대하다는 것이다.
그런 까닭으로 말하기를 총유總喩라 하였다.

---

426 수입隨入은 영인본 화엄 2책, p.490, 7행이다.

427 다만 문장만을 인용하였다고 한 등은 스스로 해석함을 수구하지 아니한 까닭이다. 단但 자로써 구俱 자의 잘못이라 함이 있는 것은 잘못이다.

428 이지二智라고 한 등은, 법 가운데는 사지四智가 있으나 지금의 비유 가운데는 이지二智가 없는 것은 대개 삼지三智가 이지二智를 벗어나지 않고, 무장애지無障碍智가 또한 삼지를 벗어나지 않는 까닭이라고 『잡화기』는 말하고 있다.

疏

量智包含이나 而普遍하고 理智無分別이나 而證入이니라

여량지는 포함하였지만 그러나 널리 두루하고,
여리지는 분별이 없지만 그러나 증득하여 들어가는 것이다.

鈔

量智包含下는 初喩二智라 取前喩中에 包含之義와 及後喩中에 普遍之義하야 以斯二義로 並喩量智하니 知差別故로 似包含義요 無法不知는 是普遍義니라 理智無分別等者는 取前喩에 無分別義와 後喩에 平等隨入義하야 總取二義하야 以喩理智하니 理智는 卽無分別智로 方能證入眞如故니라

여량지는 포함하였지만이라고 한 아래는 처음에는 이지二智에 비유한 것이다.
앞의 비유 가운데 포함한다는 뜻과 그리고 뒤의 비유 가운데 널리 두루한다는 뜻을 취하여 이 두 가지 뜻으로써 아울러 여량지에 비유한 것이니,
차별을 아는 까닭으로 포함한다는 뜻과 같고 법마다 알지 못함이 없는 것은 이것은 널리 두루한다는 뜻이다.

여리지는 분별이 없지만이라고 한 등은 앞의 비유에 분별이 없다는

뜻과 뒤의 비유에 평등하게 따라 들어간다는 뜻을 취하여 이 두 가지 뜻을 모두 취하여 여리지에 비유한 것이니,
여리지는 곧 분별이 없는 지혜(無分別智)로 바야흐로 능히 진여에 증득하여 들어가는 까닭이다.

疏

又大圓鏡智는 純淨圓德이 現種依持이며 能現能生身土智影이니 卽含攝義니라

또 대원경지는[429] 순수하고 청정하고 원만한 공덕이 현행과 종자의 의依·지持가 되며
몸과 국토와 지혜의 그림자를 능히 나타내고[430] 능히 발생하나니,
곧 함섭含攝의 뜻이다.

鈔

又大圓鏡智下는 二에 以二喩喩四智니 於中에 先引唯識하야 證包含義하고 後引當經하야 雙證二義라 今初니 唯識第十云호대 一은 大圓鏡智相應心品이니 謂此心品은 離諸分別하야 所緣行相이 微細難知하며 不忘不愚一切境相하며 性相淸淨하며 離諸雜染하며 純淨圓德

429 대원경지 운운은 영인본 화엄 2책, p.482, 1행에 이미 말한 바 있다.
430 능히 나타낸다고 한 등은, 『잡화기』에 말하기를 삼신三身과 삼토三土를 나타내어 그 삼지三智를 발생하는 것을 말하는 것이다 하였다.

은 現種依持며 能現能生身土智影하야 無間無斷하야 窮未來際토록 如大圓鏡에 現衆色像이라하니 釋曰호대 純者無雜이요 淨者는 離染이요 圓者는 滿義라 現種依持者는 現行功德之依며 種子功德之持며 能現能生身土三智之影이니라 餘文可知니라

또 대원경지라고 한 아래는 두 번째 두 가지 비유로써 사지四智에 비유한 것이니
그 가운데 먼저는 『유식론』을 인용하여 포함의 뜻을 증명하고,
뒤에는 『화엄경』(當經)을 인용하여 두 가지 뜻을 함께 증명한 것이다.
지금은 처음으로 『유식론』 제십권에 말하기를[431] 첫 번째는 대원경지의 상응심품相應心品이니,
말하자면 이 심품은 모든 분별을 떠나 반연하는 바 행상이 미세하여 알기 어려우며,
일체 경계의 모습을 잊지도 않고 어리석지도 아니하며,
자성(性)과 모습(相)이 청정하며,
모든 잡념을 떠났으며,
순수하고 청정하고 원만한 공덕은 현행과 종자의 의依·지持가 되며,
몸과 국토와 지혜의 그림자를 능히 나타내고 능히 발생하여 사이도 없고 끊어짐도 없어서 미래의 세월이 다하도록 대원경상大圓鏡上에 수많은 색상을 나타내는 것과 같다 하였으니,

---

431 『유식론』 제십권 운운은, 이 아래 나오는 『유식론』은 영인본 화엄 2책, p.503, 5행까지는 모두 『유식론』 제십권이다.

해석하여 말하면 순수(純)하다는 것은 섞임이 없는 것이요,
청정하다는 것은 더러움을 떠난 것이요,
원만하다고 한 것은 만족의 뜻이다.
현행과 종자의 의지가 된다고 한 것은 현행공덕의 의지가 되며 종자공덕의 의지가 되며,
몸과 국토와 삼지三智의 그림자를 능히 나타내고 능히 발생한다는 것이다.
나머지 문장은 가히 알 수가 있을 것이다.

疏

下經云호대 菩提智가 普現一切衆生의 心念根欲等이나 而無所現이라하니 無所現言은 無有分別이니라

아래의 경[432]에 말하기를 보리의 지혜가 널리 일체중생의 마음과 생각과 근성과 욕락 등에 나타나지만 그러나 나타나는 바가 없다 하였으니
나타나는 바가 없다고 말한 것은 분별이 없다는 것이다.

鈔

下經云호대 菩提智下는 第二에 引當經하야 雙證二義니 經云호대 譬

432 아래의 경이란, 초문에 있다.

如大海가 普能印現四天下中에 一切衆生의 色身形像일새 是故共說以爲大海인달하야 諸佛菩提도 亦復如是하야 普現一切衆生의 心念根欲等이나 而無所現이라하니라 無所現言은 無有分別者는 上現心欲等은 卽證含攝義요 今證無分別義라 然이나 唯識鏡智가 亦有無分別義나 前疏總中에 已引用故니 故今略之니라 然無所現은 有其二義하니 一은 所現而空이요 二는 無心而現이니 今取後義니라

아래의 경에 말하기를 보리의 지혜라고 한 아래는 제 두 번째『화엄경』을 인용하여 두 가지 뜻을 함께 증명한 것이니,
경에 말하기를 비유하자면[433] 큰 바다가 널리 능히 사천하 가운데 일체중생의 색신의 형상을 찍어 나타내기에 이런 까닭으로 함께 설하여 큰 바다라 함과 같아서, 모든 부처님의 보리도 또한 다시 이와 같아서 널리 일체중생의 마음과 생각과 근성과 욕락 등에 나타나지만 나타나는 바가 없다 하였다.
나타나는 바가 없다고 말한 것은, 분별이 없다는 것이라고 한 것은 위에 마음과 욕락 등을 나타낸다고 한 것은 곧 함섭含攝의 뜻을 증명한 것이요,
지금에는 무분별無分別의 뜻을 증명한 것이다.
그러나 유식의 대원경지가 또한 무분별의 뜻이 있지만 앞의 소문

433 경에 말하기를 비유하자면 운운은,『화엄경』52권 여래출현품에 보현보살의 말이다.『현담』,『회현기』34권에도 인용한 바 있다. 그리고『종경록』18권에도 인용되어 있다. 연수스님은『종경록』의 저자로 현수스님보다 한참 후대의 사람이니, 여기에 해당되지 않지만 참고로 인용하였다.

총유總喩[434] 가운데 이미 인용한 까닭이니,
그런 까닭으로 지금에는 생략하였다.

그러나 나타나는 바가 없다고 한 것은 그 두 가지 뜻이 있나니
첫 번째는 나타나는 바가 공한 것이요,
두 번째는 무심으로 나타나는 것이니,
지금에는 뒤의 뜻을 취한 것이다.

疏

平等性智는 觀一切法과 自他有情이 悉皆平等이나 亦無分別이니
無分別言은 顯無差別故니라

평등성지는[435] 일체법과 자타의 유정이 다 평등한 줄을 관찰하지만
또한 분별이 없나니,
분별이 없다고 말한 것은 차별이 없음을 나타내는 것이다.

434 앞의 소문 총유總喩라고 한 것은, 가까이는 영인본 화엄 2책, p.493, 7행 이하이고, 멀리는 영인본 화엄 2책, p.481, 9행이다.

435 평등성지라고 운운한 것은, 앞에 보리의 지혜는 곧 포함과 무분별의 두 가지 뜻을 갖추고 있고, 여기 평등성지는 곧 오직 무분별의 한 가지 뜻만 있다. 평등성지는 영인본 화엄 2책, p.482, 4행에 이미 나온 바 있다.

鈔

平等性智者는 疏文亦二니 先引唯識이라 論云호대 二는 平等性智相應心品이니 謂此心品은 觀一切法과 自他有情이 皆悉平等하야 大慈悲等으로 恒共相應하야 隨諸有情所樂하야 示現受用身土와 影像差別하나니 妙觀察智의 不共所依요 無住涅槃之所建立이니 一味相續하야 窮未來際라하니 釋曰호대 由昔因中에 執有我故로 自他差別거니와 今我執旣無일새 故皆平等하야 隨十地有情의 所樂하며 由無住涅槃의 所立하야 此識이 恒共悲智相應하야 一味無漏니라 亦無分別者는 彼論엔 無有無分別言거늘 今言亦無分別은 乃有二意하니 一은 依唯識인댄 四智가 通緣眞如境故를 是無分別이요 二者는 約境인댄 無差別故로 名無分別이라

평등성지라고 한 것은 소문에 또한 두 가지가 있나니
먼저는 『유식론』을 인용한 것이다.
『유식론』에 말하기를 두 번째는 평등성지의 상응심품이니,
말하자면 이 심품은 일체법과 자타의 유정이 다 평등한 줄을 관찰하여 큰 자비 등으로 항상 함께 상응하여 모든 유정들이 좋아하는 바를 따라서 수용하는 몸과 국토와 영상의 차별을 시현하나니 묘관찰지의 함께 의지할 바가 아니요,[436] 무주열반[437]의 건립할 바이

436 묘관찰지의 함께 의지할 바가 아니라고 한 것은, 이 평등성지는 오직 이 묘관찰지의 의지할 바이고 나머지 다른 지혜로 더불어 의지하는 바가 되지 않는 까닭이다. 대개 원인 가운데 있어서는 안식은 안근을 의지하고, 내지

니 한맛으로 서로 이어져 미래의 끝까지 다한다 하였으니,
해석하여 말하면 옛날 인행 가운데 내가 있다고 짐작함을 인유한 까닭으로 자타가 차별하였거니와, 지금에는 나에 대한 집착이 이미 없기에 그런 까닭으로 다 평등하여 십지의 유정[438]이 좋아하는 바를 따르며,
무주열반의 건립한 바를 인유하여 이 칠식識이 항상 함께 자비와 지혜로 상응하여 한맛으로 물 샘이 없는 것이다.
또한 분별이 없다고 한 것은 저 『유식론』에는 분별이 없다는 말이 없거늘, 지금에 또한 분별이 없다고 말한 것은 이에 두 가지 뜻이 있나니[439]
첫 번째는 『유식론』을 의지한다면 사지四智가 모두 진여의 경계를 반연하는 까닭으로 분별이 없다 한 것이요,
두 번째는 경계를 잡는다면 차별이 없는 까닭으로 분별이 없다

의식은 의근을 의지하는 까닭으로 지금 과보상에 있어서도 평등성지는 오직 묘관찰지의 의지하는 바가 되는 것이다. 그러나 이것은 근根이 되는 바를 잡아 말한 까닭이어니와, 만약 바로 식이 되는 뜻을 잡아 말한다면 제칠식이 모두 나머지 칠식의 의지하는 바가 되나니, 추자권秋字卷 61장 上면을 볼 것이다. 이상은 역시 『잡화기』의 말이다.

437 무주열반이라고 한 것은, 『잡화기』에 말하기를 이미 자비·반야로 더불어 항상 함께 상응하는 까닭이다 하였다.

438 十地의 有情은 십지보살을 말한다.

439 이에 두 가지 뜻이 있다고 한 것은, 처음에 뜻은 오히려 대원경지에도 통하고, 뒤에 뜻은 바로 오직 평등성지에만 통하는 것이라고 『잡화기』는 말하고 있다.

이름한 것이다.

今初니 論云호대 大圓鏡智가 緣眞如故로 是無分別이언만 緣餘境故로 後得智攝이니 其體是一이나 隨用分二니라 了俗由證眞일새 故說爲後得이니 餘三分二도 準此應知라하니 釋曰호대 準此論文건댄 四智가 各通二智며 並通眞俗거니와 今且從增勝하야 二喩를 各配二智니라 無分別下는 卽第二意라 然이나 所觀二境이 無分別故로 能觀之智도 亦無分別일새 故無分別이라하니라 言顯無差別은 此顯平等性智의 無分別義가 與鏡智不同하니 鏡智無分別은 若明鏡之無心하고 平等性智無分別은 如日合空하니라 空無異相일새 故名無差別이라하니 謂不分別差別相故니라 故攝論第八云호대 應知一切法이 本性無分別이니 所分別無故로 無分別智無라하니라

지금은 처음으로, 『유식론』에 말하기를 대원경지가 진여를 반연하는[440] 까닭으로 분별이 없다고 하였지만, 나머지 경계를 반연하는[441] 까닭으로 후득지後得智에 섭수하는 것이니,
그 자체는 하나지만 작용을 따라서 두 가지로 나누는 것이다.
속제를 아는 것은 진제를 증득함을 인유하기에 그런 까닭으로 말하기를 후득지라 하는 것이니
나머지 삼지三智[442]를 두 가지로 나눈 것도 이것을 기준하면 응당

440 진여를 반연한다고 한 것은 근본지이다.

441 나머지 경계를 반연한다고 한 것은 후득지이다.

442 나머지 삼지三智는 곧 평등성지, 묘관찰지, 성소작지이다.

알 수가 있을 것이다 하였으니,
해석하여 말하면 이 유식 논문을 기준하건대 사지四智가 각각 이지二智에 통하며 아울러 진제와 속제에 통하거니와, 지금에는 우선[443] 더 수승한 면(增勝)만을 좇아 두 가지 비유를 각각 이지二智에 배속하였다.

분별이 없다고 한 아래는 곧 제 두 번째 뜻이다.
그러나 소관所觀의 두 가지 경계가 분별이 없는 까닭으로 능관能觀의 지혜도 또한 분별이 없기에 그런 까닭으로 분별이 없다고 하였다.[444] 차별이 없음을 나타낸다고 말한 것은 이것은 평등성지의 무분별의 뜻이 대원경지로 더불어 같지 아니함을 나타낸 것이니,

---

443 지금에는 우선이라 운운한 것은, 그 뜻에 말하기를 저 『유식론』을 기준하건대 이미 사지四智가 모두 진제와 속제를 반연한즉, 지금 경문에 무분별의 뜻도 또한 응당 모두 사지를 비유할 것이지만, 지금에는 우선 더 수승한 면만을 좇는 까닭으로 첫 번째 비유로써 대원경지와 평등성지의 두 가지 지혜에 비유하고, 제 두 번째 비유로써 묘관찰지와 성소작지의 두 가지 지혜에 비유하는 것이니, 이것은 곧 진제를 반연하는 것이 오직 이지二智에만 있는 때문이다. 이상은 역시 『잡화기』의 말이다.

444 분별이 없다고 하였다 한 것은, 원문에 無分別 言顯無差別이라 한 것을 無分別이라 하니라 言顯無差別은이라고 할 것인가, 아니면 소문처럼 無分別言은 顯無差別이라 할 것인가 하는 문제이다. 그러나 위에서 이미 무분별의 뜻을 설명하였고, 여기서는 차별이 없는 평등의 뜻을 설명하기에 무분별이라 하고 언현무차별은이라고 보는 것이 좋다. 그러나 차현평등성지此顯平等性智 이하에 분별과 평등무차별을 동시에 설명하고 있으니 무분별언無分別言 현무차별顯無差別을 다 인용구로 볼 수도 있겠다. 각자 생각할 것이다.

대원경지의 무분별은 밝은 거울이 무심한 것과 같고, 평등성지의 무분별은 태양이 허공에 합한 것과 같다.
허공은 다른 모습이 없기에 그런 까닭으로 이름을 차별이 없다고 하였으니,
말하자면 차별상을 분별하지 않는 까닭이다.
그런 까닭으로 『섭론』 제팔권에 말하기를 응당 일체법이 본성이 분별이 없는 줄 알아야 할 것이니,
분별할 바가 없는 까닭[445]으로 무분별의 지혜도 없는[446] 것이다 하였다.

---

445 분별할 바가 없는 까닭이라고 한 것은, 이 구절은 『섭론』의 처음에 두 구절의 뜻을 해석하여 성립한 것이니, 『섭론』에 해석하여 말하기를 응당 일체법이 분별이 없는 줄을 알아야 한다고 한 것은 이것은 일체법의 본래 자성이 분별이 없다는 뜻이다. 무슨 까닭인가. 분별할 바가 없는 까닭이다. 이것은 곧 분별할 바 일이 있는 바가 없음을 현시하는 까닭이다 하였다.

446 무분별의 지혜도 없다고 한 것은, 『섭론』에 해석하여 말하기를 끝 구절은 비난을 통석한 것이다. 어떤 사람이 비난하여 말하기를 만약 분별할 바가 있는 바가 없는 까닭으로 모든 법의 본래 자성이 분별이 없다고 한다면 무슨 까닭으로 본래 일체 유정이 해탈을 얻지 못하는가 하기에, 그런 까닭으로 여기에 답하여 말하기를 무분별의 지혜도 없다 한 것이니, 이것은 저 중생이 무분별의 지혜가 없기에 비록 모든 법의 자성이 본래 분별이 없지만 그러나 증득하지 못하는 것이다 하였다. 역시 『잡화기』의 말이다. 여기 무분별을 타본에는 능분별能分別이라 하였으니 앞의 소분별所分別과 대비한 것이다.

疏

故下經호대 云 於一切義에 無所觀察等이라

그런 까닭으로 아래의 경에 말하기를 일체 의치에 관찰할 바가 없다 한 등이라 하였다.

鈔

故下經者는 二에 引當經이니 卽出現品의 菩提相中이라 經云호대 佛子야 如來가 成正覺時에 於一切義에 無所觀察이라하니라 而言等者는 等取餘經云호대 於法平等하야 無有疑惑하며 無二無相하며 無行無止하며 無量無際하며 遠離二邊하야 住於中道하며 出過一切文字言說이라하니 釋曰호대 無所觀察은 證大圓鏡의 無分別義요 於法平等下는 證平等性의 無分別義니 餘義兼具니라

그런 까닭으로 아래의 경이라고 한 것은 두 번째 『화엄경』을 인용한 것이니,
곧 여래출현품의 보리상 가운데 문장이다.
그 경에 말하기를 불자야, 여래가 정각을 성취할 때에 일체 의치에 관찰하는 바가 없다 하였다.
등等이라고 말한 것은 아래 나머지 경문에 말하기를 저 법에 평등하여 의혹이 없으며,
둘도 없고 모습도 없으며,

감도 없고 그침도 없으며,
한량도 없고 끝도 없으며,
멀리 이변二邊을 떠나 중도에 머무르며,
일체 문자와 언설을 뛰어넘었다고 함을 등취等取한 것이니,
해석하여 말하면 관찰할 바가 없다고 한 것은 대원경지의 무분별의 뜻을 증명한 것이요,
법에 평등하다고 한 아래는 평등성지의 무분별의 뜻을 증명한 것이니,
나머지 뜻도 겸하여 갖추었다[447] 하겠다.

疏

是以로 太虛는 能含衆像이나 衆像은 不能含太虛하고 太虛는 不分別衆像이나 衆像은 乃差別太虛거니 以況我法은 不能容佛智나 佛智는 乃能容我法하고 有我法者는 分別如來나 是如來者는 不分別我法가

이런 까닭으로 큰 허공은 능히 수많은 형상을 포함하지만 수많은

447 나머지 뜻은 겸하여 갖추었다고 한 것은, 저 아래 경문에 한량도 없고 끝도 없다고 한 것이 여기 경문에 널리 두루하다(普徧一切)는 뜻과 같은 까닭이다. 혹은 말하기를 아래 나머지 경문에서 말한 저 법에 평등하여 의혹이 없다 한 두 구절을 바로 취하고, 그 나머지 구절은 지금에 필요한 바가 아닌 까닭으로 말하기를 겸하여 갖추었다 한 것이다 하니, 앞의 말에 미치지 못한 것이라고 『잡화기』는 말하고 있다.

형상은 능히 큰 허공을 포함하지 못하고,
큰 허공은 수많은 형상을 분별하지 않지만 수많은 형상은 이에 큰 허공을 차별하거니, 하물며 아我와 법法은 능히 부처님의 지혜를 수용하지 않지만 부처님의 지혜는 이에 능히 아와 법을 수용하고, 아와 법이 있는 사람은 여래를 분별하지만 이 여래는 아와 법을 분별하지 아니함이겠는가.

疏

二에 普遍喻中에 妙觀察智는 無不遍知니 卽普遍義요 成所作智는 曲成無遺나 卽隨入義니라

두 번째 보변의 비유 가운데 묘관찰지는 두루 알지 아니함이 없나니 곧 보변의 뜻이요,
성소작지는 자세(委曲)하게 이루어 유실함이 없나니 곧 수입隨入의 뜻이다.

鈔

二에 普遍喩下는 第二는 以第二喩로 喩妙觀察과 及成所作智라 疏文有四하니 一은 引唯識이라 言妙觀察者는 論云호대 三은 妙觀察智相應心品이니 謂此心品은 善觀諸法의 自相共相이 無礙而轉하며 攝觀無量總持定門과 及所發生功德珍寶하야 於大衆會에 能現無邊作用差別호대 皆得自在하야 雨大法雨하야 斷一切疑하고 令諸有情

으로 皆獲利樂이라하니 釋曰호대 神用無方을 稱之曰妙요 緣自共相을 名爲觀察이니 自卽色心等이 別이요 共卽同無常等이라 又攝論云호대 圓成實性은 爲共相이요 依他起性은 爲自相이라하니라 言攝觀者는 攝卽藏義요 觀卽觀察이라 六度道品은 爲功德寶요 諸神通等은 爲作用差別이라 旣觀有情의 自相共相等인댄 明無不遍知也니라

두 번째 보변의 비유라고 한 아래는, 제 두 번째[448]는 제 두 번째 두 가지 비유[449]로써 묘관찰지와 그리고 성소작지에 비유한 것이다.
소문에 네 가지가 있나니
첫 번째는 『유식론』을 인용한 것이다.
묘관찰지라고 말한 것은, 『유식론』에 말하기를 세 번째는 묘관찰지의 상응심품이니,
말하자면 이 심품[450]은 모든 법의 자상自相과 공상共相이 걸림 없이 전하여 감을 잘 관찰하며
한량없는 총지總持[451]의 삼매문과 그리고 발생할 바 공덕의 진귀한 보배를 섭장攝藏하여 관찰하여 대중이 모인 가운데 능히 끝없는 작용의 차별을 나타내지만, 다 자재함을 얻어 큰 진리의 비를 내려 일체 의심을 끊고 모든 유정으로 하여금 다 이익과 즐거움을 얻게 한다 하였으니,

---

448 두 번째라고 한 것은 경문의 제 두 번째 비유를 말한다.

449 두 번째 두 가지 비유는 一에 보변유普遍喩와 二에 수입유隨入喩이다.

450 이 심품 운운은 영인본 화엄 2책, p.482, 7행에 말한 바 있다.

451 한량없는 총지 운운은 영인본 화엄 2책, p.485, 8행에 말한 바 있다.

해석하여 말하면 신통 작용이 방소가 없는 것을 이름하여 묘妙라 하고, 자상自相과 공상共相을 반연하는 것을 이름하여 관찰이라 하나니

자상은 곧 각자 색신과 마음 등이 다른 것이요,

공상은 곧 모두 다 무상한 등이[452] 같은 것이다.

또 『섭론』에 말하기를 원성실성은 공상이 되고,

의타기성은 자상이 된다 하였다.

섭관攝觀이라고 말한 것은 섭攝이라는 것은 곧 장藏의 뜻이요,

관觀이라는 것은 곧 관찰의 뜻이다.

육바라밀의 도품道品은 공덕의 보배가 되고,

모든 신통 등은 작용의 차별이 되는 것이다.

이미 유정의 자상과 공상 등을 관찰하였다면 두루 알지 아니함이 없음을 밝힌 것이다.

成所作智等者는 論云호대 四는 成所作智相應心品이니 謂此心品은 爲欲利樂諸有情故로 普於十方에 示現種種變化三業하야 成本願力으로 所應作事라하니 釋曰호대 旣云種種三業으로 成所作事인댄 豈非委曲히 成就於物하야 無所遺漏아 此言은 卽周易繫辭云호대 範圍天地之化하야 而不過하고 曲成萬物하야 而不遺라하니 注云호대 範圍者는 擬範天地하야 而周備其理也요 曲成者는 乘變以應物하야

452 무상한 등이라 한 등等은 고苦와 공空과 무아無我를 등취한 것이니, 즉 공상共相은 모든 사람이 무상하고 무아이고 고통이 있는 것은 다 같다는 것이다.

不係一方者也니 則物宜得所矣라하니라 此說易之德이어니와 今借況佛之德耳니라 唯識結云호대 如是四智相應心品은 雖各定有二十二法의 能變所變과 種現俱生이나 而智用增일새 以智名顯이니 故此四品은 總攝佛地에 一切有爲의 功德皆盡이라하니라 會二宗義는 已如上說하니라

소문에 성소작지라고 한 등은, 『유식론』에 말하기를 네 번째는 성소작지의 상응심품이니,
말하자면 이 심품은 모든 유정을 이익케 하고 즐겁게 하고자 하기 위한 까닭으로 널리 시방에 가지가지 변화한 삼업을 시현하여 본래 서원의 힘으로 응당 지을 바 일을 이루는 것이다 하였으니,
해석하여 말하면 이미 말하기를 가지가지 삼업으로 지을 바 일을 이루었다면 어찌 자세하게 중생을 성취시켜 유실하여 물이 새는 바가 없게 하지 못하는가.
이 말은 곧 주역계사周易繫辭[453]에 말하기를 천지의 변화를 범위範圍[454] 하여 지나지 않고, 만물을 자세하게 이루어 유실하지 않는다 한 것이니,
주注에 말하기를 범위라고 한 것은 천지를 헤아려 법 받아 그 이치를 두루 갖추는 것이요,

453 주역계사周易繫辭는 계사상전으로, 유실하지 않는다 한 말 아래에 주야의 도에 통하여 안다(通乎晝夜之道而知)는 말이 있다. 홍신문화사, 『주역』, 노태준 번역, p.219, 상단에 있다.

454 범範은 법 받는다는 뜻이고, 위圍는 두루 갖춘다는 뜻이다.

자세하게 이룬다고 한 것은 변화를 타서 만물에 응하여 한 방소에 매이지 않는 것이니,
곧 만물이 마땅히 그 처소를 얻는 것이다 하였다.
이것은 변역變易의 공덕을 설한 것이거니와, 지금에는 『주역』의 말만을 빌려 부처님의 공덕에 비황比況하였을 뿐이다.
『유식론』[455] 제십권에 맺어 말하기를 이와 같이 사지四智[456]의 상응심품은 비록 각각 결정코 이십이법二十二法[457]의 능변能變과 소변所變과 현행과 종자와 구생俱生이 있지만 그러나 지혜의 작용이 더 수승(增勝)하기에 지혜의 이름으로써 나타낸 것이니,
그런 까닭으로 이 사품四品[458]은 불지佛地에 일체 유위의 공덕을 모두 섭수하여 다한 것이다 하였다.
이종二宗[459]의 뜻을 회통한 것은 이미 위에서 설한 것과 같다.[460]

---

455 원문에 유식이란,『유식론』 제십권이다.

456 사지四智는 사지보리四智菩提이다.

457 이십오법이라고 한 것은, 말하자면 이십일십소(변행五, 별경五, 선十一)와 아울러 사지四智의 상응심품이 각각 한 심왕을 따르는 것이 이것이다.『회현기』 26권, 초3장을 보니 능변은 심왕이고, 소변은 심소이니 智名(다음 줄)이 吐라고 『잡화기』는 말하고 있다. 그러나 여기에서는 以智名이라 하여 以자가 있기에 '으로'라고 吐하였으니 상기할 것이다.

458 四品이라고 한 것은 四智菩提心品이다.

459 二宗이라고 한 것은 性宗과 相宗이다.

460 이미 위에서 설한 것과 같다고 한 것은, 영인본 화엄 2책, p.484, 1행에 사지보리四智菩提는 성종과 상종의 두 종(二宗)에 다 갖추고 있으나 운운하여 저 상종에서 사지를 설한 것은 서로 섞임을 얻을 수 없거니와, 지금에 성종은 일지一智가 곧 사지를 갖추고 있음을 밝힌다 한 것이다.

疏

又下經云호대 佛智廣大同虛空하야 普遍一切衆生心은 此卽智體遍이요 悉了世間諸妄想은 此約智用遍이라 又云호대 得一切法界量等心은 此約證遍이요 智性全同於色性故는 此約理遍이라

또 아래의 경에 말하기를[461] 부처님의 지혜는 광대하여 허공과 같아서 널리 일체중생의 마음에 두루한다고 한 것은 이것은 곧 지신智身의 자체가 두루한 것이요,
세간의 모든 망상[462]을 다 안다고 한 것은 이것은 지신의 작용이 두루함을 잡은 것이다.
또 말하기를 일체 법계의 양과 같은 마음을 얻는다고 한 것은 이것은 증득함이 두루함(證徧)을 잡은 것이요,
지신의 성품이 색신의 성품과 온전히 같은 까닭이라고 한 것은 이것은 진리가 두루함(理徧)을 잡은 것이다.

鈔

又下經云下는 於中先은 釋普遍이니 有四種遍이라 一은 約智體遍이

---

461 또 아래의 경 운운은 영인본 화엄 16책, p.398, 1행에 있는 입법계품 보현보살의 게송이니, 고본으로는 80권에 해당한다. 영인본 화엄 2책, p.494, 6행에 이미 나온 바 있다.

462 망상이라는 말 아래 가지가지 다른 분별을 일으키지 않는다(不起種種異分別)는 마지막 구절이 있다.

요 二는 約智用遍이니 此二는 卽第八十經으로 已如前引하니라 三은 約契證遍이니 心與境冥이니 卽出現品의 菩提章文이라 四에 約理遍者는 卽義引起信이라 論云호대 問曰호대 若諸佛法身이 離於色相者인댄 云何能現色相고 答호대 卽此法身이 是色體故로 能現於色이니 所謂從本已來로 色心不二니라 以色性이 卽智性故로 色體無形을 說名智身이요 以智性이 卽色性故로 說名法身이니 遍一切處니라 所現之色도 無有分齊하야 隨心能示十方世界에 無量菩薩과 無量報身과 無量莊嚴이 各各差別이나 皆無分齊하야 而不相妨하나니 此非心識으로 分別能知요 以眞如自在用義故라하니 釋曰호대 此文은 亦可證下身遍이나 今但取其二性이 不異之義하야 以明智性之遍이라 上言智體는 以智爲體요 今是理性이니 與前懸隔하니라

또 아래의 경에 말하기를이라고 한 아래는[463] 그 가운데 먼저는 널리 두루함을 해석한 것이니,
네 가지 두루함이 있다.
첫 번째는 지신의 자체가 두루함을 잡은 것이요,
두 번째는 지신의 작용이 두루함을 잡은 것이니
이 두 가지는 곧 『화엄경』 제팔십권경으로 이미 앞에서 인용한 것과 같다.[464]

---

463 또 아래의 경에 말하기를이라고 한 아래는이라고 한 다음에 타본에는 제두 번째 당경을 인용하여 해석한 것이다. 그 가운데 두 가지가 있나니 먼저는 널리 두루함을 해석한 것이요, 뒤에는 따라 들어감을 해석한 것이다. 앞의 가운데 네 가지 두루함이 있다 운운하여 과목을 열거하였다.

세 번째는 계합하여 증득함이 두루함을 잡은 것이니,
마음이 경계로 더불어 명합한 것이니 곧 여래출현품의 보리장章의 문장이다.
네 번째는 진리가 두루함을 잡았다고 한 것은 곧 『기신론』을 뜻으로 인용한 것이다.
『기신론』에 말하기를, 물어 말하되 만약 모든 부처님의 법신이 색상色相을 떠났다고 한다면 어떻게 능히 색상을 나타내는가.
답하기를 곧 이 법신이 이 색신의 자체인 까닭으로 능히 색신을 나타내나니,
말하자면 본래로 좇아옴으로 색과 심心이 둘이 아닌 것이다.
색신의 성품이 곧 지신의 성품인 까닭으로 색신의 자체가 형상이 없는 것을 말하여 지신이라 이름하고, 지신의 성품이 곧 색신의 성품인 까닭으로 말하기를 법신이라 이름하나니 법신이 일체 처소에 두루하는 것이다.
나타내는 바 색신도 분제分齊가 없어서 마음을 따라 능히 시방세계에 한량없는 보살과 한량없는 보신과 한량없는 장엄을 나타내는 것이 각각 차별하지만 다 분제가 없어서 서로 방해하지 않나니,
이것은 심식心識으로 분별하여 능히 알 것이 아니고 진여의 자재한 작용의 뜻인 까닭이라 하였으니,
해석하여 말하면 이 문장은 또한 아래의 신변身徧을 증명한 것이지만, 지금에는 다만 그 두 가지 성품[465]이 다르지 않다는 뜻만을 취하여

---

464 앞에서 인용한 것과 같다고 한 것은 영인본 화엄 2책, p.494, 6행이다.

지신의 성품이 두루함을 밝힌 것이다.
위에서 지신의 자체라고 한 것은 지혜로써 몸을 삼은 것이요,
지금에 이 지신의 성품이라고 한 것은 진리(理)로써 성품을 삼은 것이니
앞에 색신의 성품으로 더불어 차이가 현격하다 하겠다.

疏

云何遍入고 不壞能所하고 有證知故라 故下經云호대 世間諸國土의 一切皆隨入이나 智身無有色이니 非彼所能見이라하니라

어떤 것이 두루 들어가는(徧入) 것인가.
능·소를 무너뜨리지 않고 증득하여 아는 것이 있는 까닭이다.
그런 까닭으로 아래의 경[466]에 말하기를
세간에 모든 국토의
그 일체에 다 따라 들어가지만
지혜의 몸은 색상이 없나니
저 일체 사람은[467] 능히 볼 바가 아니다 하였다.

---

465 원문에 이성二性이란, 지성智性과 색성色性이다.

466 아래의 경은 곧 보살문명품 게송의 말이다.

467 피소彼所라 한 피彼 자는 일체인一切人 혹 지신智身이라고도 한다.

鈔

云何下는 二에 釋隨入이라 不壞能所者는 由前普遍之言이니 有其二義라 一은 有能所遍이요 二는 無能所遍이니 謂約體遍인댄 衆生却是智中物故며 若約理遍인댄 所遍全是能遍體故로 則能所不二故니 今此義는 不壞能所하고 所證能證의 二相容差니라 故下經下는 引證이니 卽問明品의 佛境甚深中에 答佛境入文이라 然彼中意는 入有二義하니 一者는 色身入이요 二者는 智身入이니 今取智入이라 身入은 可見거니와 智入은 唯智가 能知일새 故云非彼所能見이라하니라

어떤 것이라고 한 아래는 두 번째 따라 들어감(隨入)을 해석한 것이다.
능·소를 무너뜨리지 않는다고 한 것은 앞의 널리 두루함(普徧)[468]이라는 말을 인유한 것이니
거기에 두 가지 뜻이 있다.
첫 번째는 능변과 소변이 있는 것이요,
두 번째는 능변과 소변이 없는 것이니
말하자면 지신의 자체가 두루함을 잡는다면[469] 중생이 도리어 지신

468 앞의 널리 두루함이라고 한 것은 앞의 경문 가운데 널리 일체에 두루한다(普遍一切)고 한 말을 가리키는 것이다.

469 지신의 자체가 두루함을 잡는다면 운운한 것은, 널리 두루하는(普徧一切) 것과 따라 들어가는(於一切國土에 平等隨入) 것이 각각 능소가 있는 것과 능소가 없는 것이 있나니, 널리 두루하는 가운데 지신의 작용과 증득하는 것과 두 가지 두루하는 것은 능소가 있는 줄 가히 아는 까닭이니, 다만 지신의 지혜와 진리와 두 가지 두루함을 잡아서는 능소가 없는 것이요,

가운데 중생인 까닭이며,

만약 진리가 두루함을 잡는다면[470] 소변所徧은 온전히 이 능변能徧의 자체인 까닭으로 곧 능·소가 둘이 없는 까닭이니,

지금의 이 뜻은 능·소를 무너뜨리지 않고 소증所證과 능증能證의 두 가지 모습이 차별함을 용납하는 것이다.

그런 까닭으로 아래의 경에 말하기를이라고 한 아래는 인용하여 증명한 것이니,

곧 문명품에[471] 부처님의 경계가 깊고도 깊다고 한 가운데 부처님의 경계에 들어감을 답한 문장이다.

그러나 저 문명품 가운데 뜻은 들어가는 데 두 가지 뜻이 있나니,

첫 번째는 색신이 들어가는 것이요,

두 번째는 지신智身이 들어가는 것이니

지금에는 지신이 들어가는 것만 취하였을 뿐이다.

색신이 들어가는 것은 가히 볼 수 있거니와

지신이 들어가는 것은 오직 증득한 지혜만이 능히 아는 것이기에,

따라 들어가는 가운데 이 지신이 따라 들어가는 것은 능소가 있는 것이다. 이상은 『잡화기』의 말이다.

두 가지 두루하는 것이란 능변과 소변이다. 지신의 자체가 두루함을 잡는다고 한 것은, 곧 첫 번째 능변과 소변이 있다는 뜻에 해당하는 것이다.

470 만약 진리가 두루함을 잡는다고 한 것은, 두 번째 능변과 소변이 없다는 뜻에 해당하는 것이다.

471 곧 문명품 운운은, 바로 아래 영인본 화엄 2책, p.506, 8행에도 이와 유사한 문장을 인용하였다.

그런 까닭으로 말하기를 저 일체 사람[472]은 능히 볼 바가 아니다 하였다.

疏

由隨於如하야 卽入無所入일새 故云平等이라하니라

여래를 따라 곧 들어가지만 들어가는 바가 없음을 인유하기에, 그런 까닭으로 말하기를 평등이다 하였다.[473]

鈔

由隨於如下는 釋平等入言이니 此乃義引淨名의 目連章云호대 法隨於如나 無所隨故라하니 謂若有所隨인댄 所隨가 則在能隨之外하고 能隨之法이 乃在所隨如外하야 所隨之如가 不遍能隨나 由無所隨일새 當體如矣니라 若約觀行인대 隨如之心이 不生하야사 眞順如矣니라 問明亦云호대 如來深境界는 其量等虛空하야 一切衆生入이나 而實無所入이라하니 卽其義也니라

여래를 따라 곧 들어간다고 한 아래는 평등하게 따라 들어간다는

---

472 원문에 피소彼所라 한 피彼 자는 일체 사람을 가리키고, 또 지혜의 몸으로 볼 수도 있다고 앞의 주석에서 말한 바 있다.

473 그런 까닭으로 말하기를 평등하다고 한 것은, 앞의 경문 가운데 평등하게 따라 들어간다(平等隨入)는 말을 가리킨 것이다.

말을 해석한 것이니,

이것은 이에 『정명경』의 목련장[474]에 말하기를, 법은 여래를 따르지만 따르는 바가 없는 까닭이라고 한 것을 뜻으로 인용한 것이니, 말하자면 만약 따르는 바가 있다고 한다면 따르는 바(所隨)가 곧 능히 따르는(能隨) 밖에 있고, 능히 따르는 법이 이에 따르는 바의 여래 밖에 있어서 따르는 바 여래가 능히 따르는 법에 두루하지 않지만 따르는 바가 없음을 인유하기에 당체가 여여한 것이다.

만약 관행觀行을 잡는다면 여래를 따르는 마음이 일어나지 아니하여야 진실로 여래를 따르는 것이다.

문명품 게송에도 또한 말하기를

여래의 깊은 경계는

그 양量이 허공과 같아서

일체중생이 들어가지만

진실로 들어가는 바가 없다 하였으니

곧 그 뜻이다.

疏

是以虛空은 遍入國土나 國土는 不遍入虛空이니 有國土處엔 必有虛空이나 有虛空處엔 或無國土하며 虛空이 之於國土엔 平等隨入이나 國土가 之於虛空엔 自有彼此니라

---

474 『정명경』 목련장은 또한 강자권薑字卷 3권, 36장을 볼 것이다.

이런 까닭으로 허공은 국토에 두루 들어가지만[475] 국토는 허공에 두루 들어가지 못하나니,
국토가 있는 곳에는 반드시 허공이 있지만 허공이 있는 곳에는 혹 국토가 없기도 하며,
허공이 국토에 들어감에는 평등하게 따라 들어가지만 국토가 허공에 들어감에는 스스로 피彼·차此가 있는[476] 것이다.

疏

虛空은 可喩佛智요 國土는 可喩三世니 三世有處엔 佛智必在其中이나 佛智知處엔 三世或無其體하며

허공은 가히 부처님의 지혜에 비유하고,
국토는 가히 삼세에 비유하나니
삼세가 있는 곳에는 부처님의 지혜가 반드시 그 가운데 있지만

475 두루 들어간다고 한 것은 곧 널리 두루한다는 뜻이니, 비록 들어간다(入)는 말이 있지만 바로 두루한다(徧)는 뜻을 취한 것이라고 『잡화기』는 말하고 있다.

476 피彼·차此가 있다고 한 아래에 다른 본에는 이런 까닭으로 허공이라 한 아래는 제 세 번째 비유의 뜻을 맺어 성립하는 것이다. 그 가운데 먼저는 비유를 맺는 것이요, 뒤에는 병합이다. 앞의 비유를 맺는 가운데 먼저는 두루 들어가는 것을 맺는 것이요, 뒤에 허공이 국토에 들어간다고 한 아래는 평등하게 따라 들어가는 것을 맺는다는 말이 초문으로 있다.
바로 아래 허공은 가히 부처님의 지혜에 비유한다고 한 것은 법합이다.

부처님의 지혜로 증득하여 아는 곳에는 삼세가 혹 그 자체가 없기도 하며

鈔

三世有處等者는 佛智通達하야 染淨無礙하며 一念普觀無量劫故며 佛智無不遍知하며 如來定慧는 無邊際故로 前觀無始하고 後無終故니라 言佛智知處엔 三世或無其體者는 謂眞如實際와 涅槃法性은 是佛智證이니 彼無三世故니라

삼세가 있는 곳이라고 한 등은 부처님의 지혜는 통달하여[477] 더럽고(染)·깨끗함(淨)에 걸림이 없으며,
한 생각[478]에 널리 한량없는 세월을 보는 까닭이며,
부처님의 지혜는 두루 알지 아니함이 없으며,
여래의 선정과 지혜는 끝이 없는 까닭으로 앞으로는 시작이 없음을

---

477 부처님의 지혜는 통달하여 운운한 것은 삼세의 법을 밝게 통달한 것이요, 아래에 한 생각 운운한 것은 삼세의 시간을 밝게 통달한 것이요, 부처님의 지혜는 두루 운운한 것은 시간과 법을 모두 잡아 지신의 작용이 두루함을 밝힌 것이요, 여래의 선정 운운한 것은 지신의 자체가 두루함을 밝힌 까닭으로 시종이 없음을 관찰하는 것이다. 역시 『잡화기』의 말이다.

478 한 생각 운운은, 뒤에 三句가 더 있나니 갖추어 말하면
이렇다 한 생각에 널리 한량없는 세월을 보니(一念普觀無量劫)
감도 없고 옴도 없고 또한 머무름도 없다(無去無來亦無住)
이와 같이 삼세의 일을 요달하여 안다면(如是了知三世事)
모든 방편을 뛰어넘어 곧바로 십력을 이룰 것이다(超諸方便成十力).

관찰하고, 뒤로는 끝이 없음을 관찰하는 까닭이다.

부처님의 지혜로 증득하여 아는 곳에는 삼세가 혹 그 자체가 없다고 말한 것은, 말하자면 진여와 실제實際와 열반과 법성은, 이것은 부처님의 지혜로 증득하여 아는 것이니,
저 지혜로 아는 곳에는 삼세의 자체가 없는 까닭이다.

疏

佛智가 之於三世엔 平等隨入이나 三世가 之於佛智엔 自有始終하니라

부처님의 지혜가 삼세에 들어감에는 평등하게 따라 들어가지만 삼세가 부처님의 지혜에 들어감에는 스스로 처음(始)과 끝(終)이 있는 것이다.

疏

此猶約不二나 而二說耳니 若二而不二인댄 國土虛空과 三世佛智가 同一性故로 皆互相入하야 擧一全收니라

이것은 오히려 둘이 아니지만 둘임을 잡아서 설한 것일 뿐이니, 만약 둘이지만 둘이 아니라고 한다면 국토와 허공과 삼세와 불지佛智가 동일한 성품인 까닭으로 다 서로서로 들어가서 하나를 거론하여

전체를 거둘 것이다.

鈔

此猶約不二나 而二說下는 四에 總結難思라 初는 明其隨入이니 由上隨入之言하야 約不壞能所일새 故云不二而二說耳라하니 則喩中虛空은 爲能入이요 國土는 爲所入이며 法中佛智는 爲能入이요 三世는 爲所入이라 所入은 不得爲能入이나 今皆互相入인댄 則國土도 亦入虛空하고 三世도 亦入佛智일새 故云擧一全收라하니라

이것은 오히려 둘이 아니지만 둘임을 잡아서 말한 것일 뿐이라고 한 아래는 네 번째 사량하기 어려움을 모두 맺는 것이다.
처음에는 그 부처님의 지혜가 따라 들어감을 밝힌 것이니,
위에 따라 들어간다(隨入)[479]는 말을 인유하여 능·소가 무너지지 아니함[480]을 잡았기에 그런 까닭으로 말하기를 둘이 아니지만 둘임을 잡아서 설하였을 뿐이라 하였으니,
곧 비유 가운데 허공은 능입能入이 되고 국토는 소입所入이 되며,
법法 가운데 부처님의 지혜는 능입이 되고 삼세는 소입이 되는

479 위에 따라 들어간다고 한 것은, 직전 소문에 평등하게 따라 들어간다 한 것이고, 조금 더 앞으로는 영인본 화엄 2책, p.505, 3행에 두루 들어간다(徧入) 한 것이니, 그 초문에 운하변입하云何徧入下는 석수입釋隨入이라 하였으니 변입이 수입을 말하고 있음을 알 수 있다.

480 능·소가 무너지지 않는다고 한 것은, 서로 용납함을 무너뜨리지 않는다 하나니 능·소의 둘을 다 용납한다는 것이다.

것이다.

소입은 능입이 됨을 얻을 수 없지만 지금에 다 서로서로 들어간다고 하였다면 곧 국토도 또한 허공에 들어가고 삼세도 또한 부처님의 지혜에 들어가기에, 그런 까닭으로 말하기를 하나를 거론하여 전체를 거둔다 하였다.

疏

普遍亦然하니라

보변普遍의 비유도 또한 그러한 것이다.[481]

鈔

普遍亦然者는 二에 例普遍也니 上但佛智가 遍三世어니와 今三世가 亦遍佛智니라

보변의 비유도 또한 그러한 것이라고 한 것은 두 번째 보변의 비유를 비례한 것이니

위에서[482]는 다만 부처님의 지혜가 삼세에 두루한 것만을 밝혔거니

481 보변普遍의 비유도 또한 그러하다고 한 것은, 보변의 비유도 앞에 변입의 비유와 같다는 것이다. 변입은 영인본 화엄 2책, p.505, 3행에 있다.

482 위에서라고 한 것은, 제이유第二喩 가운데 일유一喩인 변입徧入의 비유 가운데 부처님의 지혜(佛智) 가운데이니 영인본 화엄 2책, p.507, 3행 이하이다.

와, 지금에는 삼세가 또한 부처님의 지혜에 두루한 것까지 밝혔다.

疏

三世間圓融하면 則言思道斷일새 故名佛智하야 爲不思議也니라

삼세간三世間이 원융하게 되면 곧 언어와 사량의 길이 끊어지기에[483] 그런 까닭으로 부처님의 지혜를 이름하여 사의할 수 없다 하는 것이다.

鈔

三世間者는 兼結上來에 包含之義와 及無分別이 皆悉圓融일새 故云不可思議라하니라

삼세간이라고 한 것은 위로 오면서 포함하여 섭수하는 뜻과 그리고 무분별의 뜻이 다 원융함을 겸하여 맺기에 그런 까닭으로 말하기를 가히 사의할 수 없다 하였다.

疏

次에 以二喻로 喻身業者는 一毛에도 尙容法界어든 全分이 必含衆

483 삼세간三世間이 원융하다고 한 것은 포함하여 섭수한다는 뜻이고, 언어와 사량의 길이 끊어졌다고 한 것은 무분별의 뜻이다. 역시 『잡화기』의 말이다.

像가

다음에 두 가지 비유로써 신업身業에 비유한 것은 한 털끝에도 오히려 법계를 수용하거든, 전체(全分)가 반드시 수많은 형상을 포함하는 것이겠는가.

鈔

次에 以二喩로 喩身業은 卽第二段이라 亦具四義하니 初義는 引經文擧況하야 以釋含攝之義일새 故云一毛에도 尙容法界어든 全分이 必含衆像가하니라 世界成就品云호대 一毛孔內難思刹이 等微塵數種種住어늘 一一皆有遍照尊하야 在衆會中宣妙法이라하며 出現品云호대 如人持尺量虛空하고 復有隨行計其數라도 虛空邊際不可得인달하야 佛一毛孔無涯限이라하며 次下文云호대 一一毛端에 悉能含受一切世界호대 而無障礙라하니 皆毛含法界義也니라

다음에 두 가지 비유로써 신업에 비유한다고 한 것은 곧 제이단第二段[484]이다.
또한 네 가지 뜻[485]을 갖추었나니
처음에 뜻은 경문에 거론한 비유를 인용하여 함섭의 뜻을 해석하기

---

484 제이단은 신업身業이다. 즉 제일단은 의업意業이고, 제이단은 신업身業이고, 제삼단은 어업語業이다.

485 네 가지 뜻은 함섭含攝의 뜻과 무분별無分別의 뜻과 보변普偏의 뜻과 수입隨入의 뜻이다.

에, 그런 까닭으로 말하기를 한 털끝에도 오히려 법계를 수용하거든 전체가 반드시 수많은 형상을 포함하는 것이겠는가 하였다.

세계성취품 게송에 말하기를
한 털구멍 안에 사의하기 어려운 국토가
작은 티끌 수와 같이 가지가지로 머물거늘
낱낱이 다 변조존遍照尊[486]이 있어
대중이 모인 가운데에 계시면서 묘한 법을 선설하신다 하였으며,

여래출현품 게송에 말하기를
어떤 사람이 자를 가져 허공을 헤아리고
다시 어떤 사람이 행보(걸음)를 따라 그 수數를 헤아릴지라도
허공의 끝을 가히 얻을 수 없는 것과 같아서
부처님의 한 털 구멍도 그 끝의 한계를 얻을 수 없다 하였으며,

이 다음 아래의 문장에[487] 말하기를
낱낱 털끝에 다 능히 일체 세계를 포함하여 수용[488]하지만 걸림이 없다 하였으니,
다 한 털끝에 법계를 포함하여 수용한다는 뜻이다.

---

486 변조존遍照尊은 비로자나 부처님이다.

487 이 다음 아래의 문장은 곧 이 세주묘엄품 장행문이니, 영인본 화엄 2책, p.534, 7행에 있다.

488 원문에 함수含受는 下文에는 용수容受로 되어 있다.

疏

出現身業第二喩云호대 譬如虛空은 寬廣非色이나 而能顯現一切諸色하나니 而彼虛空은 無有分別하며 亦無戲論이라하며 合云호대 如來身도 亦復如是하야 一切衆生으로 諸善根業을 皆得成就라하니 卽含攝義요 而如來身이 無有分別은 卽第二義니라

출현품의 신업身業 제 두 번째 비유에 말하기를 비유하자면 허공은 관대하고 넓어서 색이 아니지만 능히 일체 모든 색을 나타내나니, 그러나 저 허공은 분별이 없으며 또한 희론戲論이 없는 것과 같다 하였으며,
법합法合에 말하기를 여래의 몸도 또한 다시 이와 같아서 일체중생으로 모든 선근의 업을 다 성취함을 얻게 한다 하였으니
곧 첫 번째 함섭의 뜻이요,
여래의 몸이 분별이 없다고 한 것은 곧 제 두 번째 뜻[489]이다.

鈔

出現身業下는 引此一喩하야 證前含攝과 兼無分別이니 但合文이 未具니라 具云호대 如來身도 亦復如是하야 以智光明으로 普照明故로 令一切衆生으로 世出世間의 諸善根業을 皆得成就케하나니 而如來身은 無有分別하며 亦無戲論하니라 何以故요 從本已來로一切執著

489 제 두 번째 뜻은 무분별의 뜻이다.

과 一切戲論을 皆永斷故라하니 對文可知니라

출현품의 신업이라고 한 아래는 이 한 비유[490]를 인용하여 앞에 포함하여 섭수하는 뜻과 겸하여 무분별의 뜻을 증명한 것이니,
다만 법합의 문장이 갖추어지지 아니하였을 뿐이다.
갖추어서 말하면 여래의 몸도 또한 다시 이와 같아서 지혜의 광명으로 널리 조명照明하는 까닭으로 일체중생으로 하여금 세간과 출세간의 모든 선근의 업을 다 성취함을 얻게 하나니,
그러나 여래의 몸은 분별이 없으며 또한 희론이 없다.
무슨 까닭인가.
본래로 좇아옴으로부터 일체 집착과 일체 희론을 다 영원히 끊은 까닭이다 하였으니,
출현품 문장을 대조하면 가히 알 수가 있을 것이다.

疏

佛身充滿於法界는 卽普遍義라

부처님의 몸이 법계에 충만하다고 한 것은 곧 보변의 뜻이다.

佛身充滿於法界者는 卽現相品이니 下三句云호대 普現一切衆生前

490 이 한 비유는 곧 허공의 비유이다.

하며 隨緣赴感靡不周나 而恒處此菩提座라하니라 此四句가 皆普遍義어니와 今但用初句하야 已足爲證이니라

부처님의 몸이 법계에 충만하다고 한 것은 곧 여래현상품 게송의 말이니,
아래의 세 구절에 말하기를
널리 일체중생의 앞에 나타나며
인연을 따라 다가가 감응하여 두루하지 아니함이 없지만
항상 이 보리의 자리에 거처한다 하였다.
이 네 구절이 모두 다 보변의 뜻이거니와, 지금에는 다만 처음 구절만을 인용하여 이미 족히 증명한 것이다.[491]

疏

又云호대 譬如虛空은 遍至一切色非色處나 非至非不至인달하야 如來身도 亦復如是하야 遍一切法과 一切國土等은 卽普遍義니라

또 말하기를 비유하자면 허공은[492] 일체 색처色處와 비색처에 두루 이르지만 이른 적도 없고 이르지 아니한 적도 없는 것과 같아서,

491 이미 족히 증명한 것이라고 한 것은, 소문에서 이미 한 구절만 인용하여 보변의 뜻을 증명하였다는 것이다. 그 이미(已)라는 뜻은 여기서는 소문을 가리킨다 하겠다.

492 또 말하기를 비유하자면 허공이라 한 등은, 여래출현품을 뜻으로 인용한 것이다.

여래의 몸도 또한 다시 이와 같아서 일체법과 일체 국토에 두루한다고 한 등은 곧 보변의 뜻이다.

鈔

又云호대 譬如虛空은 遍至一切等者는 引此一文하야 亦證二義니 謂普遍과 隨入二喩라 喩中次釋이니 經云호대 何以故요 虛空無身故라하니라 合中도 略引이니 具云하면 如來身도 亦復如是하야 遍一切處하고 遍一切衆生하며 遍一切國土호대 非至非不至니라 何以故요 如來身無身故니라 爲衆生故로 示現其身이라하니 今但略引하야 足證遍義니라

또 말하기를 비유하자면 허공은 일체 색처와 비색처에 두루 이른다고 한 등은 이 한 문장을 인용하여 또한 두 가지 뜻을 증명한 것이니, 말하자면 보변普徧과 수입隨入의 두 가지 비유[493]이다.
비유 가운데 다음은 해석이니[494]
경에 말하기를 무슨 까닭인가. 허공은 몸이 없는 까닭이다 하였다.
법합 가운데의 말도 간략하게만 인용하였으니[495]

493 보변普徧과 수입隨入의 두 가지 비유는, 일체 색처와 비색처에 두루한다고 한 것은 보변의 비유이고, 이른 적도 없고 이르지 아니한 적도 없다고 한 것은 수입의 비유이다.

494 비유 가운데 다음은 해석이라고 한 것은, 처음에는 한꺼번에 표한 것이요, 하이고何以故라고 한 아래는 다음에 해석이다. 엄격하게는, 하이고는 질문이고, 하이고 아래에 '여래의 몸'이라고 한 등은 해석이다.

갖추어 말하면 여래의 몸도 또한 다시 이와 같아서 일체 처소에 두루하고 일체중생에게 두루하며

일체 국토에 두루하지만 이른 적도 없고 이르지 아니한 적도 없다.

무슨 까닭인가.

여래의 몸은 몸이 없는 까닭이다. 중생을 위한 까닭으로 그 몸을 시현할 뿐이다 하였으니,

지금에는 다만 간략하게 인용하여[496] 족히 보변의 뜻을 증명한 것이다.

疏

亦非至非不至는 卽平等隨入義니라

또한 이른 적도 없고 이르지 아니한 적도 없다고 한 것은 곧 평등과 수입隨入의 뜻이다.

亦非至非不至等者는 謂無身故로 非至니 非至는 卽平等이요 非不至

495 법합 가운데의 말도 간략하게만 인용하였다고 한 것은 소문 가운데 법합도 간략하게만 인용하였다는 것이다.

496 지금에는 다만 간략하게 인용하였다고 한 등은, 그 여래의 몸이 이르지 아니함이 없는 까닭과 그리고 중생을 위하여 나타나는 것이 또한 다 두루한다는 뜻인 까닭이라고 『잡화기』는 말하고 있다.

는 卽不礙至니 是隨入義니라

또한 이른 적도 없고 이르지 아니한 적도 없다고 한 등은 말하자면 몸이 없는 까닭으로 이른 적이 없나니
이른 적이 없다는 것은 곧 평등이요,
이르지 아니한 적이 없다는 것은 곧 이름에 걸림이 없다는 것이니 이것은 수입의 뜻이다.

疏

次以四義로 喻語業者는 如來는 於一語言中에 具一切語言故며

다음에[497] 네 가지 뜻으로써 어업語業에 비유한 것은 여래[498]는 한 말씀 가운데 일체의 말씀을 갖춘 까닭이며

鈔

次以四義로 喻語業者는 卽第三段이니 如次證四義라 言如來는 於一語言中에 具一切語言故者는 卽證含攝義니 亦是義引이라 卽出現語業中에 第四善口天女喻니 合云호대 當知하라 如來도 亦復如是하야 於一音中에 出無量聲하야 隨諸衆生의 心樂差別하야 皆悉遍至하야 悉令得解라하니 釋曰호대 據其末句인댄 可證遍至로대 今但取前

497 차次 자는 『잡화기』에는 후後 자라고 하였다.
498 여래 운운은 네 가지 뜻 가운데 첫 번째 뜻이다.

이니 卽含攝義니라 又妙嚴品云호대 如來於一語言中에 演說無邊契經海라하니 亦卽含攝義也니라

다음에 네 가지 뜻으로써 어업에 비유한다고 한 것은 곧 제삼단第三段이니,
차례와 같이 네 가지 뜻을 증명하겠다.
여래는 한 말씀 가운데 일체 말씀을 갖춘 까닭이라고 말한 것은 곧 함섭의 뜻을 증명한 것이니
역시 뜻으로 인용한 것이다.
곧 출현품의 어업語業 가운데 제 네 번째 선구천녀善口天女의 비유[499]이니,
법합法合에 말하기를 마땅히 알아라. 여래도 또한 다시 이와 같아서 한 음성 가운데 한량 음성을 내어서 모든 중생의 마음에 좋아하는 차별을 따라 다 두루 이르러 다 하여금 앎을 얻게 한다 하였으니, 해석하여 말하면 그 끝 구절을 의거한다면 가히 두루 이름(徧至)을 증명한 것이라 할 것이지만, 지금에는 다만 앞의 구절만을 취하였을

499 선구천녀善口天女의 비유라고 한 것은, 비유하자면 자재천왕에게 천녀가 있으니 이름이 선구이다. 그의 입 가운데서 한 음성을 내면 그 음성이 백천 가지 음악으로 더불어 함께 상응하여 낱낱 음악 가운데 다시 백천 가지 차별의 음성이 있나니, 불자야 저 선구천녀가 입 가운데 한 음성으로 이와 같이 한량없는 음성을 내는 것과 같아서 마땅히 알아라 운운하여 여기 말한 것과 같다. 여래출현품 보현보살의 말이다. 『현담』 제사권에도 이미 나온 바 있다. 교림출판사, 『화엄경』 4책, p.15, 5행에 있다.

뿐이니
곧 함섭의 뜻이다.
또 세주묘엄품에 말하기를 여래는 한 말씀 가운데 끝없는 계경契經의 바다를 연설한다 하였으니,
역시 곧 함섭의 뜻이다.

疏

舍支天鼓는 無心出故며

사지舍支[500]와 천고天鼓는 무심無心으로 내는 까닭이며

鈔

舍支天鼓者는 卽證第二의 無分別義니 此有二喩라 一에 舍支者는 卽十忍品의 如響忍云호대 如帝釋夫人인 阿修羅女가 名曰舍支라 於一音中에 出百千種音호대 亦不心念으로 令如是出인달하야 菩薩摩訶薩도 亦復如是하야 入無分別界하야 成就善巧로 隨類之音하야 於無邊世界中에 恒轉法輪이라하니라 二에 天鼓는 卽出現의 語業第三에 天鼓覺悟喩니 結云호대 佛子야 彼天鼓音은 無主無作이며 無起無滅이로대 而能利益無量衆生이라하고 下法合竟結云호대 而如來音은 不住方所하야 無有言說이라하니 卽無心出義니라 又如隨好品

500 사지舍支 운운은, 네 가지 뜻 가운데 제 두 번째 뜻이다.

에 天鼓가 爲諸地獄天子하야 說法云호대 諸天子야 如我說我나 而不著我하며 不著我所인달하야 一切諸佛도 亦復如是하야 自說是佛이나 不著於我하며 不著我所라하니 卽無心義니라 故로 諸論皆云호대 佛身은 如摩尼珠하야 無心現色하며 佛口는 如天鼓하야 無心出聲이라하니 皆無分別義니라

사지와 천고라고 한 것은 곧 제 두 번째 무분별의 뜻을 증명한 것이니,
여기에 두 가지 비유가 있다.
첫 번째 사지舍支는 곧 십인품의 여향인如響忍의 비유에 말하기를 제석천왕의 부인인 아수라의 딸이 이름이 사지舍支이다.
한 음성 가운데 백천 가지 음성을 내지만 마음에 생각으로 하여금 이와 같이 억지로 내게 하지 않는 것과 같아서, 보살마하살도 또한 다시 이와 같아서 무분별의 세계에 들어가서 선교방편으로 중생의 유형을 따르는 음성을 성취하여 끝없는 세계 가운데 항상 법륜을 전한다 하였다.

두 번째 천고天鼓는 곧 출현품의 어업語業 제 세 번째 천고각오天鼓覺悟[501]의 비유이니,
맺어서 말하기를 불자야, 저 하늘 북의 소리는 주체도 없고 조작함도 없으며 일어남도 없고 사라짐도 없지만 능히 한량없는 중생을 이익

501 출현품 보현보살의 말이니 교림출판사, 『화엄경』 4책, p.14 이하이다.

케 한다 하고, 그 아래에 법합을 하여 마치고 맺어 말하기를 여래의 음성은 일정한 방소方所에 머물지 않아서 언설言說이 없다 하였으니 곧 무심으로 낸다는 뜻이다.

또 여래수호공덕품에 하늘 북이 모든 지옥의 천자天子를 위하여 법을 설하여 말하기를 모든 천자들이여, 내가 나라 말하지만 나에게 집착하지 아니하며 나의 처소에도 집착하지 않는 것과 같아서, 일체 모든 부처님도 또한 다시 이와 같아서 스스로 부처라 말하지만 나에게 집착하지 아니하며 나의 처소에도 집착하지 않는다 하였으니 곧 무심無心의 뜻이다.
그런 까닭으로 모든 논에서 다 말하기를 부처님의 몸은 마니주와 같아서 무심으로 색신을 나타내며, 부처님의 입은 하늘 북과 같아서 무심으로 소리를 낸다 하였으니
다 무분별의 뜻이다.

疏

如來音聲은 無不至故며

여래의 음성[502]은 이르지 아니함이 없는 까닭이며

---

502 여래의 음성 운운은, 네 가지 뜻 가운데 제 세 번째 뜻이다.

鈔

如來音聲下는 亦出現語業의 第一相云호대 應知하라 如來音聲은 遍至니 普遍無量諸音聲故라하니 此는 證第三普遍義니라

여래의 음성이라고 한 아래는 또한 출현품 어업 가운데
제일상第一相에 말하기를
응당 알아라.
여래의 음성은 두루 이르나니
널리 한량없는 모든 음성에 두루하는 까닭이다 하였으니
이것은 제 세 번째 보변의 뜻을 증명한 것이다.

疏

應知하라 如來音聲은 無斷絕이니 普入法界故니라

응당 알아라.[503] 여래의 음성은 끊어짐이 없나니,
널리 법계에 들어가는 까닭이다.

鈔

應知하라 如來下는 此는 全證平等과 隨入之義니 以普入故며 法界平

503 응당 알아라 운운은, 네 가지 뜻 가운데 제 네 번째 뜻이다. 역시 출현품의 말이다.

等故니라

응당 알아라. 여래의 음성이라고 한 아래는 이것은 온전히 평등과 수입의 뜻을 증명한 것이니,
널리 들어가는 까닭이며
법계가 평등한 까닭이다.

疏

又云호대 如來音聲은 無邪曲은 卽平等義요 隨其信解하야 令歡喜故는 卽隨入義니라

또 말하기를 여래의 음성은 삿되고 굽음이 없다고 한 것은 곧 평등의 뜻이요,
그 중생들이 믿고 이해함을 따라 하여금 환희케 하는 까닭이라고 한 것은 곧 수입의 뜻이다.

鈔

又云호대 如來下는 引於二文하야 別證平等과 隨入二義니 彼文具云호대 應知하라 如來音聲은 無邪曲이니 法界所生故라하니라 言隨其信解하야 令歡喜者는 具云호대 應知하라 如來音聲은 隨其心樂하야 皆令歡喜하야 說法明了故라하니라 上來四文은 皆出現語業이라

또 말하기를 여래의 음성이라고 한 아래는 두 가지 문장[504]을 인용하여 평등과 수입의 두 가지 뜻을 따로 증명한 것이니,
저 출현품 경문에 갖추어 말하기를 응당 알아라. 여래의 음성은 삿되고 굽음이 없나니,
법계에서 출생하는 바인 까닭이다 하였다.

그 중생들이 믿고 이해함을 따라서 하여금 환희케 하는 까닭이라고 한 것은, 출현품에 갖추어 말하기를 응당 알아라. 여래의 음성은 그 중생들의 마음에 좋아함을 따라서 다 하여금 환희로 설법하여 분명하게 알게 하는 까닭이다 하였다.
상래上來에 네 가지 문장은[505] 다 여래출현품의 어업語業이다.

疏

以空一喩로 遍喩三業일새 故云正覺에 得無量淸淨三輪이라하니
明文昭然하니 非是穿鑿이니라
菩提身은 竟이라

허공의 한 가지 비유로써 삼업에 두루 비유하기에[506] 그런 까닭으로

504 두 가지 문장이라고 한 것은, 첫째는 여래의 음성은 삿되고 굽음이 없다 한 것이고, 둘째는 그 중생들이 믿고 이해함을 따라 하여금 환희케 한다 한 것이다.

505 상래上來에 네 가지 문장이라고 한 것은, 즉 제 삼단에 네 가지 뜻이다.

506 허공의 한 가지 비유로써 삼업에 두루 비유하였다고 한 것은, 영인본 화엄

말하기를 정각正覺에[507] 한량없는 청정한 삼륜三輪을 얻는다 하였으니, 분명한 문장이 밝게 나타났으니[508] 천착하지 말 것이다.

보리신菩提身은 마친다.

以空一喩下는 第三에 結示有歸니 謂旣明文具有일새 故不可唯以初喩로 喩意業하고 後喩로 喩身語也니라

初에 三業普周는 竟이라

허공의 한 가지 비유라고 한 아래는 제 세 번째 돌아갈 곳이 있음을

2책, p.490, 8행에 비유하자면 허공이라고 한 아래는 한 가지 비유로 나타낸 것이니, 모두 삼업에 비유한 것(通喩三業)이라 하니 변遍 자와 통通 자의 차이만 있을 뿐 뜻은 같다 하겠다.

507 그런 까닭으로 말하기를 정각正覺에라고 한 등은 가히 나눌 수 없는 비유를 증거한 것이니, 이미 삼업이 낱낱이 한량(包含·普偏의 二義)이 없고 청정(無分別·平等入의 二義)한즉, 하필 앞에 비유로 의업에 비유하고 뒤에 비유로 신업과 어업에 비유하겠는가. 혹은 네 가지 뜻을 원만하게 갖춘 것이 한량없는 것이 되고, 허공인 까닭으로 청정이 된다 하였다. 이상은 역시 『잡화기』의 말이다.

정각에 한량없는 운운은 출현품의 경문이다.

508 분명한 문장이 밝게 나타났다고 한 것은 인용한 경문에 밝게 잘 나타나 있다는 것이다. 즉 한 가지 비유로 삼업에 두루 비유한 것이 분명한 문장으로 잘 나타나 있다는 것이다.

맺어 보인 것이니
말하자면 이미 분명한 문장[509]이 갖추어져 있기에 그런 까닭으로 오직 처음에 비유로써 의업에만 비유하고, 뒤에 비유로써 신업과 어업에만 비유하는 것은 옳지 않은 것이다.

처음에 삼업이 널리 두루하다는 것은 마친다.

---

509 분명한 문장 운운은, 한 가지 비유로 삼업에 다 비유한 것이 정각에 한량없는 청정한 삼륜(삼업三業)을 얻는다고 출현품에 분명한 문장으로 갖추어 말하고 있다. 따라서 처음 비유로 의업에만 비유하고 뒤에 비유로 신업과 어업에만 비유한 것은 옳지 않다는 것이다.
사실 이 말은 고인을 배척하는 말이다. 고인은 앞에서 앞에 비유를 가져 의업에 비유하고 뒤에 비유를 가져 신업과 어업에 비유하였다. 지금에 처음 비유라 한 것은 앞에서는 앞에 비유(前喩)라 하였다. 앞에 비유에 의업은 함섭의 뜻이고, 뒤에 비유에 신업은 보변의 뜻이고, 어업은 수입의 뜻이라고 고인은 말하였으나 청량스님은 삼업에 각각 네 가지 뜻을 다 비유하였다. 따라서 고인은 별유別喩로 분석하였으나 청량스님은 총유總喩로 분석하였다. 영인본 화엄 2책, p.494, 8행을 볼 것이다. 네 가지 뜻이란 위의 세 가지에 무분별의 뜻을 더하면 된다.

經

身恒遍坐一切道場에 菩薩衆中에 威光赫奕호미 如日輪出에 照明世界하시며

세존의 몸이[510] 항상 일체 도량에 두루 앉으심에 보살 대중 가운데 위엄스런 광명이 밝게 빛나는 것이 마치 태양이 솟아남에 세계를 비추어 밝히는 것과 같으시며

---

510 세존의 몸이라고 한 등은, 경에 처음 구절이 스스로 두 가지 뜻이 있나니 바로 해석하면 곧 한 위세신이 여섯 가지 도량에 앉는 것이요, 겸하여 해석하면 곧 열 가지 몸이 열 가지 도량에 앉는 것이니, 처음에 뜻이 바른 해석이 되는 까닭은 이 가운데 이미 열 가지 몸을 지나오면서 밝혔다면 곧 나머지 아홉 가지 몸도 각각 스스로 그 문장이 있어야 하는 까닭으로 바로 가히 여기 경문으로써 한 위세신을 삼은 것이다.
아래 소문(영인본 화엄 2책, p.517, 6행, 고본 일자권日字卷 25장, 상6행)에 이 네 가지는 뜻이 편리한 까닭으로 이끌어왔다고 한 것이 이 뜻이다. 이 위에는 열 가지 몸의 치열한 뜻을 잡아 말하였거니와, 만약 원융한 뜻을 잡아 말한다면 초문(영인본 화엄 2책, p.517, 9행, 고본 일자권日字卷 25장, 상9행)에 말한 것과 같다. 또 다른 한 가지 괴이怪異한 학설이 있으나, 그러나 지금에는 입술을 놀리지 않겠다. 이상은 『잡화기』의 말이다. 여섯 가지 도량과 열 가지 도량은 소초문을 참고할 것이니, 여섯 가지 도량은 영인본 화엄 2책, p.521, 4행에 있다.
이 주석에 열 가지 몸이 열 가지 도량에 앉았다고 한 것은 바로 다음 소문에 있다.

疏

第二에 身恒下는 威勢身超勝이니 謂隨諸有情所樂하야 示現受用하는 身土影像이 差別이나 無不周遍이니라

제 두 번째 세존의 몸이 항상 일체 도량에 두루 앉았다고 한 아래는 위세신威勢身이 초월하여 수승한 것이니,
말하자면 모든 유정들이 좋아하는 바를 따라서 수용하는 몸과 국토와 영상이 차별함을 나타내 보이지만 두루하지 아니함이 없는 것이다.

鈔

謂隨諸下는 卽唯識論의 平等性智之用이니 謂以四身明義인댄 此는 當他受用身이라 雖語於土나 意正取身이니 唯識第十云호대 一은 他受用身이니 謂諸如來가 由平等智하야 示現微妙淨功德身하야 居純淨土하야 爲住十地한 諸菩薩衆하야 現大神通하야 轉正法輪하야 決衆疑網하야 令彼受用廣大法樂이라하니 釋曰 彼엔 唯淨土어니와 今엔 十身圓融하야 染淨交徹하니 與彼小異耳니라

말하자면 모든 유정들이 좋아하는 바를[511] 따라서라고 한 아래는 곧 『유식론』에 평등성지의 작용이니,
말하자면 네 가지 몸[512]으로써 뜻을 밝힌다면 이것은 타수용신他受用

511 모든 유정들이 좋아하는 바라고 한 등은 영인본 화엄 2책, p.498, 4행을 참고할 것이다.

身에 해당하는 것이다.
비록 국토를 말하였지만 그 뜻은 바로 몸을 취한 것이니,
『유식론』 제십권에 말하기를 첫 번째는 타수용신이니,
말하자면 모든 여래가 평등성지를 인유하여 미묘하고 청정한 공덕의 몸을 시현하여 순수하고 청정한 국토에 기거하여 십지에 머무는 모든 보살의 대중을 위하여 큰 신통을 나타내어 정법의 바퀴를 굴리어, 수많은 의심의 그물을 끊어 저 보살로 하여금 광대한 법락을 수용케 한다 하였으니,
해석하여 말하면 저 유식에는 오직 정토뿐이거니와, 지금에는 십신十身이 원융하여 염·정의 국토가 서로 사무치나니
저 유식으로 더불어 조금 다른 것이다.

疏

言一切道場者는 略有十種하니 一에 智身은 遍坐法性道場이요 二에 法身은 非坐而坐道場이요 三에 法門身은 安坐萬行道場이요 四에 幻化身은 安坐水月道場이니 此四는 義便故來니라

일체 도량이라고 말한 것은 간략하게 열 가지 있나니
첫 번째 지신智身은 법성의 도량에 두루 앉는 것이요,
두 번째 법신은 앉은 적이 없지만 도량에 앉는 것이요,
세 번째 법문신法門身은 만행의 도량에 편안히 앉는 것이요,

512 네 가지 몸이라고 한 것은 법신과 자수용신과 타수용신과 변화신이다.

네 번째 환화신幻化身은 수월水月의 도량에 편안히 앉는 것이니 이 네 가지는 뜻이 편리한 까닭으로 이끌어온 것이다.

鈔

言一切道場下는 牒經別釋이니 上就別義하야 配受用身은 爲順法相이요 此中據實일새 故說十身이 皆坐道場이라 而言此四는 義便故來者는 爲順十身別故니라 若將十身하야 配十道場인댄 初二可知니라 三은 卽福德身과 願身과 相好莊嚴身이니 以福德云호대 三世所行의 衆福大海라하니 是萬行故요 願은 是衆行之本이니 以行塡願하야사 方能遍周故요 相好莊嚴은 由行成故라 故十佛中엔 名業報佛이니 由萬行業하야 報得相好故니라 如云不可思議大劫海에 供養一切諸如來하며 普以功德施群生일새 是故端嚴最無比等은 皆約因成相好也니라 然法門之言은 是天台가 依智論하야 立名이니 卽功德法身이라 四에 幻化身은 卽化身意生身과 及力持身이니 此三이 皆屬化身攝故니라 菩提身은 爲總이며 亦此化身攝이니 此四가 具九하고 兼後威勢하면 則十身具矣니라 上約別說거니와 旣十身圓融인댄 隨擧一身하야 卽已具十일새 故坐一道場에 卽坐十類나 今就相顯일새 故說不同耳니라 已知十身坐處인댄 次當別釋坐義하리라

일체 도량이라고 말한 것이라고 한 아래는 경문을 중첩하여 따로 해석한 것이니,
위에서[513] 별別의 뜻에 나아가 수용신을 배속한 것은 법상종을 따른

것이요,

여기에서는 대승실교를 의거하였기에 그런 까닭으로 십신이 다 도량에 앉아 있다고 말한 것이다.

이 네 가지는 뜻이 편리한 까닭으로 이끌어왔다고 말한 것은 십신의 차별에 따르기 위한 까닭이다.

만약 십신을 가져 십도량十道場에 배속한다면[514] 처음에 지신과 두 번째 법신은 가히 알 수 있을 것이다.

세 번째[515]는 곧 복덕신과 원신과 상호장엄신이니

복덕신에 말하기를 삼세에 행한 바 수많은 복덕의 큰 바다[516]라 하니 이것은 만행인 까닭이요,

원신은 이것은 수많은 행의 근본이니,

행으로 서원을 채워야 바야흐로 능히 두루하는 까닭이요,

상호장엄신은 행을 인유하여 이루어지는 까닭이다.

그런 까닭으로 십불十佛 가운데서는 업보불이라 이름하였나니,

만행의 업을 인유하여 그 과보로 상호장엄신을 얻는 까닭이다.

---

513 위에서라고 한 등은 바로 앞의 소초에 인용한 『유식론』 제십권의 뜻을 말한다.

514 만약 십신을 가져 십도량十道場에 배속한다면이라고 한 것은, 지금 소문에 九身으로 사도량四道場에 배속한 것과 아래 소문에 위세일신威勢一身으로 육도량六道場에 배속한 것을 말한다.

515 여기서 세 번째라고 한 것은 법문신을 말한다.

516 삼세에 행한 바 수많은 복덕의 큰 바다라고 한 것은, 영인본 화엄 2책, p.524, 8행이 묘엄품의 경문이다. 과목에는 복덕신이 깊고도 넓다 하였다.

저 상호장엄신에 말하기를
가히 사의할 수 없는 큰 세월(大劫)의 바다에
일체 모든 부처님께 공양하였으며
널리 공덕으로써 군생에게 시여하기에
이런 까닭으로 단엄端嚴함이 가장 수승하여 비유할 곳이 없다[517]고
한 등은 다 과거 인행으로 상호장엄신을 이룬 것을 잡은 것이다.
그러나 법문신이라고 말한 것은, 이것은 천태스님이 『지도론』을
의지하여 이름을 세운 것이니
곧 공덕법신이다.

네 번째 환화신이라고 한 것은 곧 화신과 의생신意生身과 역지신力持身이니,
이 삼신이 다 화신에 섭속하는 까닭이다.
보리신은 총신總身이며 또한 이 화신에 섭속되나니
이 네 가지 몸이 아홉 가지 몸을 구족하였고, 뒤에 위세신을 겸하면
곧 십신이 구족되는 것이다.

이 위에서는 별신別身을 잡아 설하였거니와, 이미 십신이 원융하다면 일신一身을 거론함을 따라서 곧 이미 십신을 구족하기에 그런 까닭으로 한 도량에 앉음에 곧 십류十類의 도량에 앉는 것이지만, 지금에는 모습에 나아가 나타내기에 그런 까닭으로 같지 않다 말하

---

517 출현보광주해신出現寶光主海神이 일체주해신을 보고 읊은 게송이다.

는 것이다.
이미 십신이 앉은 처소를 알았다면 다음에는 마땅히 앉은 뜻을 따로 해석해야 할 것이다.

一에 智身은 遍坐法性道場者는 法性은 是所證이니 以能證智로 安處理故니라 二에 法身等者는 法身은 旣無能所故로 曰非坐라하니 非坐之坐하야 湛然安住를 名坐道場이니라 三에 法門身等者는 卽淨名經의 光嚴童子章云호대 佛告光嚴童子하사대 汝行詣維摩詰하야 問疾하라 光嚴白佛言호대 世尊이시여 我不堪任詣彼問疾이니다 所以者何오 憶念호니 我昔에 出毘耶離大城한대 時維摩詰이 方入城커늘 我卽作禮하야 而問言호대 居士야 從何所來고 答我言호대 吾從道場來니다 我問호대 道場者何所是고 答曰호대 直心是道場이니 無虛假故며 發行是道場이니 能辦事故며 深心是道場이니 增益功德故며 菩提心是道場이니 無錯謬故며 布施是道場이니 不望報故며 持戒是道場이니 得願具故며 忍辱是道場이니 於諸衆生에 心無礙故며 精進是道場이니 不懈退故며 禪定是道場이니 心調柔故며 智慧是道場이니 現見諸法故라하야 廣說하고 乃至云호대 一念에 知一切法이 是道場이니 成就一切智故니라 如是善男子야 菩薩이 若應諸波羅蜜하야 敎化衆生인댄 諸有所作인 擧足下足이 當知皆從道場來하야 住於佛法矣라하니 釋曰光嚴은 謂事道場일새 故問道場호대 何者是고하고 淨名은 以法表示일새 故萬行爲得道之處하야 卽是道場이라하니 故曰法門身은 坐萬行道場耳라하니라 四에 幻化身은 安坐水月道場者는 涅槃云호대 吾今此身이 是幻身矣인댄 則所得道之處도 如水中月이라하

니라 故昔人云호대 修習空華萬行하야 安坐水月道場하야 降伏鏡像天魔하고 證成夢中佛果라하니 意云호대 若因若果가 皆從緣生호미 如幻夢故라하니라

첫 번째 지신은 법성의 도량에 두루 앉았다고 한 것은, 법성은 이 증득할 바이니
능히 증득할 지혜로써 법성의 진리에 편안히 거처하는 까닭이다.
두 번째 법신이라고 한 등은, 법신은 이미 능·소가 없는 까닭으로 말하기를 앉은 적이 없다 하였으니
앉은 적이 없이 앉아서 담연湛然하게 편안히 머무는 것을 도량에 앉았다고 이름하는 것이다.
세 번째 법문신이라고 한 등은, 곧 『정명경』의 광엄동자장光嚴童子章에 말하기를 부처님이 광엄동자에게 이르시기를 그대는 유마힐에게 가서 문병問病하여라.
광엄동자가 부처님께 여쭈어 말씀드리기를 세존이시여, 저는 저 유마힐에게 가서 문병함을 감당할 수 없습니다.
무슨 까닭인가.
기억하여 보니 저가 옛날에 비야리毘耶離의 큰 성에서 나오는데 그때에 유마힐이 바야흐로 그 성에 들어오거늘, 저가 즉시에 예를 차리고 물어 말하기를 거사居士여, 어느 곳으로 좇아왔습니까.
유마힐이 저에게 대답하여 말하기를 나는 도량으로 좇아왔나이다.
저가 묻기를 도량이라는 것은 어느 곳이 이 도량입니까.
대답하여 말하기를 직심直心이 이 도량이니 헛되고 거짓됨이 없는

까닭이며,

발심이 이 도량이니 능히 일을 판단하는 까닭이며,

심심深心이 이 도량이니 공덕을 증장하여 더하는 까닭이며,

보리심이 이 도량이니 착오가 없는 까닭이며,

보시가 이 도량이니 과보를 바라지 않는 까닭이며,

지계가 이 도량이니 소원을 얻는 도구인[518] 까닭이며,

인욕이 이 도량이니 모든 중생에게 마음이 걸림이 없는 까닭이며,

정진이 이 도량이니 게을러 물러나지 않는 까닭이며,

선정이 이 도량이니 마음이 고르고 부드러운 까닭이며,

지혜가 이 도량이니 모든 법을 현재 보는 까닭이라 하여 폭넓게 설하고, 내지 말하기를 한 생각에 일체법을 아는 것이 이 도량이니 일체 지혜를 성취하는 까닭입니다.

이와 같이 선남자여, 보살이 만약 모든 바라밀에 응하여 중생을 교화한다면 삼계에 유정들이 하는 바 다리를 들고 다리를 내리는 것이 마땅히 다 도량을 좇아와서 불법에 머무는 줄 알아야 할 것입니다 하였으니,

해석하여 말하면 광엄동자는 사실적 도량을 말하려 하였기에 그런 까닭으로 도량을 묻기를 어느 곳이 이 도량입니까 하였고,

정명은 법의 도량으로써 표시表示하려 하였기에 그런 까닭으로 만행을 도를 얻는 처소로 삼아 곧 이것이 도량입니다 하였으니,

---

518 소원을 얻는 도구라고 한 것은, 계를 가진 이후에 소원을 성취하는 까닭으로 계가 소원을 얻는 도구가 되는 것이다.

그런 까닭으로 말하기를 법문신은 만행의 도량에 앉았다고 한 것이다.

네 번째 환화신은 수월의 도량에 앉았다고 한 것은, 『열반경』에 말하기를 나의 지금에 이 몸이 이 환신幻身이라면 곧 도를 얻을 바 처소도 물 가운데 달과 같다고 하였다.

그런 까닭으로 옛날 사람이 말하기를 공화空華의 만행을 닦아 익혀 수월의 도량에 편안히 앉아 경상鏡像의 천마天魔를 항복받고 꿈 가운데 불과佛果를 증득하여 성취한다 하였으니,

그 뜻에 말하기를 혹 인과가 인연으로 좇아 생기하는 것이 마치 환상과 꿈과 같은 까닭이다 한 것이다.

疏

若正約威勢身인댄 略辯六類道場이라 一은 遍一切同類世界道場이니 如名號品等說이요 二는一切異類世界이니 謂樹形等으로 如世界成就品이요 三은 一切世界種中이요 四는 一切世界海中이니 並如華藏說이요 五는 一切微塵中이니 文云호대 如於此會見佛坐하야 一切塵中亦如是等이요 六은 刹塵帝網無盡道場이라 并前十種일새 故云一切라하니라

만약 바로 위세신을 잡는다면 간략하게 육류六類의 도량으로 말할 수 있다.

첫 번째는 일체 동류同類 세계의 도량에 두루한 것이니

여래명호품 등에서 설한 것과 같은 것이요,
두 번째는 일체 이류異類 세계의 도량에 두루한 것이니,
말하자면 수형樹形 등으로 세계성취품에서 설한 것과 같은 것이요,
세 번째는 일체 세계종種 가운데 두루한 것이요,
네 번째는 일체 세계해海 가운데 두루한 것이니
아울러 세계성취품에서 설한 것과 같은 것이요,
다섯 번째는 일체 미진 가운데 두루한 것이니,
문장에 말하기를 이 회중에서 부처님이 앉아 계심을 보는 것과 같아서 일체 미진 가운데서도 또한 이와 같이 본다 한 등이요,
여섯 번째는 국토 티끌 제석의 그물같이 끝없는 도량에 두루한 것이다.
앞에 열 가지 도량을[519] 아우르기에 그런 까닭으로 말하기를 일체라 하였다.

鈔

若正約威勢下는 別辯十身之一이라 坐六類道場은 但自狹之寬이니 威勢가 旣通變化와 他受用身일새 故約諸刹漸寬하야 周遍法界하며 乃至重重하니라 如名號品等說者는 等取四聖諦과 光明覺品과 及昇忉利天宮品이니 謂遍法界虛空界에 皆有百億四天下等하야 一類相似어늘 佛皆遍故니라 已如前引하니라 其名號四諦에 皆先列百億하

519 앞에 열 가지 도량이란, 앞서 말한 영인본 화엄 2책, p.517, 4행의 열 가지 도량이다.

고 後結周遍호대 皆有百億十千名等일새 故是同類界也니라 下之五類는 至下當見하리라

만약 바로 위세신을 잡는다면이라고 한 아래는 십신에 하나를 따로 분별한 것이다.
육류의 도량에 앉았다고 한 것은 다만 좁은 데로부터 넓은 데로 나아간 것뿐이니,
위세신이 이미 변화신과 타수용신에 통하기에 그런 까닭으로 모든 국토가 점점 넓어 법계에 두루하며 내지 중중重重으로 무진함을 잡아 말한 것이다.

여래명호품 등에 설한 것과 같다고 한 것은 사성제품과 광명각품과 그리고 승도리천궁품을 등취等取한 것이니,
말하자면 모든 법계와 허공계에 다 백억 사천하 등이 있어서 일류一類로 상사相似하거늘 부처님이 다 그곳에 두루하는 까닭이다.
이미 앞[520]에서 인용한 것과 같다.
그 명호품과 사성제품에서는 다 먼저 백억 세계를 열거하고, 뒤에 두루함을 맺되 다 백억십천의 이름 등이 있기에 그런 까닭으로 이것은 동류 세계인 것이다.
아래에 오류 세계는 아래에 이르러 마땅히 나타낼 것이다.[521]

520 앞이란, 『현담』 제7권을 말한다.

521 아래에 이르러 마땅히 나타낼 것이라고 한 것은, 동류를 제외한 나머지 오류 도량은 소문에 명시한 각각 그 품에 이르러 나타낼 것이라는 것이다.

疏

言菩薩衆中에 威光赫奕者는 正顯威勢超勝이니 勝於勝者故로 獨言菩薩이언정 非不超餘니라 如日輪出하야 照明世界는 約喻以顯이니 映山出沒이나 無隱顯故며 處處全現이나 無異體故로 喻遍坐道場이니라

보살 대중 가운데 위엄스런 광명이 밝게 빛난다고 말한 것은 바로 위세신이 뛰어나 수승함을 나타낸 것이니,
수승한 사람에게서 더 수승한[522] 까닭으로 유독 보살이라고 말하였을 뿐 나머지 대중이 뛰어나지 못하다는 것은 아니다.
마치 태양이 솟아나 세계를 밝게 비추는 것과 같다고 한 것은 비유를 잡아서 나타낸 것이니,
태양이 나와 산을 비춤에 나왔다 들어갔다 하는 듯하지만 숨거나 나타난 적이 없는 까닭이며, 곳곳에 온전히 나타나지만 다른 자체(異體)가 없는 까닭으로 일체 도량에 두루 앉음에 비유한 것이다.

鈔

言菩薩衆中等者는 卽以此文으로 顯是威勢身也니 映蔽菩薩故니라 映山出沒等者는 謂映山出沒은 如化身坐道場이요 無隱顯者는 卽法身坐道場이요 處處全現下는 卽報身坐道場이니 以卽應卽眞故로

522 수승한 사람이란 보살이고, 더 수승하다고 한 것은 부처님 위세신이다.

隨處即全이나 皆無異體니라

보살 대중 가운데라고 말한 등은 곧 이 문장으로써 위세신을 나타낸 것이니,
그 비춤[523]이 보살을 덮는 까닭이다.

산을 비춤에 나왔다 들어갔다 하는 듯하다고 한 등은, 말하자면 태양이 나와 산을 비춤에 나왔다 들어갔다 하는 듯하다고 한 것은 화신이 도량에 앉음을 비유한 것이요,
숨거나 나타난 적이 없다고 한 것은 곧 법신이 도량에 앉음을 비유한 것이요,
곳곳에 온전히 나타난다고 한 아래는 곧 보신이 도량에 앉음을 비유한 것이니,
응화신에 즉하고 진법신에 즉하는 까닭으로 곳을 따라 온전히 나타나지만 다 다른 자체(異體)가 없는 것이다.

疏

大明流空에 餘輝掩輝일새 赫日之照는 難究其涯니 喻彼威光이 超映菩薩에 菩薩不能測也니라

큰 광명이 허공에서 유출함에 나머지 빛이 그 비춤을 엄폐하기에

523 그 비춤이란 부처님 위세신의 비춤을 말한다.

빛나는 태양의 비춤은 그 끝을 궁진하기 어렵나니,
저 세존의 위엄스런 광명이[524] 보살 가운데 뛰어나 수승하게 비춤에
보살은 능히 측량할 수 없음에 비유한 것이다.

鈔

大明流空下는 正釋威勢니 大明卽日이요 餘輝는 謂星月等이라 日喩如來하고 月喩菩薩하고 星等은 喩餘衆이니 正取映奪은 是威勢義요 兼菩薩不測도 亦威勢義니라 赫日之照等者는 卽夜摩會의 勝林菩薩偈云호대 譬如孟夏月에 空淨無雲翳하면 赫日揚光輝하야 十方靡不充하니라 其光無限量하야 無有能測知하니 有目斯尙然거든 何況盲冥者리요 諸佛亦如是하야 功德無邊際하니 不可思議劫에 莫能分別知라하니라

큰 광명이 허공에서 유출한다고 한 아래는 바로 위세신을 해석한 것이니,
큰 광명이라는 것은 곧 태양이요,
나머지 빛이라는 것은 별과 달 등을 말하는 것이다.
태양은 여래에 비유하고 달은 보살에 비유하고
별 등은 나머지 중생에 비유하나니,
바로 비춤을 빼앗음을[525] 취한 것은 이 위세의 뜻이요, 겸하여 보살

---

524 저 세존의 위엄스런 광명이란 부처님 위세신의 광명을 말한다.
525 비춤을 빼앗는다고 한 것은 보살의 비춤을 부처님이 빼앗는다는 것이다.

은 능히 측량할 수 없다고 한 것도 또한 위세의 뜻이다.

빛나는 태양의 비춤이라고 한 등은, 야마천궁회의 승림勝林보살 게송에 말하기를

비유하자면 한여름 달에
허공이 맑아 구름 가림이 없다면
빛나는 태양이 그 광명을 드날리어
시방에 충만케 하지 아니함이 없는 것과 같다.

그 광명이 한량이 없어
능히 측량하여 알 수 없나니
눈이 있어도 오히려 그러하거든
어찌 하물며 눈이 어두운 사람이겠는가.

모든 부처님도 또한 이와 같아서
공덕이 끝이 없나니
가히 사의할 수 없는 세월에
능히 분별하여도 알 수가 없다 하였다.

疏

旣云照世인댄 則終益生盲이로대 先照高山일새 獨言菩薩이니라

소문에는 비춤을 엄폐한다고 하였다.

이미 말하기를 세계를 비추었다고 하였다면 곧 마침내 장님도 이익케 할 것이지만, 먼저 높은 산을 비추기에 유독 보살만을 말하였을 뿐이다.

鈔

旣云照世下는 通妨이니 謂有問言호대 旣十身圓融인댄 則普應一切어늘 何爲唯處菩薩衆耶오할새 故義取喩中에 如日輪出之言이니 則無所不益일새 故云終益生盲이라하니라

이미 말하기를 세계를 비추었다면이라고 한 아래는 방해함을 통석한 것이니,
말하자면 어떤 사람이 물어 말하기를[526] 이미 십신이 원융하다면 곧 널리 일체 세계에 응할 것이거늘 어찌 오직 보살 대중에게만 거처하는가 하기에, 그런 까닭으로 비유 가운데 마치 태양이 솟아나 세계를 밝게 비추는 것과 같다는 말을 뜻으로 취한 것이니,
곧 이익케 하지 못하는 바가 없기에 그런 까닭으로 말하기를 마침내 장님도 이익케 할 것이다 하였다.

---

526 어떤 사람이 물었다고 한 것은, 묻는 뜻에 말하기를 만약 이 위세신이 오직 타수용신에만 속한다면 가히 오직 이 보살 대중에게만 거처하거니와, 지금에는 이미 타수용신과 변화신에 통하고, 하물며 또 열 가지 몸이 다 원융함이겠는가. 이상은 역시 『잡화기』의 말이다.

經

三世所行의 衆福大海가 悉已清淨하시나

삼세[527]에 행하신 바 수많은 복덕의 큰 바다가 다 이미 청정하시지만

疏

第三에 三世下는 福德身深廣이라 三世佛德을 昔皆徧學하며 今三際已斷하야 垢習斯亡일새 故衆福皆淨이니라

제 세 번째 삼세라고 한 아래는 복덕신이 깊고도 넓은 것이다. 삼세에 부처님의 복덕을 옛날에 다 두루 배웠으며, 지금에는 삼제三際도 이미 끊어져 번뇌 습기(垢習)가 없어졌기에 그런 까닭으로 복덕이 다 청정한 것이다.

鈔

今三際已斷者는 此下는 釋清淨義니 有三世相하면 福非清淨이로대 稱法界修일새 故無三際니 謂不從前際來며 非向後際去며 不於現在住라 法身已淨하야 爲斷三際어니 福豈可量가 萬行之上에 垢習斯亡일새 故云清淨라하니 謂恒沙等煩惱가 皆已盡故니라

527 삼세 운운은 자리이고, 바로 아래 경문에 그러나 항상 운운은 이타이다. 삼세에 행한 바 등은 영인본 화엄 2책, p.518, 1행에 인용한 바 있다.

지금에는 삼제도 이미 끊어졌다고 한 것은, 이 아래는 청정의 뜻을 해석한 것이니,

삼세의 모습이 있다면 복덕이 청정하지 못할 것이지만 법계에 칭합하여 수행하기에 그런 까닭으로 삼제가 없나니,

말하자면 전제前際를 좇아온 것도 아니며,

후제後際를 향하여 가는 것도 아니며,

현재에 머무는 것도 아니다.

법신은 이미 청정하여[528] 삼제가 끊어졌거니 그 복덕을 어찌 가히 헤아리겠는가.

만행의 분상에 번뇌습기가 없어졌기에 그런 까닭으로 말하기를 청정이라 하였으니,

말하자면 항사恒沙만치 많은 번뇌가 다 이미 사라진 까닭이다.

---

528 법신은 이미 청정하다고 한 등은, 『잡화기』에 말하기를 이것은 법신의 분상에서 닦은 바 복덕인 까닭이다 하였다.

經

而恒示生諸佛國土하시며

그러나 항상 모든 부처님의 국토에 태어남을 나타내 보이시며

疏

第四에 而恒下는 隨意受生이니 一은 隨他意하야 處處受生이요 二는 隨自意하야 能無不生이니 謂慈悲般若가 恒共相應하야 感而遂通하야 窮未來際니라

제 네 번째 그러나 항상이라고 한 아래는 뜻을 따라 수생受生하는 것이니,
첫 번째는 다른 이의 뜻을 따라 곳곳에 수생하는 것이요,
두 번째는 자기의 뜻을 따라 능이 수생하지 아니함이 없는 것이니,
말하자면 자비와 반야가 항상 함께 상응하여 감동하면 드디어 통하여 미래의 세상까지 다하는 것이다.

鈔

四는 卽意生身이라 然意生에 有二義하니 一者는 是喩이니 猶如意去하야 速疾無礙故요 二者는 是法이니 自有二義라 一은 隨自意요 二는 隨他意니 總謂隨意하야 速疾而成故라 謂慈悲般若等者는 此卽唯

識平等性智之用이니 此下는 配屬於化身하야 略擧一相거니와 實則此身도 亦通他受用이니 隨十地菩薩意하야 所生故라 又悲智相導가 通化用故니 化身이 卽是無住涅槃之大用故니라 感而遂通者는 卽周易繫辭云호대 夫易은 無思也요 無爲也일새 寂然不動이나 感而遂通天下之故라 非天下之至神이면 其孰能與於此리요하니 注曰호대 至神者는 寂然而無不應이니 斯蓋功用之母며 象數之所由生이라 意明亡象하야사 方能制象이요 遺數하야사 方能極數요 非動하야사 方能應動이라하니 彼取易之虛無가 無動故로 能無不動거니와 今借此言하야 以況如來가 內體圓寂이나 外應群生이라 躡上衆福已淨之體寂하야 便言호대 而恒示生이라할새 故云寂然不動이나 感而遂通이라하니 卽法身無生이나 無所不生耳니라

네 번째는 곧 의생신意生身이다.
의생신에 두 가지 뜻이 있나니,
첫 번째는 이 비유이니
자기의 뜻[529]과 같이 달려가는 것과 같아서 그 빠른 것이 걸림이 없는 까닭이요,
두 번째는 이 법이니
스스로 두 가지 뜻이 있다.
첫 번째는 자기의 뜻을 따르는 것이요,
두 번째는 다른 이의 뜻을 따르는 것이니,

529 자기의 뜻(意)이란, 『잡화기』에 제칠식이라 하였다.

모두 뜻을 따라 빨리 이루어짐을 말하는 까닭이다.

말하자면 자비와 반야 등이라고 한 것은 이것은 곧 『유식론』[530]에 평등성지의 작용이니,
이 아래는 화신을 배속配屬하여 간략하게 일상一相[531]만을 거론하였거니와, 실교[532]인즉 이 몸도 또한 타수용신에 통하나니
십지보살의 뜻을 따라 수생한 바인 까닭이다.
또 자비와 지혜가 서로 인도하는 것이 화신의 작용에 통하는 까닭이니,
화신이 곧 이 무주열반無住涅槃의 큰 작용인 까닭이다.

감동하면 드디어 통한다고 한 것은, 『주역』 계사편에 말하기를[533] 대저 역易이란 생각(思)도 없고[534] 조작도 없기에 고요하여 움직이지

---

530 유식 운운은 법상종이다.

531 일상一相이라고 한 것은 곧 화신이고, 실교인즉 운운은 보신에 해당함을 밝히고, 또 아래 자비와 운운은 화신에 해당함을 밝힌 것이다. 2행에 化用故니 吐니, 바로 아래 化身卽是下는 곧 이 뜻을 해석하여 성립한 것이다. 역시 『잡화기』의 말이다.

532 실교 운운은 법성종이다.

533 『주역』 운운은 계사상전이며, 『주역』에는 부夫 자가 없다. 이 부분은 이미 『현담』 7권, 탄허본 46책, p.249에 인용한 바 있다. 홍신문화사, 『주역』, 노태준 역, p.229에 있다.

534 원문에 무사無思라고 한 것은 곧 무심無心이고, 무위無爲라고 한 것은 조작이 없다(無造作)는 것이다.

않지만, 감동하면 드디어 천하의 연고에 통하는 것이다.
천하에 지극한 신神이 아니면 그 누가 능히 여기에 참여하겠는가 하였으니,
주注[535]에 말하기를 지극한 신이라고 한 것은 고요하지만 응하지 아니함이 없나니,
이것은 공용功用을 덮는 어머니이며, 상象과 수數[536]가 인유하여 발생하는 바이다.
그 뜻은 상象을 잃어야 바야흐로 능히 만상을 제어하고,
수數를 잃어야 바야흐로 능히 수數를 다하고,
움직이지 아니하여야 바야흐로 능히 응동應動함을 밝힌 것이다 하였으니,
저 『주역』에서는 역易의 허무虛無가 움직임이 없는 까닭으로 능히 움직이지 아니함이 없음을 취하였거니와, 지금 여기에서는 이 말만을 빌려서 여래가 안으로 자체가 원적圓寂하지만 밖으로 군생(중생)에게 응함을 비황比況한 것이다.
위에서 수많은 복덕이 이미 청정하다고 한 그 자체의 고요함을 밟아서 문득 말하기를, 그러나 항상 부처님의 국토에 태어남을 나타내 보인다 하였기에 그런 까닭으로 말하기를 고요하여 움직이지 않지만 감동하면 드디어 통한다 하였으니,
곧 법신은 수생함이 없지만 수생하지 않는 바가 없다는 것이다.

---

535 주注는 한강백韓康伯 주注이다.

536 상象은 만상으로 天下의 만상이고, 수數는 하늘의 역수歷數이다.

經

無邊色相과 圓滿光明이 遍周法界호대 等無差別하시며

끝없는 색상과 원만한 광명이 법계에 두루하되 평등하여 차별이 없으시며

疏

第五에 無邊色下는 相好莊嚴身의 色無盡일새 故名色無邊이요 十蓮華藏微塵數相일새 名相無邊이라 而皆稱眞일새 則一一無邊이요 諸相隨好와 放光常光이 皆稱法界일새 故云圓滿이요 廣處陜處에 皆圓現일새 故名無差別이라하니라

제 다섯 번째 끝없는 색상이라고 한 아래는 상호장엄신의 색이 끝이 없기에 그런 까닭으로 이름을 색이 끝이 없다 하는 것이요, 십연화장十蓮華藏 작은 티끌 수만치 많은 상相이 있기에 이름을 상이 끝이 없다 하는 것이다.
그러나 다 진법신에[537] 칭합하기에 곧 낱낱이 끝이 없다 하는 것이요, 삼십이상(諸相)과[538] 팔십종호(隨好)와 방광放光과 상광常光이 다 법

537 그러나 다 진법신 운운은, 이 위에는 곧 넓고 많아 끝이 없다는 것이고, 여기는 곧 경계가 끊어져 끝이 없다는 것이라고 『잡화기』는 말한다.

538 삼십이상 운운한 것은, 그러한즉 경문에 원만이라는 글자가 문장은 비록 아래 광명에 속하지만 그 뜻은 또한 위에 색상에 통하는 것이라고 『잡화기』는

계에 칭합하기에 그런 까닭으로 원만하다 말하는 것이요,
넓은 곳과 좁은 곳에 다 원만하게 나타나기에 그런 까닭으로 이름을
차별이 없다 하는 것이다.

말한다.

經

演一切法호대 如布大雲하시며

일체법을 연설하되 마치 큰 구름이 펼쳐지는 것과 같이 하시며

疏

第六에 演一切法下는 卽願身의 演法이니 謂雨大法雨하야 斷一切疑라 故下經云호대 毘盧遮那佛이 願力周法界하사 一切國土中에 恒轉無上輪이라하니라

제 여섯 번째 일체법을 연설한다고 한 아래는 곧 원신願身이 법을 연설하는 것이니,
말하자면 큰 진리의 비를 내려 일체 의심을 끊는 까닭이다.
그런 까닭으로 아래의 경에[539] 말하기를
비로자나 부처님이
원력으로 항하사 세계에 두루하사
그 일체 국토 가운데서
항상 위없는 법륜을 굴리신다 하였다.

539 아래의 경이란, 여래출현품 정진력무애혜 보살의 게송이다.

鈔

初는 標示大意라 謂雨大法雨하야 斷一切疑는 卽引唯識의 妙觀察智之文하야 釋成此義니라

처음에는 대의大意를 표시標示한 것이다.
말하자면 큰 진리의 비를 내려 일체 의심을 끊는다고 한 것은 곧 『유식론』 묘관찰지의 문장을 인용하여 따로 이 뜻을 성립한 것이다.[540]

疏

然經二句에 上法下喩니 文含多意라 一은 雲喩於身하고 雨爲說法이니 法喩影略이라 又先興慈雲하고 後霔法雨하며 一雲一雨가 所潤不同하며 亦隨物機宜하야 雲雨各異하며 掩塵蔽日하고 普覆無心等이라

그러나 경의 두 구절에 위의 구절은 법이요, 아래 구절은 비유이니 문장이 많은 뜻을 포함하였다.

540 『유식론』 묘관찰지의 문장을 인용하여 따로 이 뜻을 성립하였다고 한 것은, 『유식론』 제10권에 큰 진리의 비를 내려 일체 의심을 끊고 모든 유정으로 하여금 다 이롭고 즐거움을 얻게 한다 하였다. 영인본 화엄 2책, p.501, 9행에 이미 인용한 바 있다. 그리고 같은 책, p.485, 7~8행에도 인용한 바 있다.

첫 번째는 구름은 법신에 비유하고, 비는 설법에 비유(爲)[541]하였나니 법과 비유가 영락影略되었다.

또 먼저 구름은 자비의 구름을 일으킴에 비유하고, 뒤에 비는 진리의 비로 적심에 비유하며,

한맛의 구름과 한맛의 비가 적시는 바가 같지 아니하며,

또 중생의 근기의 마땅함을 따라 구름과 비가 각각 다르며,

티끌을 가리고 태양을 은폐하고 널리 덮고 무심한 등이 같지 않은 것이다.

鈔

三은 牒經委釋이니 總有五意라 一에 雲喩法身하고 雨喩說法이니 法喩影略者는 出現語業第十에 娑竭羅龍王降雨喩中에 廣說호대 諸處에 雲色不同하며 雨亦各別이라하고 合中云호대 佛子야 如來應正等覺의 無上法王도 亦復如是하야 欲以正法으로 教化衆生에 先布身雲하야 彌覆法界호대 隨其所欲하야 爲現不同하나니 所謂或爲衆生하야 現意生身雲하며 或爲衆生하야 現化身雲하며 或現力持身雲과 色身雲과 相好身雲과 福德身雲과 智慧身雲과 諸力不可壞身雲과 無畏身雲과 法界身雲이라하니 皆有或爲衆生現言하니라 次云호대 此相現已에 一切衆生이 身之與心에 皆得淸涼하니라 然後에 從如來의 大法身雲과 大慈悲雲과 大不思議雲으로 雨不思議廣大法雨하야

541 위爲 자는 초문에 유喩 자이다. 위爲 자를 뜻으로 비유한다고 해석해도 무방하다.

令一切衆生의 身心清淨케하시니 所謂爲坐菩提場菩薩하야 雨大法雨하시니 名法界無差別等이라하니 故知雲爲法身하고 雨爲說法이니라 法喩影略者는 法中엔 但有法說하고 喩中엔 但有興雲이니 若具인댄 應云廣現化身하야 演一切法호대 如布大雲하야 雨大法雨라하리라 又先興慈雲等者는 亦卽上出現의 所引之文이라

세 번째는 경문을[542] 중첩하여 자세히 해석한 것이니
모두 다섯 가지 뜻이 있다.
첫 번째 구름은 법신에 비유하고 비는 설법에 비유하였나니,
법과 비유가 영략되었다고 한 것은 여래출현품 어업語業의 제 열 번째에 사갈라 용왕이 비를 내리는 비유 가운데 폭넓게 설하기를
모든 곳에 구름의 색깔이 같지 아니하며
비도 또한 각각 다르다 하고,
법합法合 가운데 말하기를 불자야, 여래·응공·정등각의 무상법왕無

542 세 번째는 경문 운운은, 숨은 과목(晦科는 곧 隱科이다)에 말하기를 원신의 소문(영인본 화엄 2책, p.527, 9행)에 세 가지가 있나니 첫 번째와 세 번째는 초문에 있고, 두 번째는 경문을 인용하여 증거하여 성립한 것이다 하고, 강사는 곧 소본疏本이 저 고故 자(영인본 화엄 2책, p.527, 10행-切疑故) 아래에 방점이 없는 까닭으로 다만 두 과목만 지어 간看하고, 이 三字로써 二字의 잘못이라 하였다. 다섯 가지 뜻이란, 一은 구름을 화신에 비유하고(一에 雲云云), 二는 구름을 자비에 비유하고(又先云云), 三은 구름을 소리에 비유하고(一雲一雨云云), 四는 구름을 십신에 비유하고(亦隨云云), 五는 구름을 지혜에 비유하는 것(掩塵云云)이다. 구름은 법신에 비유한다고 한 것은, 법신은 곧 응화應化의 법신이다. 역시 『잡화기』의 말이다.

上法王도 또한 다시 이와 같아서 정법으로써 중생을 교화하고자 함에 먼저 몸의 구름을 펼쳐 법계를 가득히 덮되 그들이 욕망하는 바를 따라서 같지 않게 나타내나니,
말하자면 혹 중생을 위하여 의생신[543]의 구름을 나타내며,
혹 중생을 위하여 화신의 구름을 나타내며,
혹 역지신의 구름과 색신의 구름과 상호신의 구름과 복덕신의 구름과 지혜신의 구름과 모든 힘이 가히 무너뜨릴 수 없는 몸의 구름과 두려움이 없는 몸의 구름과 법계신의 구름을 나타낸다 하였으니,
모두 다 혹 중생을 위하여 나타낸다는 말이 있다.[544]
그 다음에 말하기를 이 몸 구름의 모습(相)을 나타내어 마침에 일체중생이 몸과 더불어 마음에 다 청량함을 얻었다.
그런 뒤에 여래의 큰 법신의 구름과 큰 자비의 구름과 큰 부사의한 구름을 좇아 부사의하고 광대한 진리의 비를 내려 일체중생의 몸과 마음으로 하여금 청정케 하시니,
말하자면 보리도량에 앉아 있는 보살을 위하여 큰 진리의 비를 내리시니 이름이 법계무차별法界無差別이다 한 등이니,
그런 까닭으로 구름은 법신이 되고, 비는 설법이 되는 줄 알아야 할 것이다.

---

543 의생신이란, 아래 강자권薑字卷 소문에 이는 원신이고 색신은 곧 의생신이라 하였으니 강자권 상권 15장 상면을 볼 것이다.

544 모두 다 혹 중생을 위하여 나타낸다는 말이 있다고 한 것은, 바로 위에 혹 역지신의 구름이라 한 이하의 문장에 모두 다 앞에서 말한 것처럼 혹 중생을 위하여 역지신의 구름을 나타내며 운운하여 있다는 것이다.

법과 비유가 영략되었다고 한 것은, 법 가운데는 다만 법설法說만 있고 비유 가운데는 다만 흥운興雲만 있었나니,
만약 갖추어서 말한다면 응당 널리 화신을 나타내어 일체법을 연설하되 마치 큰 구름을 펼침과 같이 큰 진리의 비를 내린다고 말해야 할 것이다.
또 먼저 구름은 자비의 구름을 일으킴에 비유한다고 한 등은 또한 곧 위에 출현품에서 인용한[545] 바 문장이다.

一雲一雨等者는 卽法華藥草喩品云호대 一雲所雨에 稱其種性하야 而得生長하야 華果敷實하니 雖一地所生하고 一雨所潤이나 而諸草木이 各有差別은 喩也요 合云호대 迦葉當知하라 如來도 亦復如是하야 出現於世는 如大雲起하고 以大音聲으로 普遍世界의 天人阿修羅는 如彼大雲이 普覆三千大千世界라하니 釋曰上卽合雲이라 次云호대 如來于時에 觀是衆生의 諸根利鈍과 精進懈怠하야 隨其所堪하야 而爲說法호대 種種無量하야 皆令歡喜하야 快得善利라하니 釋曰上卽合雨니라 何以知是一耶아 次云호대 如來는 知是一相一味之法이시니 所謂解脫相과 離相과 滅相이라 究竟에 至於一切種智라하니 卽一雲一雨之義也니라 偈云호대 其雲所出인 一味之水에 草木叢林이 隨分受潤이라하니 亦一雲一雨의 所潤不同이라 下云호대 爲大衆하야 說甘露淨法하시니 其法은 一味의 解脫涅槃이라 以一妙音으로 演暢

545 위에 출현품에서 인용한 문장이라고 한 것은, 영인본 화엄 2책, p.528, 7행 출현품 어업중語業中이다. 또 같은 책, p.529, 6행에도 있다.

斯義이라하며 乃至云호대 正見邪見과 利根鈍根에 等雨法雨하야 而無懈倦하나니 一切衆生이 聞我法者는 隨力所受하야 住於諸地하대 或處人天의 轉輪聖王과 釋梵의 諸王은 是小藥草等이라하니 皆一雲一雨의 所潤不同也니라

한맛의 구름과 한맛의 비라고 한 등은, 곧 『법화경』 약초유품藥草喩品에 말하기를 한맛의 구름이 비를 내림에 그 종성種性에 칭합하여 생장함을 얻어 꽃이 피고 과실이 맺나니,
비록 한 땅에서 생장하고 한맛의 비로 적시지만 그러나 모든 풀과 나무가 각각 차별이 있다고 한 것은 비유이다.
법합에 말하기를 가섭아, 마땅히 알아라.
여래도 또한 다시 이와 같아서 세상에 출현하는 것은 큰 구름이 일어나는 것과 같고, 큰 음성으로써 세계의 하늘과 인간과 아수라에게 널리 두루하는 것은 저 큰 구름이 삼천대천세계를 두루 덮는 것과 같다 하였으니,
해석하여 말하면 이 위에는 곧 구름에 법합法合한 것이다.
그 다음에 말하기를 여래가 그때에 이 중생의 모든 근기가 영리하고 둔하고 정진하고 게으름을 관찰하여 그들이 감당할 바를 따라서 설법하되 가지가지 법을 한량없이 설하여 다 하여금 환희하여 쾌활한 마음으로 좋은 이익을 얻게 한다 하였으니,
해석하여 말하면 이 위에는 곧 비에 법합한 것이다.
어찌하여 이 한맛인 줄 아는가.
그 다음에 말하기를 여래는 이 일상일미一相一味의 법을 아시나니,

말하자면 해탈상과 이상離相과 멸상滅相이다.
구경究竟에 일체종지에 이른다 하였으니
곧 한맛의 구름과 한맛의 비라 한 뜻이다.

그 게송[546]에 말하기를
그 구름이 유출한 바
일미一味의 물에
풀과 나무와 많은 숲이
분수를 따라 적심을 받는다 하였으니,
또한 한 구름과 한 비가 적시는 바가 같지 않다 한 뜻이다.

그 아래에 말하기를[547]
대중을 위하여
감로의 청정한 법을 설하시니
그 법은 한맛의
해탈열반이다.
하나의 묘한 음성으로써
이 뜻을 연창演暢한다 하였으며,

내지 말하기를[548]

---

546 그 게송이라고 한 등은, 『법화경』 약초유품 게송이다.
547 아래에 말하였다고 한 것은, 위에 인용한 약초유품 게송 아래에 있기에 下文이라 한 것이다.

바른 소견을 가진 자거나 삿된 소견을 가진 자거나
영리한 근기를 가진 자거나 둔한 근기를 가진 자거나
평등하게 진리의 비를 내려
게으름이 없나니,

일체중생이
나의 법문을 듣는 사람은
힘을 따라 수생하여
모든 땅에 머물되

혹 인간과 천상의
전륜성왕과
제석천과 범천의 모든 왕위에 거처하는 것은
이 작은 약초[549]라 한 등이니,
다 한맛의 구름과 한맛의 비가 적시는 바가 같지 않다 한 뜻이다.

亦隨物機宜等者는 亦出現意라 上引法華는 雲雨則一이나 所潤不同으로 喩佛說法이 曾無有差나 異在於物거니와 今明佛能具異니 謂現十身雲하야 降十法雨가 如娑竭羅龍王이 興雲호대 或現閻浮檀의 金光明色이며 或毘瑠璃光明色이며 或白銀光明色이며 或玻瓈光明

548 내지 말하였다고 한 것은, 역시 위에 인용한 다음의 약초유품 게송이다.
549 작은 약초라고 한 것은, 약초에 상·중·하가 있는데 작은 약초는 하약초下藥草이다.

色等이라하니 卽雲不同也니라 次云호대 所謂於大海中에 雨淸淨水하니 名無斷絶이요 於他化自在天에 雨簫笛等種種樂音하니 名爲美妙等이라하니 卽雨不同也니라 故云雲雨各異라하니라

또 중생의 근기의 마땅함을 따른다고 한 등은 또한 여래출현품의 뜻이다.
위에서 『법화경』을 인용한 것은 구름과 비가 곧 한맛이지만, 적시는 바가 같지 않다 한 것으로 부처님의 설법이 일찍이 차이가 없지만 차이가 있는 것은 중생에게 있다고 비유하였거니와, 지금에는 부처님이 능히 차이를 갖추고 있음을 밝혔나니,
말하자면 열 가지 몸[550]의 구름을 나타내어 열 가지 진리의 비를 내리는 것이 마치 사갈라 용왕이 구름을 일으키되 혹 염부단의 황금 광명색이며 혹 비유리 광명색이며 혹 백은白銀 광명색이며 혹 파려 광명색이다 한 등과 같나니,
곧 구름이 같지 않다는 뜻이다.
그 다음에 말하기를, 말하자면 큰 바다 가운데 청정한 물을 비 내리니 이름이 끊어짐이 없는 것이요,
타화자재천에 퉁소, 피리 등 가지가지 음악을 비 내리니 이름이 미묘美妙이다 한 등이니,
곧 비가 같지 않다는 뜻이다.
그런 까닭으로 말하기를 구름과 비가 각각 다르다 하였다.

---

550 열 가지 몸 운운은, 영인본 화엄 2책, p.529, 1행에 말한 출현품의 말이다.

掩塵蔽日等者는 卽十地經과 及法華意니 法雲地云호대 佛子야 此地菩薩이 以自願力으로 起大悲雲하야 震大法雷하며 通明無畏로 以爲電光하고 福德智慧로 而爲密雲하야 現種種身하야 周旋往返호대 於一念頃에 普遍十方의 百千億那由他世界에 微塵數國土하야 演說大法하야 摧伏魔怨하고 復過此數하야 於無量百千億那由他世界의 微塵數國土에 隨諸衆生의 心之所樂하야 霔甘露雨하야 滅除一切衆의 惑塵焰일새 是故此地를 名爲法雲이라하니 釋曰此卽掩塵하고 及普覆義니라 無心之義는 乃是通說이니 卽出現云호대 復次佛子야 譬如海中에 有大龍王하니 名大莊嚴이라 於大海中에 降雨之時에 或降十種莊嚴雨하며 或百或千과 或百千種의 莊嚴雨하니 佛子야 水無分別이나 但以龍王의 不思議力으로 令其莊嚴으로 乃至百千의 無量差別인달하야 如來應正等覺도 亦復如是하야 爲諸衆生하야 說法之時에 或以十種의 差別音說하며 或百或千과 或以百千하며 或以八萬四千音聲으로 說八萬四千種行하며 乃至或以無量百千億那由他音聲으로 各別說法하여 令其聞者로 皆生歡喜나 如來音聲은 無所分別이라 但以諸佛의 甚深法界에 圓滿淸淨으로 能隨衆生根之所宜하야 出種種言音하야 皆令歡喜等이라하니 卽無心義니라 卽娑竭興雲喩中에 亦云호대 雖彼龍王은 其心平等하야 無有彼此나 但以衆生의 善根異故로 而有差別이라하니 亦是無心之義니라 法華亦云호대 我無貪著하며 亦無限礙라하며 又云호대 等雨法雨하대 而無懈倦이라하니 皆無心義니라

티끌을 가리고 태양을 은폐한다고 한 등은[551] 곧 『십지경』과 그리고

『법화경』의 뜻이니,[552]

법운지에 말하기를 불자야, 이 지위의 보살이 자기의 원력으로써 대비의 구름을 일으켜 큰 진리의 우레를 진동하며,

십통十通과 십명十明과 사무외로써 번개 빛을 삼고, 복덕과 지혜로써 많은 구름을 삼아 가지가지 몸을 나타내어 두루 돌아 왕복往復하되 한 생각에 널리 시방의 백천억 나유타 세계에 작은 티끌 수만치 많은 국토에 두루하여 큰 진리를 연설하여 마군과 원수를 꺾어 항복받고,

다시 이 같은 수의 세계를 지나 한량없는 백천억 나유타 세계에 작은 티끌 수만치 많은 국토에 모든 중생의 마음에 좋아하는 바를 따라서 감로의 비를 내려 일체중생의 미혹과 육진의 불꽃을 멸제하기에 이런 까닭으로 이 지위를 이름하여 법운지라 한다 하였으니,

해석하여 말하면 이것은 곧 티끌을 가리고 그리고 널리 덮는다는 뜻이다.

무심의 뜻은 이에 보통 설한 것[553]과 같나니,

---

551 티끌을 가린다고 한 등은, 구름을 가린즉 빈틈에 티끌이 없는 까닭이다. 혹은 티끌을 가린다고 한 것은 이 비이고, 태양을 은폐한다고 한 것은 이 구름이니, 태양(日)은 곧 열뇌혹염熱惱惑燄이니 이 다음 아래 경문을 인용한 가운데 염燄 자(영인본 화엄 2책, p.533, 1행)가 이것이다.

552 『법화경』의 뜻이라고 한 것은, 위에서 인용한 바 『법화경』 약초유품(영인본 화엄 2책, p.530, 6행) 가운데 저 큰 구름이 삼천대천세계를 두루 덮는다 한 등이 곧 널리 덮는다 한 뜻에 해당하는 까닭이다. 이상은 『잡화기』의 말이다.

553 보통 설한 것이라고 한 것은, 당시에 강사가 말하기를 구름과 비에 통하는

곧 출현품에 말하기를 다시 불자야, 비유하자면 바다 가운데 큰 용왕이 있나니
이름이 대장엄大藏嚴이다.
큰 바다 가운데서 비를 내릴 때에 혹 열 가지 장엄의 비를 내리며, 혹 백 가지, 혹 천 가지, 혹 백천 가지 장엄의 비를 내리나니 불자야, 물은 분별이 없지만 다만 용왕의 가히 사의할 수 없는 힘으로써 그 장엄의 비로 하여금 내지 백천 가지 한량없는 차별의 장엄 비를 내리게 하는 것과 같아서, 여래·응공·정등각도 또한 다시 이와 같아서 모든 중생을 위하여 설법할 때에 혹 열 가지 차별한 음성으로써 설하며,
혹 백 가지, 혹 천 가지, 혹 백천 가지 음성으로써 설하며,
혹 팔만 사천 가지 음성으로써 팔만 사천 가지 행을 설하며,
내지 혹 한량없는 백천억 나유타 음성으로써 각각 다르게 설법하여 그 듣는 사람으로 하여금 다 환희심을 내게 하지만 여래의 음성은 분별하는 바가 없다. 다만 모든 부처님의 깊고도 깊은 법계에 원만하고 청정한 법으로써 능히 중생의 근기에 마땅한 바를 따라서 가지가지 언음言音을 내어 다 하여금 환희케 할 뿐이다 한 등이니,
곧 무심의 뜻이다.
곧 사갈라 용왕이 구름을 일으키는 비유[554] 가운데 또한 말하기를,

까닭이라 한다고 『잡화기』는 발하고 있다.

554 사갈라 용왕이 구름을 일으킨 비유는 여래출현품의 말이니, 앞에서는 사갈라 용왕이 비를 내린 비유가 있었다. 영인본 화엄 2책, p.528, 7행에 먼저 나온 바가 있다.

비록 저 용왕은 그 마음이 평등하여 피차가 없지만 다만 중생의 선근이 다른 까닭으로 차별이 있을 뿐이다 하였으니,
역시 무심의 뜻이다.
『법화경』에 또 말하기를[555] 나는 탐착이 없으며 또한 한계도 장애도 없다 하였으며,
또 말하기를[556] 평등하게 진리의 비를 내리되 게으름이 없다 하였으니,
다 무심의 뜻이다.

---

555 『법화경』에 또 말하기를 운운한 것은 약초유품으로, 영인본 화엄 2책, p.531, 4행에 먼저 나온 바가 있다.

556 또 말하기를 운운한 것은 역시 『법화경』 약초유품의 말이다.

經

一一毛端에 悉能容受一切世界나 而無障礙하시며 各現無量神通之力하야 敎化調伏一切衆生하시며

낱낱 털끝에 다 능히 일체 세계를 용납하여 수용하지만 걸림이 없으시며
각각 한량없는 신통의 힘을 나타내어 일체중생을 교화하여 조복하시며

疏

第七에 一一 下는 化身自在라 謂於大衆會에 能現無邊作用差別이나 皆自在故니라

제 일곱 번째 낱낱 털끝이라고 한 아래는 화신이 자재한 것이다. 말하자면 대중이 모인 가운데 능히 끝없는 작용이 차별함을 나타내지만 다 자재한 까닭이다.

鈔

謂於大衆會下는 卽引唯識妙觀察智之用하야 釋成化身이라

말하자면 대중이 모인 가운데라고 한 아래는 곧 『유식론』에 묘관찰

지의 작용을[557] 인용하여 화신을 해석하여 성립한 것이다.

疏

文中二니 先明廣容無礙니 謂於如來身의 一一毛頭에 容一切刹호대 而無障礙니라 無礙有二義하니 一은 以一小毛로 現多大刹이니 則一多大小無礙요 二는 此毛多刹이 與彼毛多刹로 參而不雜이니 則隱顯無礙니라

문장 가운데 두 가지가 있나니,
먼저는 널리 용납하지만 걸림이 없는 것을 밝힌 것이니,
말하자면 여래 몸 낱낱 털끝에 일체 국토를 용납하지만 걸림이 없는 것이다.
걸림이 없는 것에 두 가지 뜻이 있나니,
첫 번째는 하나의 작은 털로써 수많은 큰 국토를 나타내는 것이니,
곧 하나와 많은 것과 큰 것과 작은 것이 걸림이 없는 것이요,
두 번째는 이 털끝의 수많은 국토가 저 털끝의 수많은 국토로 더불어 섞이지만 혼잡하지 않은 것이니,
곧 숨고 나타나는 것이 걸림이 없는 것이다.[558]

---

557 『유식론』에 묘관찰지의 작용 운운은, 영인본 화엄 2책, p.528, 2행에 이미 말한 바 있다.

558 숨고 나타나는 것이 걸림이 없다고 한 것은, 말하자면 이 털끝이 이미 수많은 국토를 포함하고 저 털끝이 또 수많은 국토를 포함하였다면 곧

鈔

廣容無碍者는 謂法界如空이라 有其二義하니 一은 廣容이요 二는 普遍이라 今엔 一塵에 如法界之包含故로 卽是廣容이라하니라

널리 용납하지만 걸림이 없다고 한 것은, 말하자면 법계가 허공과 같은 것이다.
거기에 두 가지 뜻이 있나니,
첫 번째는 널리 용납하는 것이요,
두 번째는 널리 두루하는 것이다.
지금에는 한 티끌에 법계를 포함하는 것과 같은 까닭으로 곧 널리 용납한다 하였다.[559]

수많은 국토가 서로 섞이어 이 털끝이 수많은 국토를 포함할 때 이 털끝의 수많은 국토는 나타나고 저 털끝의 수많은 국토는 숨는 것이요, 저 털끝의 수많은 국토를 포함할 때 저 털끝의 수많은 국토는 나타나고 이 털끝의 수많은 국토는 숨는 것이다.
널리 용납함을 잡는다면 곧 한 털끝이 힘이 있으면 세계는 힘이 없고, 널리 두루함을 잡는다면 곧 한 털끝이 자체가 없으면 세계는 자체가 있는 것이다. 대개 부분의 정보(一毛)에 원만한 의보(多刹)가 이미 그렇다면, 원만한 정보(多毛)에 원만한 의보(多刹)와 원만한 정보에 부분의 의보와 부분의 정보에 부분의 의보는 거연히 가능한 것이다. 이상은 역시 『잡화기』의 말이다. 즉 分은 一·小이고 圓은 多·大이다.

559 한 털끝에 일체 법계를 용납하는 것이 한 티끌에 법계를 포함한다고 한 것과 같다. 그러나 『잡화기』는 일진一塵이라 한 진塵 자는 모毛 자의 잘못이라 하였으니 생각해볼 것이다.

疏

後에 各現下는 普遍이니 以廣容이 不礙普遍일새 故還於前에 毛內刹中에도 神力調生거니와 若廣遍十方하야 示現種種變化三業하야 成所作事인댄 居然易了니라

뒤에 각각 한량없는 신통의 힘을 나타낸다고 한 아래는 널리 두루한 것이니,

널리 용납하는 것이 널리 두루함에 걸리지 아니하기에 그런 까닭으로 도리어 앞에서 한 털끝 안의[560] 국토 가운데서도 신통의 힘으로 중생을 조복하였거니와, 만약 시방에 널리[561] 두루하여 가지가지 변화한 삼업을 시현하여 지을 바 일(所作事)[562]을 이루는 것이라면 거연居然히 쉽게 알 수가 있는 것이다.

以廣容下는 出毛內調生의 所以이니 謂廣容인댄 則收法界하야 入於

560 앞에서 한 털끝 안이라 한 등은, 영인본 화엄 2책, p.509, 3행에 한 털끝에도 오히려 법계를 용납하거든 전체(全分)가 반드시 수많은 형상을 포함하는 것이겠는가 한 것을 인용하여, 여기 낱낱 털끝에 일체 세계를 용납하여 수용한다는 것과 비교하여 설명한 것이다.

561 시방에 널리 운운은, 영인본 화엄 2책, p.502, 2행에 인용한 『유식론』의 말이다.

562 지을 바 일이란, 중생을 조복하는 일(調伏衆生事)이다.

一毛요 普遍인댄 則展一毛하야 遍於法界니 今毛가 正容無邊刹時에 卽普遍故로 便遍所容刹內니라 若廣遍十方下는 二에 擧況以釋이니 謂尙遍毛內어든 何況外耶아 疏文은 卽是成所作智之妙用也니라

널리 용납하는 것이라고 한 아래는 한 털끝 안의 국토에서도 중생을 조복하는 까닭을 설출한 것이니,
말하자면 널리 용납함을 잡는다면 곧 법계를 거두어 한 털끝에 들어가는 것이요,
널리 두루함을 잡는다면 곧 한 털끝을 펴서 법계에 두루하는 것이니,
지금은 한 털끝이 끝없는 국토를 바로 용납할 때에 곧 널리 두루하는 까닭으로 문득 용납한 바 국토 안에 두루하는 것이다.
만약 시방에 널리 두루하여라고 한 아래는 두 번째 비유를 들어 해석한 것이니,
말하자면 오히려 한 털끝 안에도 두루하거든 어찌 하물며 밖이겠는가 하는 것이다.
소문疏文은 곧 성소작지[563]의 묘용妙用이다.

563 성소작지라 한 등은, 영인본 화엄 2책, p.501, 3행에 묘관찰지는 보변普徧의 뜻이고, 성소작지는 수입隨入(普入)의 뜻이다 하였다.

經

身遍十方이나 而無來往하시며

몸이 시방에 두루하지만 그러나 오고 감이 없으시며

疏

第八에 身遍十方下는 法身彌綸이라 以法爲身하야 本來湛遍일새 故無來往니라

제 여덟 번째 몸이 시방에[564] 두루하다고 한 아래는 법신이 두루 에워싼 것이다.
법으로써 몸이 되어 본래부터 담적하고 두루하기에 그런 까닭으로 오고 감이 없는 것이다.

鈔

彌綸은 卽周遍包羅之義라 以法爲身等者는 先明法性法身이 遍無來往니라

---

564 소문에 신변시방하身徧十方下는 법신法身이라 한 것은 문장이 잘못된 것이니, 응당 말하기를 이 아래 지입제상하智入諸相下는 법신法身이고, 여기 신변시방하身徧十方下는 곧 화신化身이라 할 것이다.

두루 에워쌌다고 한 것은 곧 두루(周徧) 싼다(包羅)는 뜻이다.
법으로써 몸이 되었다고 한 등은 먼저는 법성법신이 두루하지만 오고 감이 없음을 밝힌 것이다.

疏

依法現色이 還如法身하야 在此卽是在彼일새 亦不待往來니라

법신을 의지하여 색신을 나타내는 것이 도리어 법신과 같아서 이곳에 있는 것이 곧 저곳에 있는 것이기에 또한 가고 옴을 기다리지 않는 것이다.

鈔

後에 依法現色下는 約應化法身하야 明無來往所以이니 用此釋者는 由下以三身收之에 以此屬化身故니라

뒤에 법신을 의지하여 색신을 나타낸다고 한 아래는 응화법신을 잡아서 가고 옴이 없는 까닭을 밝힌 것이니,
이 해석을 쓴 것은 아래에 삼신[565]으로써 거둠에 이 응화법신이 화신에 속함[566]을 인유한 까닭이다.

---

565 삼신이란 보신과 화신과 법신이다. 영인본 화엄 2책, p.538, 4행에 있다.

566 이 응화법신이 화신에 속한다(以此屬化身)고 한 것은, 이 위에 법성법신法性法身은 法身에 속하고, 여기에 응화법신應化法身은 化身에 속한다는 말이다.

經

智入諸相하야 了法空寂하시며

지혜가 모든 법상에 들어가 모든 법이 공적한 줄 아시며

疏

第九에 智入諸相下는 智身窮性相之源이니 相別曰諸라하나 性皆空寂하나니 性靜故寂이라하고 相無故空이라하니라

제 아홉 번째 지혜가 모든 법상에 들어간다고 한 아래는 지신智身이 모든 법의 자성(性)과 모습(相)의 근원을 궁구하나니,
모습(相)이 다른 것을 모든 법상이라 하지만 그 자성(性)은 다 공적하나니
자성이 고요한 까닭으로 적寂이라 하고,
모습이 없는 까닭으로 공空이라 하는 것이다.

經

三世諸佛의 所有神變을 於光明中에 靡不咸覩하시며 一切佛土와 不思議劫에 所有莊嚴을 悉令顯現케하시니라

삼세에 모든 부처님이 소유한 신통변화를 광명 가운데 다 보지 아니함이 없으시며,
일체 부처님의 국토와 사의할 수 없는 세월에 소유한 장엄을 다 하여금 나타나게 하였습니다.

疏

第十에 三世諸佛下는 力持身이 能持自他依正이라 於中에 先持正報니 神謂妙智요 變謂現身이라 轉變變現을 俱名爲變이니 皆能持之니라 尙持於他어든 況於自事리요 後段亦然하니라

제 열 번째 삼세에 모든 부처님이라고 한 아래는 역지신力持身이 능히 자自·타他의 의보와 정보를 가지는 것이다.
그 가운데 먼저는 정보를 가지는 것이니
신통이라는 것은 묘지妙智를 말하는 것이요,
변화라는 것은 몸을 나타내는 것을 말하는 것이다.
전전히 변하고 변하여 나타내는[567] 것을 함께 이름하여 변화(變)라

567 전전히 변하고 변하여 나타낸다고 한 것은, 부처님의 몸을 전전히 변하여

하나니
다 능히 그 신통변화를 가지는 것이다.
오히려 다른 사람의 일도 가지거든
하물며 자기의 일이겠는가.
뒤의 단도 또한 그러한 것이다.

鈔

力持等者는 疏文有二하니 先은 正釋力持요 後는 以三身收束이라
前中又二이니 初는 正報요 二는 依報니 今卽初也니라

역지신이라고 한 등은 소문疏文에 두 가지가 있나니
먼저는 역지신을 바로 해석한 것이요,
뒤에는 삼신으로 거두어 묶은 것이다.

앞의 역지신 가운데 또한 두 가지가 있나니
처음에는 정보요,
두 번째는 의보이니
지금은 곧 처음의 정보이다.

다른 보살의 몸이 되게 하고, 다른 보살의 몸을 변하여 나타내어 부처님의 몸이 되게 하는 것이다. 『회현기』 13권, 31장을 볼 것이다. 역시 『잡화기』의 말이다.

疏

後에 一切佛土下는 能持依報이니 橫盡諸土하고 竪窮諸劫하야 所有嚴事를 常持令現케하니라

뒤에 일체 부처님의 국토라고 한 아래는 능히 의보를 가지는 것이니, 횡橫으로 모든 국토를 다하고 수竪로 모든 세월을 다하여 소유한 장엄사事를 항상 가져 하여금 나타나게 하는 것이다.

疏

上約十身거니와 若約三身者인댄 則初三段은 皆名報身이요 而恒下는 化身이요 身遍十方下는 法身이라 就報身中하야 前一은 自受用報요 後二는 卽他受用報니 故云處菩薩衆이라하니라

이 위에는 십신을 잡아 설하였거니와 만약 삼신을 잡는다면[568] 곧 처음에 삼단은 다 이름이 보신이요,[569]

568 만약 삼신을 잡는다면이라고 한 등은, 대개 이 십신이 삼신을 바라봄에 통通이 있고 국局이 있는 것은 초문에 밝힌 바와 같거니와, 지금에는 곧 상래에 십신의 문장을 잡아 차례로 묶어 가서 삼신을 짓고자 한 것이요 간격을 뛰어넘어 묶고자 한 것은 아닌 까닭이니, 다 이것은 한 가지 모습만 간략하게 거론한 것이다. 역시 『잡화기』의 말이다.

569 삼단은 다 이름이 보신이라고 한 것은 일단은 영인본 화엄 2책, p.476의 삼업보주三業普周이고, 이단은 영인본 화엄 2책, p.516의 위세신초승威勢身超勝이고, 삼단은 영인본 화엄 2책, p.524 복덕신심광福德身深廣으로 보신이다.

그러나[570] 항상 모든 부처님의 국토에 나타남을 나타내 보인다고 한 아래는 화신이요,
몸이 시방에[571] 두루하지만 그러나 가고 옴이 없다고 한 아래는 법신이다.
보신 가운데 나아가서 앞에 일단一段은 자수용보신이요,
뒤에 이단二段은 곧 타수용보신이니
그런 까닭으로 말하기를 보살 대중[572] 가운데 거처한다 하였다.

鈔

上約十身이요 今以三身收束이라 於中에 初約三身四身이라 然則十望於三에 有通有局하니 菩提爲總이며 亦是化身이라 餘九身中에 願化力持는 此唯化身이요 意生威勢는 通他受用과 及與變化요 福智相好는 通於二報와 及變化身이요 法局法性이나 今取順次일새 故爲此配니라 所以前菩提身에 復明眞身하고 向來의 法身에 復明色身은 欲順今의 次第配故耳니라

이 위에는 십신을 잡아 설하였고, 지금에는 삼신으로써 거두어

570 그러나 운운은 4·5·6·7의 사단四段으로 화신이다.

571 몸이 시방에 운운은 8·9·10의 삼단三段으로 법신이다. 원문에 신변시방身徧十方은 지입제상智入諸相의 잘못이 아닌가 염려한다고 『잡화기』는 말하고 있다.

572 보살 대중이란, 영인본 화엄 2책, p.516, 4행 경문과 9, 10행의 타수용신을 참고하여 볼 것이다.

묶은 것이다.

그 가운데 처음에는 삼신과 사신四身[573]을 잡은 것이다.

그렇다면 곧[574] 십신이 삼신을 바라봄에 통함(通)이 있고 국한함(局)이 있나니,

보리신은 총신總身이며 또한 화신이다.[575]

나머지 구신九身 가운데 원신과 화신과 역지신은 이것은 오직 화신

---

573 사신四身은 법신과 자수용신과 타수용신과 변화신이다. 자수용신과 타수용신은 보신이고 변화신은 화신이다.

574 그렇다면 곧 운운한 것은 앞에 말을 첩석하는 말이 아니다. 그런 까닭으로 앞(소본 日字下卷 36장, 상1행)에 보리신이라고 한 등은, 그 뜻에 말하기를 보리신이 이미 또한 총신總身이고 또한 화신이라는 뜻이 있다 한 까닭으로 저 앞의 보리신을 말한 소문에 다시 진신을 밝혔으니 진신은 곧 자수용보신이요, 법신에 다시 화신을 밝혔으니 저 보리신 등이 다 여기의 차례로 하여 배속하여 가설假設한 것이어늘, 강사(당시 강사)는 말하기를 위의 법신을 말한 소문에 이미 다시 화신을 배속하고, 그로 인하여 여기서는 삼신으로써 거두어 묶은 가운데라고 가리켰다면 곧 여기는 바로 화신으로써 배속해야 할 것이어늘, 지금 반대로 법신으로써 배속한 것은 그 뜻을 나타내는 방소가 없는 까닭이다. 그렇다면 곧 앞의 십신 가운데 법신이 지금에 삼신으로 거두어 묶어두는 가운데 있다 할지라도 오히려 법신에 해당하거늘, 초문(영인본 화엄 2책, p.539, 1행)에 말하기를 앞의 보리신에 보신(진신으로 되어 있다)을 밝히고 법신에 화신(색신으로 되어 있다)을 밝힌 것은 지금의 차례로 배속함에 따르고자 한 까닭뿐이라고 한 것은 저도 또한 그 뜻을 나타내는 방소가 없다 하니, 아직은 감히 그 명령의 말을 듣지 못하겠다. 이상은 역시 『잡화기』의 말이다.

575 보리신은 총신總身이며 또한 화신이라고 한 것은 영인본 화엄 2책, p.518, 7행에 이미 말한 바가 있다.

뿐[576]이요,

의생신과 위세신은 타수용신과 그리고 변화신에 통하는 것이요,

복덕신과 지신과 상호장엄신은 두 보신[577]과 그리고 변화신에 통하는 것이요,

법신[578]은 법성신에 국한(局)하지만, 지금에는 순차[579]를 취하기에 그런 까닭으로 이 법신에 배속하였다.

그런 까닭으로 앞의 보리신에 다시 진신眞身을 밝히고, 향래向來[580]에 법신에서 다시 색신을 밝힌 것은 지금의 차례로 배속함에 따르고자 한 까닭이다.

疏

以諸敎中엔 說三身四身의 成說等別거니와 今皆圓融일새 於一始成에 無不頓具니라

제교諸敎 가운데는 삼신과 사신의 성불과 설법 등이 다르다고 설하였거니와, 지금에는 다 원융하기에 일신一身이 비로소 성불함에 문득 삼신을 갖추지 아니함이 없는 것이다.

---

576 오직 화신뿐이라고 한 것은 국한(局)한 것이다.

577 두 보신은 自受用身과 他受用身이다.

578 法身은 앞에서는 法性法身과 應化法身이라 하였다.

579 順次은 十方의 順次이다.

580 향래向來라고 한 것은 영인본 화엄 2책, p.536, 9행이다.

鈔

二는 出收所以이니 謂有問言호대 何用更以三身으로 收束十身고할새 故今釋云호대 以諸教三四는 迢然不同거니와 今明圓融일새 一身具三이니 則權實有別이라 言三身成異者는 法身은 無成이나 但出障으로 爲成이요 報身은 四智가 創圓으로 爲成이요 化身은 八相한 菩提樹下로 爲成이라 三身說異者는 法身은 無說이요 報身은 佛佛相見이니 亦無有說이요 化身은 有說이라 若攝末歸本인댄 應化는 非眞佛이요 亦非說法者니 卽報身說이요 報同所證이니 是法身說이라 言四身成說異者는 於報身中에 開自他受用이니 自受用은 遍法界成이니 則無所說이요 他受用은 爲十地成하고 爲十地說이라 若依楞伽인댄 四佛皆說이나 而說不同이라 言四佛者는 一은 化佛이요 二는 報生佛이요 三은 如如佛이요 四는 智慧佛이니 初化次報요 後二皆法이니 如如와 及如如智가 爲法身佛이라 亦可智며 亦是報니 自受用故니라 言說異者는 化身은 說五戒等과 因緣法하고 報佛은 說三性法이니 謂爲地上菩薩說하야 令成佛故요 法佛은 唯說離心自性相이니 則以無念으로 會於法界라 是故法佛은 唯說法性이니라 智佛說者는 依淨法界하야 了相智覺으로 如說而解일새 故名爲說이니라

두 번째는 거두어 묶는 까닭을 설출한 것이니,
말하자면 어떤 사람이 물어 말하기를 어찌하여 다시 삼신으로써 십신을 거두어 묶는가 하기에 그런 까닭으로 지금에 통석하여 말하기를 제교諸教의 삼신과 사신은 아득히 같지 않거니와, 지금에는

원융을 밝히기에 일신一身에 삼신三身을 갖추는 것이니
곧 방편(權)과 진실(實)[581]이 다름이 있는 것이다.

삼신의 성불이 다르다고 말한 것은 법신은 성불할 것이 없지만
장애를 벗어나는 것으로 성불함을 삼는 것이요,
보신은 사지四智가 비로소 원만한 것으로 성불함을 삼는 것이요,
화신은 팔상성도한 보리수하菩提樹下로 성불함을 삼는 것이다.

삼신의 설법이 다르다고 한 것은 법신은 설법할 것이 없는 것이요,
보신은 부처와 부처가[582] 서로 보나니 또한 설법할 것이 없는 것이요,
화신은 설법할 것이 있는 것이다.

만약 지말을 섭수하여 근본에 돌아간다면[583] 응화신은 참다운 부처(眞佛)도 아니고 또한 설법할 자도 아니니 곧 보신이 설법하는 것이요,
보신은 증득한 바와 같나니 이 법신이 설법하는 것이다.

---

581 방편(權)과 진실(實)이라고 한 것은, 방편은 제교諸敎이고 진실은 화엄교이다.

582 보신은 부처와 부처가 운운한 것은, 이것은 자수용보신으로써 주主를 삼는 까닭이다.

583 만약 지말을 섭수하여 근본에 돌아간다면 운운한 것은, 이 위에는 저 역별歷別을 서술한 것이고, 여기는 곧 지금에 원융을 밝힌 것이다. 역시 『잡화기』의 말이다.

사신四身의 성불과 설법이 다르다고 말한 것은 보신 가운데 자수용신과 타수용신을 전개한 것이니,
자수용신은 온 변법계에서 성불하나니 곧 설법할 바가 없는 것이요,
타수용신[584]은 십지보살을 위하여 성불하고 십지보살을 위하여 설법하는 것이다.

만약 『능가경』을 의지한다면 사불四佛이 다 설법하지만, 그러나 설법하는 것이 같지 않은 것이다.
사불이라고 말한 것은 첫 번째는 화불이요,
두 번째는 보생불이요,
세 번째는 여여불이요,
네 번째는 지혜불이니,
첫 번째는 화신이요,
다음에는 보신이요,
뒤에 이불二佛은 다 법신이니
여여와 그리고 여여지가 법신불이 되는 것이다.
또한 가히 지신智身도 되며 또한 보신도 되나니
자수용인 까닭이다.

설법이 다르다고 말한 것은 화신불은 오계五戒 등과 인연법을 설하

584 타수용신他受用身은 보통 초지初地 이상의 보살을 교화하기 위하여 나타내는 불신佛身(報身)이라 하나, 여기서는 십지보살十地菩薩을 위하여 현신現身한다고 말하고 있다.

고, 보신불은 삼성법三性法[585]을 설하나니,
말하자면 지상地上 보살을 위하여 설법하여 하여금 성불케 하는 까닭이요,
법신불은 오직 마음을 떠난 자성의 모습만을 설하나니
곧 무념으로 법계에 회합하는 것이다.
이런 까닭으로 법신불은 오직 법성만 설할 뿐이다.[586]
지혜불이 설법한다고 한 것은 청정한 법계를 의지하여[587] 그 모습(相)을 요달한 지혜의 깨달음으로 설법함과 같이 알기에[588] 그런 까닭으로 이름을 설법한다 한 것이다.

十身爲正이요 三四義兼이라 又毛內調生하며 光中持刹하며 如空

585 삼성법이라고 한 삼성은 원성실성과 의타기성과 변계소집성이다. 선·악·무기의 삼성이 아니다.

586 법신불은 오직 법성만 설할 뿐이라고 한 것은, 그 뜻에 말하기를 법신불은 비록 설법함이 있지 않으나 이미 무념無念이라사 바야흐로 가히 저 법계에 화합한다고 하였다면, 곧 문득 이 법신불이 생각을 떠난 법을 설하는 것이라고 『잡화기』는 말하고 있다.

587 청정한 법계를 의지한다 운운한 것은, 그 뜻에 말하기를 진리의 법계를 의지하여 모습을 요달한 지혜의 깨달음이 이 지혜불이니, 이 지혜로 아는 것이 있은 연후에사 바야흐로 가히 아는 것과 같이 설하는 것이니, 곧 이것이 지혜불이 설법한 것이 있다 한 것이다. 역시 『잡화기』의 말이다.

588 설함과 같이 안다고 한 것은, 응당 아는 것과 같이 설한다(如解而說) 할 것이다.

普遍等은 亦卽國土等十身이라 三世間之圓融거니 豈報化之云別이리요

십신은 정보가 되고 삼신과 사신은 그 뜻이 정보와 의보를 겸하고 있다.
또 낱낱 털끝 안에 중생을 조복하며,[589]
광명 가운데 국토를 가지며,[590]
허공이 널리 일체에 두루[591]하지만이라고 한 등과 같은 것은 또한 국토신 등 십신이다.
삼종세간이 원융하거니 어찌 보신과 화신을 다르다 말하겠는가.

鈔

四는 融國土等十身이라 毛內調生은 則有衆生身과 聲聞身과 緣覺身과 菩薩身과 及業報身이요 光中持刹은 是國土身이요 如空普遍等은 是虛空身이요 菩薩衆中은 亦菩薩身이요 如來는 居然可見이라 三世間下는 謂十身中에 衆生業報는 卽衆生世間이요 國土虛空은 卽器世

---

589 낱낱 털끝 안에 중생을 조복한다고 한 것은, 영인본 화엄 2책, p.534, 7행 경문에 첫 구절 일일모단一一毛端과 마지막 구절 조복일체중생調伏一切衆生이라는 말을 인용한 것이다.

590 광명 가운데 국토를 가진다고 한 것은, 영인본 화엄 2책, p.537, 5행 경문에 어광명중於光明中이라는 구절과 일체국토一切國土라는 말을 인용한 것이다.

591 허공이 널리 일체에 두루한다고 한 것은, 영인본 화엄 2책, p.490, 6행 경문에 우여허공又如虛空이 보변일체普徧一切라 한 말을 인용한 것이다.

間이요 餘는 是智正覺世間이라 此三은 情非情異하고 染非染異이라도 尙得爲一거든 豈一如來身上에 而分報化之殊아 明知하라 權說隔歷은 難可比此圓融이니라

네 번째는 국토신 등 십신이 원융한 것이다.
낱낱 털끝 안에 중생을 조복한다고 한 것은 곧 중생신과 성문신과 연각신과 보살신과 그리고 업보신이 있는 것이요,
광명 가운데 국토를 가진다고 한 것은 이 국토신이요,
허공이 널리 일체에 두루하지만이라고 한 등과 같다고 한 것은 이 허공신이요,
보살 대중 가운데[592]라고 한 것은 또한 보살신이요,
여래는 쉽게(居然) 가히 알아볼 수가 있을 것이다.[593]

삼종세간이라고 한 아래는 말하자면 십신 가운데 중생신과 업보신은 곧 중생세간이요,
국토신과 허공신은 곧 기세간이요,

---

592 보살 대중 가운데라고 한 것은, 소문에는 없고 영인본 화엄 2책, p.516, 4행 경문에 있는 것을 인용한 것이니 허공이 널리 일체에 두루하지만(영인본 화엄 2책, p.490, 6행)이라고 한 다음 경문이다. 허공 운운은 제일단이고, 보살 대중 가운데라고 한 것은 제이단이다.

593 여래는 여래신如來身이라는 것을 쉽게 알 수가 있다는 것이다. 그러나 『잡화기』는 대개 위의 삼신에 칠신七身이 있나니 법신과 지신은 각각 하나이고, 나머지 오신五身은 다 여래신임을 쉽게 알 수 있다고 구체적으로 말하고 있는 것이다.

나머지 성문신 등은 지정각세간이다.

이 삼종세간은 정情과 비정非情이[594] 다르고 염染과 비염非染이 다를지라도 오히려 하나가 됨을 얻거든, 어찌 한 여래의 신상에 보신과 화신이 다름을 나누겠는가.

분명히 알아라.

방편(權)으로 차별(隔歷)을 설한 것은 가히 이 원융에 비교하기 어려운 것이다.

疏

是知略以十德으로 歎於教主나 其一一德이 無不圓融이니 當去情思之矣니라

이에 간략하게 열 가지 공덕(十德)으로써 교주教主를 찬탄하였지만 그 낱낱 공덕이 원융하지 아니함이 없는 줄 알아야 할 것이니, 마땅히 사사로운 감정을 버리고 생각할 것이다.[595]

---

594 정情과 비정非情이 운운한 것은, 지정각세간과 중생세간은 유정세계이고, 기세간은 무정(비정)세계이며, 기세간과 중생세간은 염오세계이고, 지정각세간은 염오세계가 아니다.

595 마땅히 사사로운 감정을 버리고 생각할 것이다고 한 말 아래에 제 다섯 번째 교주난사教主難思는 마친다는 말이 있는 곳도 있다. 교주난사는 영인본 화엄 2책, p.469, 6행이고, 고본 화엄은 일자권日字卷 하권 1장, 6행이다.

청량 징관(清涼 澄觀, 738~839)

중국 화엄종의 제4조.
절강성浙江省 월주越州 산음山陰 사람으로, 속성은 하후夏侯, 자는 대휴大休, 탑호는 묘각妙覺이다.
11세에 출가하여 계율, 삼론, 화엄, 천태, 선 등을 비롯, 내외전을 두루 수학하였다. 40세(777년) 이후 오대산 대화엄사에 머물면서 『화엄경』을 여러 차례 강설하였으며, 이를 토대로 『대방광불화엄경소』 60권, 『대방광불화엄경수소연의초』 90권을 저술하고 강의하였다. 796년에는 반야삼장의 『40권 화엄경』 번역에 참여하였고, 덕종에게 내전에서 화엄의 종지를 펼쳤다. 덕종에게 청량국사清涼國師, 헌종에게 승통청량국사僧統清涼國師라는 호를 받는 등 일곱 황제의 국사를 지냈다.
저서로 『화엄경주소華嚴經註疏』, 『화엄경수소연의초華嚴經隨疏演義鈔』, 『화엄경강요華嚴經綱要』, 『화엄경략의華嚴經略義』, 『법계현경法界玄鏡』, 『삼성원융관문三聖圓融觀門』 등 400여 권이 있다.

관허 수진貫虛 守眞

1971년 문성 스님을 은사로 출가, 1974년 수계, 해인사 강원과 금산사 화엄학림을 졸업하고, 운성, 운기 등 당대 강백 열 분에게 10년간 참문수학하였다.
1984년부터 수선안거 10년을 성만하고, 1993년부터 7년간 해인사 강원 강주로 학인들을 지도하였다.
대한불교조계종 교육위원, 역경위원, 교재편찬위원, 중앙종회의원, 범어사 율학승가대학원장 및 율주를 역임하였다.
현재 부산 승학산 해인정사에 주석하면서, 대한불교조계종 고시위원장, 단일계단 계단위원·존증아사리, 동명대학교 석좌교수, 동명대학교 세계선센터 선원장 등의 소임을 맡고 있다.

청량국사화엄경소초 11 - 세주묘엄품 ①

초판 1쇄 인쇄 2021년 4월 16일 | 초판 1쇄 발행 2021년 4월 26일
청량 징관 찬술 | 관허 수진 현토역주 | 펴낸이 김시열
펴낸곳 도서출판 운주사
(02832) 서울시 성북구 동소문로 67-1 성심빌딩 3층
전화 (02) 926-8361 | 팩스 0505-115-8361
ISBN 978-89-5746-641-4 94220
ISBN 978-89-5746-592-9 (총서) 값 23,000원
http://cafe.daum.net/unjubooks 〈다음카페: 도서출판 운주사〉